FAMÍLIA E CASAL
Saúde, Trabalho e Modos de Vinculação

TEREZINHA FÉRES-CARNEIRO
Organizadora

FAMÍLIA E CASAL
Saúde, Trabalho e Modos de Vinculação

Conselho Editorial

Ceneide Maria de Oliveira Cerveny, Professora Assistente do Programa de Pós-graduação em Psicologia Clínica da Pontifícia Universidade Católica de São Paulo.

Julia Bucher-Maluschke, Pesquisadora Associada Senior da Universidade de Brasília e Professora Titular do Programa de Pós-graduação em Psicologia da Universidade de Fortaleza.

Liana Fortunato Costa, Professora Adjunta do Programa de Pós-graduação em Psicologia Clínica e Cultura da Universidade de Brasília.

Olga Garcia Falceto, Professora Adjunta do Departamento de Psiquiatria e Medicina Legal da Universidade Federal do Rio Grande do Sul.

Casa do Psicólogo®

© 2007 Casa Psi Livraria, Editora e Gráfica Ltda.
É proibida a reprodução total ou parcial desta publicação, para qualquer finalidade, sem autorização por escrito dos editores.

1ª Edição
2007

Editores
Ingo Bernd Güntert e Christiane Gradvohl Colas

Assistente Editorial
Aparecida Ferraz da Silva

Produção Gráfica
Renata Vieira Nunes

Editoração Eletrônica
Sergio Gzeschnik

Capa
Daniela Féres e José Cardoso

Fotografia da Capa
Getty Images

Revisão
Geisa Mathias de Oliveira

**Dados Internacionais de Catalogação na Publicação (CIP)
(Câmara Brasileira do Livro, SP, Brasil)**

Família e casal: saúde, trabalho e modos de vinculação / Terezinha Féres-Carneiro, organizadora — São Paulo: Casa do Psicólogo®, 2007.

Vários autores.
Bibliografia.
ISBN 978-85-7396-532-2

1. Psicologia clínica 2. Psicoterapia de casal 3. Psicoterapia de família I. Féres-Carneiro, Terezinha.

07-2554   CDD- 158.24

Índices para catálogo sistemático:
1. Família e casal: Psicologia aplicada   158.24

Impresso no Brasil
Printed in Brazil

Reservados todos os direitos de publicação em língua portuguesa à

Casa Psi Livraria, Editora e Gráfica Ltda.
Rua Santo Antonio, 1010 Jardim México 13253-400 Itatiba/SP Brasil
Tel.: (11) 45246997 Site: www.casadopsicologo.com.br

All Books Casa do Psicólogo®
Rua Simão Álvares, 1020 Vila Madalena 05417-020 São Paulo/SP Brasil
Tel.: (11) 3034.3600 E-mail: casadopsicologo@casadopsicologo.com.br

Sumário

Apresentação 7
Terezinha Féres-Carneiro – PUC-Rio

O "racha": brincando com a morte para se sentir vivo 11
Maria do Carmo Cintra de Almeida Prado e Nataly Netchaeva Mariz – UERJ

Gênero, migração e saúde mental: dimensões da experiência de mulheres nordestinas no Distrito Federal 35
Gláucia R. S. Diniz e Vera L. D. Coelho – UnB

"Criança S/N" 55
Lídia Levy – PUC-Rio

A construção das metas e práticas educativas na família contemporânea: estudo de casos 71
Adriana Wagner – PUC-RS

Família e psicose: uma proposta de intervenção precoce nas primeiras crises de sofrimento psíquico grave 99
Ileno Izídio da Costa – UnB

A família na inserção das pessoas portadoras de deficiência no mercado de trabalho 137
Jacqueline de Oliveira Moreira, José Newton Garcia de Araújo e Roberta Carvalho Romagnoli – PUC-Minas

Família e emprego: conflitos e expectativas de mulheres executivas e de mulheres com um trabalho 157
Maria Lúcia Rocha-Coutinho – UFRJ

Famílias confrontadas com o trabalho futuro dos filhos – um
projeto de pesquisa 181
Teresa Cristina Carreteiro – UFF

O cotidiano do casamento contemporâneo: a difícil e conflitiva
divisão de tarefas e responsabilidades entre homens e mulheres . 203
Bernardo Jablonski – PUC-Rio

A dinâmica das relações conjugais: teoria e clínica 229
Isabel Cristina Gomes – USP

Questionário sobre a conjugalidade dos pais como instrumento
de avaliação 251
Terezinha Féres-Carneiro, Cílio Ziviani e Andrea Seixas
Magalhães – PUC-Rio

Funções materna e paterna nas famílias homoparentais 269
Maria Consuêlo Passos – UNIMARCO

Colusão e coevolução em estudos de conjugalidade mínima: uma
proposta de fundamentação teórico-metodológica 283
Cílio Ziviani – PUC-Rio

As bases imaginárias da família 311
Paulo Roberto Ceccarelli – PUC-Minas

A adoção na perspectiva de avós adotivos 323
Cristina Maria de Souza Brito Dias e Maria Irene Ferreira Lima
Neta – UNICAP

Transmissão psíquica geracional: um estudo de caso 341
Andrea Seixas Magalhães e Terezinha Féres-Carneiro – PUC-Rio

Sobre os Autores 365

Apresentação[1]

Terezinha Féres-Carneiro

Pontifícia Universidade Católica do Rio de Janeiro

Desde 1988, de dois em dois anos, vem ocorrendo nos Simpósios da Associação Nacional de Pesquisa e Pós-graduação em Psicologia - ANPEPP, reuniões de pesquisadores de diversas universidades brasileiras em grupos de trabalho temáticos, para discutirem resultados de pesquisas e planejamento de novas investigações em diferentes sub-áreas da psicologia. Esta publicação divulga as pesquisas discutidas pelos componentes do grupo de trabalho "Casal e Família: Estudos Psicossociais e Psicoterapia", reunido no XI Simpósio Brasileiro de Pesquisa e Intercâmbio Científico da ANPEPP, em Florianópolis, Santa Catarina, de 15 a 19 de maio de 2006. Deste GT, participaram 17 pesquisadores de seis estados do país, filiados a dez universidades, cujas publicações representam uma parte significativa da produção brasileira na área de família e casal.

É objetivo do referido grupo desenvolver estudos sobre casal e família, fundamentados, sobretudo, nos enfoques psicossocial

---

[1] Participaram da organização deste livro os bolsistas de Iniciação Científica Aline Ferrer de Almeida (CNPq), Cíntia Villela Kirchmeyer (FAPERJ), Isabela H. Cavalcanti Dwyer (CNPq), Marcio William R. de Assis (CNPq/PIBIC), Mariana Reis Barcellos (FAPERJ), Vanessa Augusta de Souza (CNPq/PIBIC) e a bolsista de Apoio Técnico Rebeca Nonato Machado (CNPq).

e clínico, assim como promover a discussão entre pesquisadores brasileiros nesta área. Como nos encontros anteriores, foram discutidas as pesquisas em andamento e/ou concluídas dos participantes do grupo, procurando articular os diferentes resultados obtidos.

Diversas temáticas contemporâneas de grande relevância social foram debatidas e estão apresentadas nos diferentes capítulos desta coletânea, dentre elas: novos paradoxos da conjugalidade contemporânea; cotidiano do casamento contemporâneo; dinâmica das relações conjugais; colusão e coevolução em estudos de conjugalidade mínima; avaliação da conjugalidade dos pais pelos filhos; bases imaginárias da família; transmissão psíquica geracional; metas educativas na família contemporânea; mulheres no climatério; mulher, família, migração e saúde mental; família e psicose; "racha" como jogo mortífero e o papel da família; família e o trabalho futuro dos filhos; família e emprego no contexto de mães com uma carreira e mães com um trabalho; família e a inserção de portadores de deficiência no mercado de trabalho; funções materna e paterna nas famílias homoparentais; sentimento de filiação em famílias adotivas; adoção na perspectiva dos avós adotivos.

Na discussão sobre as crianças adotadas, é feita uma releitura da adoção como um processo que independe dos laços biológicos. Nesse sentido, a ênfase recai, sobretudo, nos laços afetivos e na necessidade de inclusão da criança na história e na dinâmica da família.

Em relação aos projetos familiares, há uma interseção de diferentes trabalhos apresentados, abordando as metas educativas, a inserção futura dos filhos no mercado de trabalho e a construção do projeto de conjugalidade dos filhos, a partir da percepção da conjugalidade dos pais. Na discussão destes temas, fica evidente a importância da transmissão geracional e do lugar dos pais e da família como modelos identificatórios, na construção de valores, ideais e expectativas. São observados padrões repetitivos de interação, mas também o surgimento de novas formas de relacionamento familiar e de circulação da afetividade.

A clínica da família e do casal é abordada em trabalhos que debatem as bases imaginárias da família e as fraturas na construção da subjetividade, a homoparentalidade, a saúde da família, a psicose e a prevenção em saúde mental. A questão de gênero perpassa todas as temáticas, sendo possível discutir as tendências contemporâneas da experiência do masculino e do feminino na família e na sociedade. No debate, surgiram contribuições inovadoras na denominação de conceitos que expressam fenômenos atuais, tais como, "conjugalidade mínima" e "criança S/N" ("criança sem nome").

Quanto às metodologias utilizadas, pode-se constatar a preocupação dos membros do grupo com o rigor metodológico nos projetos de pesquisa, seja de natureza qualitativa, quantitativa ou de desenhos mistos. A postulação de Hegel de que a medida é a quantidade qualificada veio ao encontro das posições metodológicas assumidas no GT.

Nos textos divulgados em *Família e casal: saúde, trabalho e modos de vinculação* o leitor encontrará refletido todo o debate travado entre os membros do GT no XI Simpósio da ANPEPP e uma visão atualizada do desenvolvimento da pesquisa teórico-clínica sobre diferentes temas da área no país.

O "racha": brincando com a morte para se sentir vivo

Maria do Carmo Cintra de Almeida Prado
e Nataly Netchaeva Mariz
Universidade do Estado do Rio de Janeiro

Imagem e representações: algumas considerações

"O inconsciente se manifesta mais por imagens do que por palavras" (Freud, 1908[1907]). A partir da oposição entre percepção e memória, e da sucessão dos sistemas mnêmicos, Freud (1915) definiu a representação de coisa como decorrente de traços mnêmicos derivados das imagens de coisa, e não necessariamente de imagens diretas de coisa. Diz respeito a um trabalho de representação e de figuração do objeto com base na criação da fantasia, que se alicerça em um investimento anterior à percepção do objeto, já que a "coisa" se apresenta primeiro por intermédio do afeto e nunca poderá ser totalmente figurável nem totalmente dita em um discurso adequado. Já a representação de palavra corresponde à imagem sonora da imagem visual e refere-se à linguagem verbal.

Sobre as representações de coisa e de palavra, Gibeault (2002) assinala tratar-se menos da presença de uma coisa que estaria sendo representada do que da diferença entre duas séries de associações, uma fechada e a outra aberta, competindo à linguagem produzir a significação que, assim, não estaria mais nas coisas antes da linguagem do que no pensamento antes da palavra.

A representação de palavra substitui o processo primário pelo secundário e favorece o aparecimento do sistema pré-consciente. No entanto, mais tarde em sua obra, ao afirmar que a linguagem, apesar de ser uma característica importante do pré-consciente, não seria constitutiva do mesmo, Freud (1940 [1938]) parece admitir que o processo secundário e o ego se organizam antes do estabelecimento da linguagem, supondo a existência de um pensamento pré-verbal anterior a esta. Em suas relações com o processo secundário, a linguagem se caracteriza por sua função de comunicação, mas pode também se ver despojada desta, por estar sujeita ao processo primário; quando as palavras são tratadas como coisas, o que não significa fazer delas coisas, mas, sim, fazer delas signos que conservam uma função referencial através de diferentes substituições.

Ao contrapor símbolo e signo, Zusman (1994) observa que o primeiro se define pela propriedade de representar o objeto na ausência do mesmo, enquanto o segundo, ao representar o objeto, não o dispensa de sua proximidade passada, presente ou futura: o símbolo seria assim, um instrumento de pensamento, enquanto o signo, algo sobre o qual se age ou um meio de ordenar a ação. Enquanto o símbolo remete a uma concepção do objeto, o signo remete ao objeto a que está referido. Zusman assinala que, na equação simbólica apresentada por Segal (1981), devido ao processo psicótico, dá-se uma degradação da atividade simbólica, revertendo-se a signo o que antes era símbolo. Para o pensar real se faz necessária a linguagem genuína, não importando quão limitada ou quão primitiva ela seja; só assim a experiência do vivido poderá fazer sentido. Entretanto, a capacidade de pensar sofre limitações quando a *intensidade emocional* ultrapassa certos limites, variando de pessoa para pessoa. Zusman afirma que há uma dominância do pensamento sígnico nos chamados pacientes "operatórios", o que não exclui o pensamento simbólico, embora este se apresente empobrecido.

Zusman (1994) considera que o que a psicanálise refere como pensamento pré-verbal é o pensamento sígnico, cuja característica primordial é estar mais próximo da ação que o pensamento simbólico. Neste nível, o sujeito pode falar de seu desejo de morrer ante situações de desespero, sendo que a fantasia pode esgotar seus potenciais em sua própria enunciação. Contudo, no nível sígnico, o desejo de morrer já é o início de uma ação que encaminha o processo da morte por uma forma qualquer de adoecimento, mediante perturbações fisiológicas mais ou menos eficientes que afetam os processos homeostáticos ou pela morte súbita. Aqui incluiríamos a exposição proposital a situações de risco, buscada repetidamente como fonte de excitação, triunfo e gozo.

A história de Bertolet: uma vida em dois tempos

Chega-nos para assistência em terapia familiar psicanalítica, em serviço psiquiátrico de hospital universitário público, um homem de 35 anos, com comprometimento motor e acentuada dificuldade para caminhar, decorrentes de um acidente de moto ocorrido há onze anos. Era motoboy e costumava conduzir sem capacete. Após o acidente, ficara hospitalizado por aproximadamente três meses, em coma, e por mais um ano em dois hospitais diferentes. Chegou a ter perda de memória, não reconhecendo seus familiares.

Devido às sequelas, sua recuperação se deu de modo insatisfatório e não houve reinserção laboral. Passou a ter uma vida de pessoa dependente, assistido pelos pais, com os quais andava acompanhado. Foi internado na enfermaria de psiquiatria por aproximadamente um mês, encaminhado com diagnóstico de epilepsia e quadro de heteroagressividade, recusava-se a tomar banho, a se cuidar, e achava que o pai havia roubado sua vida. Seu discurso era muito depressivo e havia histórico de tentativas de suicídio; deixar-se rolar ladeira abaixo, colocar a cabeça sob roda de ônibus, e utilização de objetos cortantes, mantidos fora de seu alcance em casa. Dizia-se "obrigado" a viver e acusava o pai de ser o responsável por suas limitações, embora lembrasse que o mesmo queria que ele usasse capacete. Já havia sido internado quatro anos antes, em outro serviço psiquiátrico e chegara a fazer acompanhamento em duas outras instituições de reabilitação, mas não dera continuidade aos tratamentos.

Estudara até a terceira série do ensino fundamental, tendo repetido por duas vezes a primeira série. Constava em seu prontuário ter tido dificuldades de aprendizagem. Sempre fora considerado rebelde pela família; brigava muito com o irmão mais velho, e em certa ocasião, quando contava apenas nove anos de idade, chegou a enfiar um garfo em uma de suas irmãs, após uma discussão. Aos dezesseis anos, ajudou um amigo a roubar uma moto, e aos dezoito, chegou a ser preso por porte de mercadorias ilegais, e ainda uma outra vez, por ter sido confundido com um traficante. Ainda nesta idade, pegou escondido a arma do pai e foi pego pela polícia; a mãe, para livrá-lo, entregou aos policiais quatrocentos dólares que tinha em suas economias. O pai nada ficou sabendo, até o acidente. Seu apelido, colocado pelo pai, era "Bolão", por ter nascido com 5 quilos, com mais de 40 semanas de gestação. Por ocasião do atendimento, apresentava-se magro.

A mãe teve quatro filhos de um primeiro casamento, um menino e três meninas, todos já casados e encaminhados em suas vidas pessoais. Ficara viúva e veio a casar-se com Sr. Ernesto, com quem teve mais dois filhos, sendo nosso paciente, o caçula. Na época de seu acidente, um sobrinho foi assassinado em frente à sua casa, ficando seu corpo pendurado no portão; um ano depois, seu irmão foi assassinado com um tiro na cabeça. A avó paterna também morreria na frente da casa, por queda. Ela, no final da vida, falava coisas estranhas, como Bertolet o fazia então. Em meio a essas perdas Bertolet teve dois filhos, de relações casuais, com mulheres diferentes. Elas, após o acidente, levavam os filhos para ver o pai, mas quando se deram conta de que ele "não teria mais jeito", afastaram-se.

Após o acidente, D. Ana Maria deixara de trabalhar para cuidar do filho, alegando que ninguém cuidaria dele tão bem quanto ela. Queixava-se do distanciamento dos demais desde então; antes, a casa costumava ser cheia, depois, a família só parecia existir no dia das mães.

A relação do casal parental aparentemente se mantinha, mas foi referida como tendo terminado há muito tempo, embora vivessem na mesma casa, a qual o marido ajudava a manter financeiramente. Ele achava a mulher uma pessoa muito amarga, enquanto ela dizia guardar dele muita mágoa.

Nas sessões, Bertolet falava muito de carros e motos e comparava-se a um carro com os quatro pneus furados. Falava também de motores, máquinas, relógios e, por vezes, parecia se ver como um artefato. Dizia-se desesperançado, sentindo-se como um relógio parado que nada podia fazer.

Logo no início do atendimento, houve referência a uma briga violenta em casa, quando foi quebrado um aparelho de televisão, adquirido em permuta. Isto, porque Bertolet queria que a troca tivesse sido feita por uma moto, ainda que ele não mais se visse em condições de conduzi-la.

Em oficina terapêutica de hospital-dia, Bertolet fez menção ao fato de ter sido abusado sexualmente por um homem há algum tempo e associou a um outro fato, quando confundiu um travesti com uma mulher. Não abordou estas situações na terapia de família.

A história de Bertolet parecia ser contada em dois tempos, antes do acidente e depois do acidente. Suas dificuldades eram entendidas como decorrentes de seu acidente, contudo, entendíamos que um "desastre" já havia acontecido muito antes, em seu psiquismo, e que era esse "desastre psíquico" que o fazia buscar repetidamente uma espécie de jogo, no qual buscava triunfar sobre a morte para sentir-se vivo.

Bertolet era apaixonado por motos. Consertava as dos vizinhos e conhecidos e não cobrava nada por isso. Assinala que todos conheciam o "Bolão", que desde novo ia para o Alto da Boa Vista descer as curvas de bicicleta, o que o levava a chegar em casa bastante esfolado. Ele e alguns amigos vieram a ser manchete de jornal de bairro, fotografados em suas bicicletas, com um deles nu, referidos como "os diabos do Alto". Em outro episódio, capotou com um fusca novo que dirigia e estava com outras pessoas; todos tiveram que receber atendimento hospitalar, porém Bertolet voltou para casa como se nada tivesse acontecido. A família só veio a tomar conhecimento do ocorrido, quando uma das pessoas acidentadas telefonou para informar que havia saído bem do hospital.

Os "rachas" de motocicleta passaram então a ser um hábito, um jogo atraente e mortífero, no qual Bertolet se via forte, admirado, enaltecido, imbatível.

Sobre o brincar e o morrer

A ocupação favorita e mais intensa da criança é o brinquedo ou os jogos sendo que, ao brincar, a criança cria um mundo próprio, melhor dizendo, reajusta os elementos de seu mundo de uma nova forma (Freud (1908[1907])). A criança leva esse mundo muito a sério e despende em sua brincadeira muita emoção. No entanto, apesar de toda emoção com que a criança catexiza seu mundo de brinquedo e de jogo, ela o distingue perfeitamente da realidade e gosta de ligar seus objetos e situações imaginados às coisas visíveis e tangíveis do mundo real. Freud diz que a antítese do brincar não é o que é sério, mas o que é *real*. Muita coisa que, se fosse real, não causaria prazer, pode proporcioná-lo como jogo de fantasia, e muitas excitações que em si seriam penosas, podem se tornar fonte de prazer no mundo imaginativo.

Após esforçarem-se por algumas décadas para encarar as realidades da vida com a devida seriedade, as pessoas param de brincar e parecem renunciar ao prazer que tinham ao fazê-lo. Nada é mais difícil do que renunciar a um prazer que já se experimentou; nunca renunciamos a nada, diz Freud, apenas trocamos uma coisa pela outra e assim, a pesada carga imposta pela vida ao adulto pode ser amenizada, não apenas através do humor, mas também pelas diversas formas de fruição artística e esportiva e por um viver criativo, como enfatizou Winnicott (1971, 1984, 1986). O jogo se manifesta na vida humana de diferentes formas, estando presente em todas as relações sociais, cuja realidade se dá sobre a vontade, a liberdade e a escolha, envolvendo regras e espaço-tempo próprios. O jogo favorece uma evasão momentânea da realidade, na qual o jogador é levado a um mundo ficcional, porém profundamente concreto para ele.

Bertolet não abandonou seu brincar infantil, já marcado por exposições a situações de risco e ferimentos, e não pôde contar com uma família que pudesse conter sua destrutividade ou entender seu *apelo de esperança* (Winnicott, 1984).

O "racha" se apresenta como um jogo mortífero, com regras próprias, no qual se arriscam bens materiais, a própria vida e a de outros; cada participante busca se superar em uma disputa desafiante com a morte. Mais do que na própria sobrevivência, o triunfo está em superar a morte, e daí sentir-se superior aos demais, conquistando seus olhares de admiração que fazem o vencedor sentir-se vivo. Sem o "racha", resta um vazio interior e sentimentos insuportáveis de futilidade e de falta de sentido. O "racha", como o *cutting,* objetiva a superação de vivências intensas de angústia, tidas como profundamente desorganizadoras, fazendo sentir um corpo no qual o psiquismo possa se ancorar. Dessa forma, obtém-se alívio para a angústia e tais atividades têm que ser repetidamente retomadas, assumindo um caráter aditivo: vicia.

Retondar (2004), ao tratar da produção imaginária de jogadores compulsivos, considera que o jogo-brincadeira favorece a abertura para um mundo próprio, de onde se pode extrair prazer, auto-satisfação e *compensação do vivido*. No entanto, este parece ser dominado por sensações e articulado por atuações, em que o agir substitui o pensar. Desta forma, inviabiliza-se qualquer possibilidade de elaboração e de transformação do vivido.

Como vimos, Bertolet apresentou uma série de comportamentos considerados anti-sociais, envolvendo roubo, porte de mercadorias ilegais e porte de arma, situações estas mencionadas nas sessões, mas cujo detalhamento era evitado, tanto por ele como por seus pais. Na verdade, os pais pouco falavam de si, nem enquanto pais, nem sobre como tinham conduzido as diversas situações nas quais Bertolet se envolvera ou, tampouco, como compreendiam o que ocorrera. Era notável a falta de comunicação na rede familiar; os pais não se colocavam em causa e entendiam que as dificuldades familiares se deviam a Bertolet. No entanto, seus relatos se davam de forma fragmentada, reticente, incompleta, dando-nos a entender que havia algo oculto, que dizia respeito à amargura e à mágoa mencionadas pelo casal parental. A família falhara em prover, sobretudo palavras, explicações, envolvimento, e algo se mantinha oculto, não representável. Não se via em condições de dar continência a Bertolet e a sua destrutividade. A culpa persecutória impedia que uma verdadeira reparação pudesse se dar. Da mesma forma, durante as sessões, alguma coisa continuava faltando, algo que pudesse favorecer o sentido.

A tendência anti-social não é um diagnóstico e pode ser encontrada em todas as idades. Decorre da privação sofrida por uma criança quando passam a lhe faltar certas características essenciais da vida familiar e aspectos importantes da vida do lar deixam de funcionar (Winnicott, 1984). A tendência anti-social compele o meio a ser importante, pois através de seu comportamento, a pessoa mobiliza alguém a encarregar-se de cuidar dela, alguém que possa tolerar e compreender. Quando isto falha confirma-se, não uma simples carência, mas um verdadeiro desapossamento. Winnicott considera que se deu a perda de algo positivo na experiência da criança até uma certa data e que lhe foi retirado por um período maior do que aquele em que ela pode manter viva a lembrança da experiência. A seu ver, *"a descrição abrangente da privação inclui o antes e o depois, o ponto exato do trauma e a persistência da condição traumática, e também o quase normal e o claramente anormal"*. (p. 131)

Os pais têm uma história e essa está relacionada ao fato de falharem enquanto provedores potenciais de seus filhos ou de um, em particular. Embora Winnicott dê ênfase à falha ambiental como fator de privação favorecedor de tendências anti-sociais - e este é, sem dúvida, um fator importante - consideramos que existe a própria criança, com sua bagagem pessoal e sua predisposição, como diria Freud, ou com sua constituição, como entendia Melanie Klein, sempre em interação com o meio, seja em um sentido sadio ou patogênico.

O vazio e a desobjetalização dos vínculos

Ao tratar do narcisismo, Freud (1914) deu ênfase à libido e seus investimentos, no ego e no objeto, bem como à posição dos pais na constituição do narcisismo primário. Salienta que o amor dos pais pelo filho corresponde a seu narcisismo recém-nascido, dando-se uma revivência do próprio narcisismo dos pais, que projetam no bebê seus sonhos renunciados, enquanto vêem nele, a garantia de sua própria continuidade. Por outro lado, diz-nos Winnicott (1958) que, o bebê, ao mamar, olha para o rosto da mãe, e ao olhá-lo, é a si mesmo que vê. As coisas se complicam quando, por alguma razão, o bebê representa, para seus pais, uma ferida narcísica, algo que tenham que esconder, inclusive de si mesmos, que os envergonhe ou humilhe, de forma que se torne fonte de angústia, de perplexidade e, sobretudo, de falta de sentido. Nessas circunstâncias, o que verá o bebê ao olhar para o rosto da mãe? Provavelmente algo que lhe escape. E quais consequências uma tal situação poderá ter para ele? Supomos que a de um vazio, afetivo por um lado, e de falta de sentido, por outro.

Ruffiot (1981) afirma ser inegável a atividade psíquica do recém-nascido, logo nas primeiras horas de vida extra-uterina e considera o recém-nascido como um *ser sonhador*. Responde à pergunta sobre o que sonham os bebês, dizendo que é com a satisfação e com o objeto que satisfaz, isto é, a mãe, "sonhando" ela própria com a satisfação de seu bebê. O autor entendia que este seria um momento em que o bebê ainda não teria integrado seu corpo, em que ele não o identificaria como algo que lhe pertence - posição revista em pesquisas recentes (Klauss e Klauss, 1986; Seidl de Moura e Ribas, 2004), as quais revelam quão precocemente o bebê tem noção de seu corpo e de seu ambiente como separado de si. Apesar de suas surpreendentes competências, o bebê é um ser dependente e, como diz Winnicott (1986), grande parte dos cuidados físicos dispensados à criança, como segurá-la, manipulá-la fisicamente, alimentá-la, banhá-la, e assim por diante, visa facilitar a obtenção de um *psique-soma* (grifo do autor) que viva e trabalhe em harmonia consigo mesmo.

Na mesma direção de Freud, Ruffiot (1981) diz que o bebê, por seu vivido psíquico primário, deslancha em seus pais um modo de funcionamento psíquico emparelhado com o seu próprio. Considera que a parentalidade corresponde, em seu nível mais profundo, a uma comunicação puramente psíquica, além da corporalidade individual dos aparelhos psíquicos do pai e da mãe entre si, por um lado, com o do filho, por outro, viabilizando que a interfantasiação familiar se dê como um sonho amoroso, no qual se encontram os aspectos próprios da atividade onírica caracterizada pelos processos primários. No entanto, conforme assinalamos em outra oportunidade (Almeida Prado, 1999), nem sempre se trata de um sonho amoroso; às vezes, trata-se mesmo de um pesadelo odioso, que dificulta os investimentos significativos e, consequentemente, compromete a função objetalizante, já que nessas circunstâncias prevalece a pulsão de morte.

Green (1986) considera que a função objetalizante é garantida pelas pulsões de vida, o que significa criar uma relação com o objeto, interno e externo, e também transformar estruturas em objeto, mesmo quando não está mais diretamente em questão, justamente devido a investimentos significativos. Esclarece que este processo não se limita a modificações de formações tão organizadas como o eu, mas pode dizer respeito a modos de atividade psíquica de tal forma que, no limite, seja objetalizado o próprio investimento. Desta forma, Green propõe uma diferenciação entre o objeto e a função objetalizante. Por outro lado, a função desobjetalizante decorre da pulsão de morte, através do desligamento, quando se vê atacada não apenas a relação com o objeto, mas também todos os seus substitutos, inclusive o ego e o próprio investimento decorrente do processo de objetalização.

Green considera que o desinvestimento é a manifestação própria da destrutividade da pulsão de morte, favorecendo o empobrecimento do ego. A seu ver, a função desobjetalizante não se confunde com o luto, que na verdade está no cerne dos processos de transformação, próprios da função objetalizante. Isto o levou a defender a hipótese de um *narcisismo negativo* como aspiração ao nível zero, expressão de uma função desobjetalizante que não apenas recairia sobre os objetos, mas também sobre o próprio processo objetalizante.

A função desobjetalizante se apresentaria dominante não apenas na melancolia, mas também em outros quadros clínicos caracterizados por comprometimentos narcísicos, dentre os quais assinalamos os psicossomáticos, os *borderlines*, as tendências anti-sociais, o *cutting* e os comportamentos autoquíricos. Parece-nos que favorece a experiência emocional não significada e o que Malva (2005) chamou de *experiência básica de ruptura* com o que ela denominou de *representante psíquico do desamparo*.

Malva chama de vazio a uma experiência muito radical, em que estaria ausente um representante de coisa, ao qual se possa lançar mão diante da busca *desenfreada*, causada pela presença dos afetos que decorrem da falta de significado da experiência emocional. A autora lembra que ao abordar a alucinação de desejo, Freud referia-se a esse movimento do psiquismo que visa diminuir a tensão, quando em face a uma privação interna ou externa. Malva diz ser acalentador encontrar-se um representante de coisa que acolha e ofereça uma forma para o que se apresenta como uma experiência de desamparo. A nosso ver, o psiquismo está sempre buscando em seus registros, objetos, ainda que parciais, em uma procura que se mostrará constante para atender a vida ou favorecer a morte. Malva considera que, na ausência de uma identificação experimentada que tenha deixado no psiquismo um "lugar", cai-se no vácuo, dando margem ao que chama de *representante psíquico do desamparo*. A não referência a qual ela alude, corresponde à dimensão na qual não há o olhar organizador do objeto, tampouco do ego.

Um vazio marcava os atendimentos de Bertolet e seus pais, decorrente de uma falta de explicações, de uma impossibilidade de se vislumbrar como eles poderiam ter se sentido em certas situações ou como as tenham instrumentado. Lançavam mão da ação e concretamente de coisas quando as palavras faltavam: era com uma barra de alumínio que D. Ana Maria contou-nos conter Bertolet em certas ocasiões, em que ele se "namorava", como ele dizia, molhando o pão no café e passando pelo corpo, ou cuspindo-se e esfregando na pele, ou ainda urinando e defecando propositalmente fora do vaso sanitário, para a mãe limpar. Desta forma, impunha-lhe algo, desafiava-a, dominava-a, desprezava-a. O horror e os "desastres" continuavam a se reproduzir em diferentes versões, com muito ódio. Lembramo-nos de Winnicott (1984), para quem a sujeira (urinar, defecar) e a destrutividade compulsiva eram reações à privação e também manifestação de uma tendência anti-social.

Perguntávamo-nos: Que bebê terá sido Bertolet, o "Bolão", nascido com cinco quilos de um parto difícil? Que olhar terá recebido de sua mãe? Como poderá ter-se visto em seu rosto e qual vazio terá existido entre eles? Nos atendimentos, muitas vezes, a mãe se mostrava perplexa com o filho, sem entender o que teria se passado com ele, pois a seu ver, ele sempre tivera tudo, apenas não soubera aproveitar. Em alguns momentos, Bertolet se via como um artefato, um carro com pneus furados, um relógio quebrado. Com a extinção das palavras, todos pareciam perambular por um deserto humano, carente de sentido, cheio de ódio, de ressentimento e de destruição.

Narcisismos feridos, ideais esvaziados

Uma decepção recebida em um estado de despreparo do sujeito é responsável pela dor psíquica, como consequência à intolerância à mudança, tanto do ego quanto do objeto, porque a mudança vai de encontro à permanência e à perenidade da organização narcísica unitária no espaço e no tempo (Green, 1983).

Ao procurar explicar a dor psíquica, Green (1983) diz que ela procede de um "sequestro do objeto", em que a manutenção de uma unidade álgica é obtida pelo enquistamento do ego com o objeto. A dor provém da luta do objeto interno para libertar-se, perseguido pelo ego, o qual se fere ao contato com ele. O ego fere apenas a si próprio, já que o objeto sequestrado não existe mais, é uma sombra do objeto.

O ego se vê então paralisado e dorido, não podendo ver o objeto. Este não está sobre a superfície na qual se inscreve; já é a própria trama dessa superfície entelada. Dá-se um investimento negativo, pois é o *buraco* deixado pelo objeto que passa a ser investido, o que envolve uma imensa intolerância ao luto. Não está em pauta apenas a experiência da perda, mas a da vida desconhecida do objeto mutante, cuja autonomia se apresenta como uma ameaça intolerável ao ego. Ao não ser conhecido, o objeto é visto como imprevisível, o que confronta o ego com seu próprio desconhecimento e sua própria imprevisibilidade, que seu narcisismo busca preencher através de diferentes estratégias, como a construção de uma neo-realidade por meio de identificações projetivas massivas, que desobjetalizam os vínculos e bloqueiam o pensar, como delirar, ou procurar um outro fim apaziguador e refusionante, como a morte.

Mudanças do objeto representam ameaças, daí a busca de controle; se as pessoas se mostram mais difíceis de controlar, as máquinas são ajustáveis e, a princípio, obedecem a comandos.

Bertolet se mostrava mais apaixonado por motos do que por pessoas. Com as motos, sentia-se imbatível, admirado, louvado, sob o olhar apreciativo dos companheiros de "racha" que o enaltecia e fazia-o sentir-se vivo. Sobretudo, parecia experienciar ter o controle da situação em suas mãos, em sua capacidade de conduzir, o que parecia reforçar a sensação de independência, de onipotência, de ser inatingível, de estar vivo. No entanto, a experiência era fugaz e não permanecia, porque esses olhares procurados estavam no exterior e não encontravam correspondência no olhar de um objeto interno vivo.

Ao descer o Alto da Boa Vista a trezentos quilômetros por hora, Bertolet, como *A menina dos fósforos* de Anderson (1981), acendia seus fósforos, de calor fugaz e efêmero, na tentativa de se aquecer, exposto como estava ao frio enregelante de seu mundo interno carente de sentido, mas cheio de dor e de ódio; porém, a chama se apagava e ele tinha que acender um outro fósforo, até que, com o acidente, todos acabaram e ele se viu irremediavelmente exposto às intempéries de seu mundo interno desértico e congelado. Os fósforos, como o "racha", buscados como objetos transicionais, falhavam, já que não permitiam uma vivência de sustentação, de continuidade, de suportabilidade da vida. Esta falha seria, então, compensada pelo mecanismo de idealização, que resulta do fracasso em modificar as primeiras relações de objeto. Através dela, busca-se um estado sem conflitos, onde a falta estaria ausente; implica em uma encenação fantasiosa que nega a realidade do objeto para torná-lo como o próprio desejo, bem como envolve uma imagem que permita ao sujeito superar sua ambivalência (Mellor-Picaut, 1983).

A falta de *objetos transicionais* parece envolver um estado melancólico, pois o ego fica ensombreado e sem recursos para mediar e tolerar a ausência real do objeto. Tratar-se-ia, então, de núcleos narcísicos melancólicos enquistados, de intensidade variável, que estariam sempre presentes nas patologias narcísicas. Quando se trata de um comprometimento maior, predominam os sentimentos de injustiça, de prejuízo e muita angústia, que continuamente ameaçam invadir o ego e desorganizá-lo, favorecendo um processo regressivo. A experiência emocional passa a ser de extrema ameaça.

Malva (2005) entende que a melancolia tem suas origens no campo do narcisismo, território no qual se edifica e permanece. Por causa da ameaça de morte experimentada, dá-se um abandono do ego em favor de uma expectativa de acolhimento do ego ideal (narcisismo dos pais), e o preço para viver acaba sendo abrir mão da própria vida. A autora considera que esse acordo se dá de forma rígida e silenciosa, estabelecendo desde então uma fonte de ódio ininterrupta, dirigida à relação de objeto: narcisismo negativo, diria Green (1983), desobjetalizando os vínculos. Frisa, ainda, que a identificação se faz com a experiência do ódio provocado pela perda de objeto, situação ainda mais trágica porque é pela identificação que o ego se constitui. Será então a sombra de um objeto odioso que recairá sobre o ego? Parece-nos que sim, de maneira que o ego, ferido pelas contínuas falhas em seus esforços de relação de objeto e inundado de ódio, se vê condenado à morte - e era justamente triunfando sobre a morte que Bertolet buscava se sentir vivo.

"É sangue mesmo, não é mertiolate
E todos querem ver
E comentar a novidade.
Estão todos satisfeitos
Com o sucesso do desastre:
Vai passar na televisão."
(Renato Russo, 1986)

Esta era uma canção cantada por Bertolet, em diferentes ocasiões, envolvendo um certo tom triunfante e provocativo, que se apresentava, nas sessões, como um sonho a ser interpretado. Nela, algo verdadeiro contrapunha-se a algo que podia ser tomado como falso, algo a ser visto e comentado. Refere-se também à satisfação auferida de um desastre acontecido, a ser visto por todos, inclusive a terapeuta. No entanto, o que sabemos? Que um violento desastre já havia acontecido no psiquismo de Bertolet, bem antes de seu acidente de moto. Supomos que este desastre tenha sido tomado por outra coisa, não foi visto, nem comentado, e o que ficou entendido por Bertolet é que seus pais teriam triunfado sobre o desastre ocorrido em seu psiquismo. A terapia poderia então ser a televisão? Ou tratar-se-ia de ter *tele*visão, isto é, de poder ver mais longe?

O triunfo corresponde a uma defesa maníaca, junto com a desvalorização do objeto e a onipotência do pensamento, pelo fato de a dor da integração, própria da posição depressiva, se apresentar insuportável. A depressão é o preço que se paga pela integração e a saúde é inerente à capacidade de se sentir deprimido. Esta se relaciona à possibilidade de se sentir responsável, culpado, arrependido e inclusive alegre quando as coisas vão bem; é nessas condições que se pode encontrar riqueza e potencial, diz Winnicott (1986). A integração leva ao pronome pessoal, à vivência de si mesmo como uma unidade, torna possível o *eu sou* e dá sentido ao *eu faço*. Em contrapartida, quando se busca fora de si as coisas reprovadas, é sinal de que a integração fracassou. Winnicott considera que o preço por isto é a perda da destrutividade que nos pertence, e nem por isto ela deixa de permanecer ativa dentro de nós, no nosso psiquismo e nas relações que estabelecemos.

Uma das coisas que chamava a atenção nos pais de Bertolet era a ausência do sentimento de responsabilidade, de considerar que, em algum aspecto, o que se passava naquela situação compartilhada, poderia ter uma parcela que lhes dissesse respeito. Aqui também prevaleciam as identificações projetivas maciças e seu cortejo de cisão, negação e controle onipotente. As vivências depressivas eram evitadas e as possibilidades de elaboração e transformação se tornavam inviáveis. Estamos falando da posição depressiva, porque esta permeava o dia-a-dia da família: afinal, no presente, o desastre permanecia ante seus olhos, com o que sobrara do homem que fora Bertolet, com seu cuspe, sua urina e suas fezes. Por outro lado, as razões da mágoa e da amargura mencionadas pelo casal permaneciam silenciadas. À terapeuta da família sobravam dúvidas e faltavam relatos, que mesmo quando solicitados, ficavam mal contados. Tinha-se que esperar. Parecia haver medo do que as palavras poderiam acarretar ao tornarem conhecidas certas histórias: certamente um desastre, que provavelmente também já teria ocorrido no psiquismo dos pais.

Uma história que faltava: algum sentido, muitos questionamentos

No final de uma sessão, abordou-se a situação de nascimento de Bertolet. Quando o assunto veio à tona, ele solicitou ir ao banheiro, no que foi acompanhado pelo pai. Na verdade, esta foi a única vez que ele se retirou da sessão. Sozinha, D. Ana Maria relatou as condições do nascimento: foi um parto longo, difícil, trabalhoso, que se encaminhava muito mal, ao ponto do médico dizer-lhe que ou ela ou o bebê sobreviveriam, mas não os dois. Muito esforço foi feito sobre sua barriga, foram horas de sofrimento e angústia, até que acabou-se optando por uma cesariana. Constatou-se então que o bebê estava com a clavícula quebrada.

Pensando sobre o assunto, descartamos a hipótese de tratar-se de *osteogenesis imperfecta*, patologia genética que altera o feto na constituição de sua ossatura, a qual se torna frágil e de tamanho reduzido, e que o sujeita a fraturas ainda em útero e também após o nascimento. Bertolet não se enquadrava aos sintomas dessa patologia e, no decorrer de sua infância, não houve relato de outras fraturas espontâneas. O fato então parecia ter-se dado por condições congênitas.

Seu parto em si foi um desastre! Podemos imaginar a angústia sentida pela mãe face ao comentário fatídico do médico: ou ela morreria para o bebê poder viver, ou ele morreria, para ela poder ser salva. Supomos que o médico deveria estar também muito aflito e angustiado, mas sua observação, ainda que plausível, foi muito inapropriada naquelas circunstâncias, pois enchia de ameaça de morte a chegada do bebê: a vida de um se daria às custas da vida do outro. Que impasse pavoroso! A mãe não queria morrer, nem perder o seu bebê. E depois, ainda por cima, a constatação da fratura em sua clavícula: qual poderia ter sido a causa?

Para tal pergunta, foram dadas duas explicações diferentes: uma dizia respeito aos esforços feitos pela equipe assistente, com as pressões que fizeram na barriga da mãe para favorecer o nascimento - era esta a explicação do pai. A outra que o fato se dera em consequência de uma briga violenta entre o casal, envolvendo agressão física, inclusive chute na barriga da mãe - e esta era a explicação dela.

Então, um outro desastre violento antecedera a situação do parto: podemos nos questionar o que representará para um feto participar de uma briga de seus pais, com toda comoção e alarido, gritos e choros que possam estar envolvidos, ainda mais levando-se em consideração as alterações fisiológicas maternas em tal circunstância e as pesquisas de Busnel (1993) sobre a audição *in utero*. O que dizer, então, quando há violência física, pancadaria, chute na barriga e o feto está lá, sem que sua presença esteja sendo levada em conta? Os pais podem achar que estão sozinhos, mas eles não estão! O que dizer quando o feto tem seu corpo atingido com uma tal violência capaz de fraturá-lo? Quanta dor! Em termos psíquicos, quais repercussões isto poderá ter? Afinal, como diz Piontelli (1992), o útero é para o feto todo seu universo.

A partir de suas pesquisas por meio de ultra-sonografias, seguidas de *follow up* com duração média de cinco anos, Piontelli considera haver uma ligação sutil de continuidade comportamental e psicológica que se estende do feto ao bebê e do bebê à criança. Constatou, através das observações e tratamentos efetuados, que a cesura do nascimento não parece representar uma completa mudança em si, em termos mentais ou emocionais, a partir do estado pré-natal, ainda que pela primeira vez o bebê se visse exposto ao ambiente extra-uterino. O nascimento pode ser entendido como um clímax do estado pré-natal que conduz para o estado pós-natal, mas sem que sejam cortados os vínculos com os padrões pré-natais, pois o modo como cada criança observada reagiu ao nascimento, pareceu consistente com suas tendências individuais já bem definidas de seu passado.

A autora assinala que, apesar da continuidade de comportamento pré e pós-natal, o nascimento sempre representa um acontecimento muito importante, às vezes crucial, cujos traços podem ser encontrados em muitos comportamentos pós-natais, *particularmente no caso de crianças para as quais o nascimento tenha sido especialmente traumático*. Embora considere ser pouco provável que as crianças se recordem de suas experiências intra-uterinas e de seus nascimentos, afirma que tais experiências são continuamente revividas e reelaboradas à medida que elas crescem e se desenvolvem.

Podemos, então, concluir que experiências de violência sofridas pelo feto devam ter, para ele, um efeito devastador, sobretudo quando o meio familiar culpabilizado bloqueia, ao negar e silenciar, toda via de elaboração, passando por cima dos fatos violentos que se reproduzem no cotidiano, os quais não consegue conter nem controlar. Os comportamentos de Bertolet pareciam indicar algo de seus sentimentos, não apenas de seu presente, mas também de seu passado pré-natal.

Piontelli acredita ser improvável que, as crianças por ela tratadas, pudessem recordar consciente ou coerentemente os acontecimentos de seu passado, mas pareciam no mínimo ser incapazes de "reprimir" ou "esquecer" algumas das sensações pertencentes a ele, *e este fato parece ter prejudicado o seu movimento em direção à vida*. A seu ver, a maioria dessas crianças parecia estar presa a uma reedição *fatídica* de um passado incongruente. Constatou que tal aprisionamento no passado acarretava consequências que se tornavam evidentes nas suas terríveis condições. Afirma que, embora "ventres" possam ser considerados como espaços seguros, muitas das emoções pertencentes à vida pré-natal ficam indissoluvelmente ligadas ao modo habitual do sujeito se relacionar com a vida.

Tais considerações nos levam a rever o posicionamento de Winnicott (1984) sobre os fundamentos da tendência anti-social. Ele considerava estar na base da tendência anti-social, uma boa experiência inicial que se perdera; dizia ser uma característica essencial o bebê ter atingido a capacidade de perceber que a causa do desastre residia numa falha ou omissão ambiental. A distorção de personalidade se devia, então, ao conhecimento apropriado de que a causa da experiência depressiva ou desintegrativa não era interna, mas externa, o que favorecia o impulso para buscar uma cura através de novos suprimentos ambientais. Para ele, uma percepção deste tipo envolvia um certo grau de maturidade do ego e permitia que se desenvolvesse uma tendência anti-social ao invés de uma doença psicótica - e aqui podemos entender tais tendências como defesas contra a psicose. No entanto, sem desconsiderar as colocações de Winnicott, com as quais concordamos, queremos acrescentar que falhas ambientais podem se dar *antes* do nascimento, inclusive envolvendo agressões físicas ao feto. Dá-se, então, uma quebra em sua continuidade de ser, em um estado de total despreparo e desproteção. A situação se agrava mais quando, após o nascimento, os pais se mostram despreparados para oferecer proteção e reparação.

Continuando nosso questionamento, o que verá uma mãe ao olhar para seu bebê recém-nascido de braço quebrado devido à pancadaria? Uma história que o antecede e que cala, envolvendo violência, culpa, mágoa e amargura, que não necessariamente têm a ver com o bebê, mas, sim, consigo mesma, com o parceiro e com a própria relação conjugal. No entanto, ao mamar, o bebê olha para o rosto da mãe e ao olhar para o rosto da mãe, é a si mesmo que ele vê. O desastre assim continua...

Durante sua infância, Bertolet não encontrou em seu meio familiar, a cura que buscava. Seu apelo esperançoso não foi ouvido e o sentido procurado não foi encontrado. Através do "racha", parecia querer manter uma situação de risco, fonte de excitação e de gozo, sob *seu* controle, já que impedir o desastre estaria então em *suas* mãos.

O acidente de moto que o deixara tão lesado parece ter feito vir à tona tantos outros desastres, que na verdade já tinham acontecido em seu psiquismo, que antecediam a seu nascimento e aos quais ele provocativamente desafiava: brincava com a morte para poder sentir-se vivo, situação que sua família não teve condições de poder compreender e conter - para contê-lo em suas reações violentas, acabava sendo usada uma barra de alumínio. As palavras, por enquanto, continuam faltando.

Tantas indagações já nos fazem pensar em um outro artigo, dedicado especificamente à violência fetal e suas conseqüências na relação com o corpo e na organização do psiquismo.

REFERÊNCIAS BIBLIOGRÁFICAS

Almeida Prado, M.C.C. (1999). *Destino e mito familiar: uma questão na família psicótica* São Paulo, Vetor.
Busnel, M.C. (1993). *Le language des bébés. Savons-nous l' entendre?* Paris, Jacques Grancher Éditeur.
Freud, S. (1974). Escritores criativos e devaneios. *Edição Standard Brasileira das Obras Psicológicas Completas de Sigmund Freud.* Rio de Janeiro, Imago, 149-158. (Original publicado em 1908[1907]).
Freud, S. (1974). O inconsciente. *Edição Standard Brasileira das Obras Psicológicas Completas de Sigmund Freud.* Rio de Janeiro, Imago, 191-233. (Original publicado em 1915).
Freud, S. (1974). Esboço de psicanálise. *Edição Standard Brasileira das Obras Psicológicas Completas de Sigmund Freud.* Rio de Janeiro, Imago, 168-237. (Original publicado em 1940[1938]).
Gibeault, A. (2002). Representação de coisa / Representação de palavra. In: Mijolla, Alain de (org.). *Dicionário Internacional de Psicanálise.* Rio de Janeiro, Imago, 2005, 1615-1619.
Green, A. (1983). *Narcisisme de vie, narcisisme de mort.* Paris, Éditions de Minuit.
Green, A. (1986). Pulsão de morte, narcisismo negativo, função desobjetalizante. In: Green, A.; Laplanche, J.; Segal, H.; Rechardt, E.; Ikonen, P. & Yorke, C. *A pulsão de morte.* São Paulo, Escuta, 1988, 57-68.
Klauss, M.H. & Klauss, P.H. (1986). *O surpreendente recém-nascido.* Porto Alegre, Artes Médicas, 1989.

Mellor-Picaut, S. (1983). Idéalisation et sublimatiom. *Nouvelle Revue de Psychanyse*, 27. Paris, Gallimard, 124-138.

Piontelli, A. (1992). *De feto a criança*. Rio de Janeiro, Imago, 1995.

Ruffiot, A. (1981). Le groupe-famille em analyse. L' appareil psychique familial. In: Ruffiot, A.; Eiguer, A.; Eiguer, D.L.; Gear, M.C.; Liendo, E.C. & Perrot, J. *La thérapie familial psychanalytique*. Paris, Dunod.

Segal, H. (1981). *A obra de Hanna Segal*. Rio de Janeiro, Imago, 1983.

Seidl de Moura, M L. & Ribas, A.F.P. (2004). Evidências sobre características de bebês recém-nascidos: um convite a reflexões teóricas. In: Seidl de Moura, M.L. (org.). *O bebê do século e a psicologia em desenvolvimento*. São Paulo, Casa do Psicólogo, 21-59.

Winnicott, D.W. (1958). *Textos selecionados: da pediatria à psicanálise*. Rio de Janeiro, Francisco Alves, 1978.

Winnicott, D.W. (1971). *O brincar e a realidade*. Rio de Janeiro, Imago, 1971.

Winnicott, D.W. (1984). *Privação e delinqüência*. São Paulo, Martins Fontes, 1987.

Winnicott, D.W. (1986). *Tudo começa em casa*. São Paulo, Martins Fontes, 1989.

Zusman, W. (1994). A opção sígnica e o processo simbólico. *Revista Brasileira de Psicanálise*, 28, (1), 153-164.

Gênero, migração e saúde mental: dimensões da experiência de mulheres nordestinas no Distrito Federal

Gláucia Diniz e Vera Coelho
Universidade de Brasília

Somos todos migrantes? Processos como a urbanização e a globalização desencadearam diversos movimentos migratórios ao longo do século XX. No mundo contemporâneo, não seria absurdo dizer que muitas pessoas passarão pela situação de ser migrante em alguma etapa de suas vidas.

No Distrito Federal, a maioria das pessoas responderia '*sim*' a essa pergunta. Tanto Brasília quanto as chamadas cidades satélites são produto de um processo intenso de migração. A construção da nova capital atraiu um grande contingente de migrantes de classes sociais e níveis educacionais variados. Essas pessoas vieram de diversos lugares do país em busca de oportunidades de trabalho, de melhoria das condições de vida, de realização pessoal e financeira.

No presente trabalho, ênfase é dada à relação entre gênero, migração e saúde mental. A questão de gênero se impõe por duas razões: primeiro, porque o projeto de pesquisa-intervenção clínica que deu origem a essas reflexões era dirigido a mulheres e todas eram migrantes; segundo, porque pesquisas (Assis, 2003; Rogler, 1994) apontam para o fato de que a migração, antes vista como um fenômeno predominantemente masculino, precisa ser examinada sob a perspectiva de gênero. A questão da saúde mental ganha relevância ao levarmos em consideração que o processo migratório envolve um redimensionamento do eu e das várias dimensões da vida. Ferreira (1999) delineia com propriedade a questão:

> "(...) o deslocamento físico é feito sobre o eixo de referência desse eu que vai em direção a um outro que virá a ser, a partir dos encontros com o novo espaço e com os outros. O que se foi antes pode servir de ponto de referência para o espelhamento futuro, mas corre o risco de sofrer uma defasagem. (...) essa redefinição de identidade daquele que se embrenhou em outro universo tem um custo. (...) [A migração pode constituir-se em] uma experiência traumática, que envolve o temor da perda definitiva dos objetos que ficaram para trás e a **estranha incerteza** (grifo do autor) com a qual ele se defronta". (p.51)

A migração é, portanto, um fenômeno complexo e multidimensional, sendo afetado por fatores pessoais, relacionais, históricos, sociais, econômicos e culturais. Sua compreensão exige um esforço interdisciplinar. Pensamos ser fundamental um olhar, a partir do ponto de vista psicológico, sobre esse processo.

Uma introdução à temática da migração

O que é migração? Qual é o impacto desse processo sobre a pessoa, seus relacionamentos e sua vida? Estas são algumas dentre muitas questões que ganham relevância em um mundo onde milhares de pessoas se deslocam do campo para a cidade, de uma cidade, estado, ou país para outro, pelas mais diversas razões. Enquanto algumas mudam por opção, outras são forçadas a deixar seu lugar de origem devido à fome, secas, doenças, conflitos políticos e étnicos, dentre outros. Seja qual for o motivo, a migração implica em perdas – das raízes, dos vínculos, do contexto cultural que estruturava a vida da pessoa. Implica, igualmente, em ganhos e reconstrução. Reconstrução de identidade, de estilo de vida, de rede social.

Comecemos pela primeira questão: O que é migração? O dicionário Aurélio (Ferreira, s.d.) define *migração* como a passagem de um lugar a outro, no caso de povo ou de uma grande multidão de pessoas; ou então, como viagens periódicas ou irregulares feitas por certas espécies de animais, tais como as andorinhas, os gafanhotos e as tartarugas marinhas. Migrar, do latim *migrare*, significa mudar periodicamente ou passar de uma região para outra. Cabe ressaltar que a migração não é um fenômeno exclusivamente humano. Vimos na definição que, no reino animal, diversas espécies migram, buscando condições favoráveis à sua sobrevivência de acordo com a estação do ano. Entre os humanos, tal deslocamento pode ser feito por uma pessoa, casal, família ou por grupos inteiros. Pode ter um caráter transitório ou permanente, o que determinará vivências e impactos muito distintos.

Existem tipos diferentes de migração familiar. Um deles é denominado de migração em etapas – um adulto, frequentemente o marido, mas também pode ser a mulher, inicia o processo e posteriormente o outro cônjuge e as crianças juntam-se a ele ou ela. A migração da unidade familiar ocorre quando todos os membros da família se deslocam juntos. Uma outra forma de migração, chamada na literatura de independente, é aquela em que os solteiros migram e depois facilitam a vinda de outros membros ou da totalidade da unidade familiar (Assis, 2003). Existe também um tipo de migração de rede, ou seja, uma família se estabelece e cria condições para o deslocamento de sobrinhos, irmãos, enfim, de outros parentes. No contexto de nossa pesquisa encontramos mulheres que vivenciaram essas várias formas de migração.

A migração faz parte da história da humanidade. Os homens pré-históricos percorriam longas distâncias em busca de alimento. A Bíblia narra um dos processos migratórios mais conhecidos, que foi a caminhada do povo judeu do Egito para a terra prometida. Sarriera, Pizzinato e Meneses (2005) afirmam que *"(...) não existe um povo ou nação que não seja herdeiro ou resultante de uma grande migração"*. (p. 5)

A história da colonização brasileira não constitui exceção - ela é uma história de migração. A descoberta do Brasil abriu as portas para um fluxo intenso de migrações, que começa com a vinda dos portugueses e é seguida, como aponta DeBiaggi (2004), pela imigração forçada de mão-de-obra escrava de países africanos. Após a abolição da escravatura, acontece um novo fluxo migratório em função de políticas implementadas para atrair mão-de-obra européia. Nessa época o país recebeu predominantemente italianos e alemães. Posteriormente, aconteceu a imigração japonesa. O processo de acomodação desses imigrantes teve características específicas, variando de acordo com a cultura do país de origem e a região de assentamento no território brasileiro.

Embora muito antigo, chama atenção o fato de que a migração tem sido examinada predominantemente sob a ótica masculina, como se apenas os homens migrassem e fossem afetados por essa mudança. Assis (2003) aponta uma tendência entre os estudiosos de migrações internacionais de representarem as mulheres de maneira estereotipada, ou seja, como seguidoras passivas e dependentes dos homens. As consequências desse fato ficam evidentes na seguinte fala da autora:

"(...) o fato de a migração internacional ser analisada como predominantemente constituída por trabalhadores homens encobre a participação das mulheres, não apenas acompanhando seus maridos, mas se inserindo como força de trabalho. Essas análises também não percebiam que a migração de longa distância ocorre articulada numa complexa rede de relações sociais, na qual as mulheres têm uma importante participação". (p. 33)

Partindo dessa constatação, Assis (2003) ressalta que os movimentos migratórios ocorridos durante e após as duas guerras mundiais são caracterizados por uma maior diversidade, o que faz com que fatores como gênero, raça, classe e etnia ganhem uma dimensão fundamental nas análises desses processos. Segundo a autora, críticas às formas como a participação das mulheres nos processos migratórios vinham sendo analisadas, produziram, a partir das duas últimas décadas do século XX, uma nova leva de estudos que mesmo utilizando diferentes perspectivas teóricas, tinham em comum uma preocupação em levar em conta as relações de gênero na análise dos fenômenos migratórios.

Essas observações são igualmente relevantes para pensarmos as migrações nacionais, principalmente em um país de dimensão territorial enorme como é o caso do Brasil. A grande mobilidade no território brasileiro é resultante, em grande parte, das desigualdades que atravessam as várias regiões do país, dentre elas o nordeste. Inúmeras vezes, a migração aparece como a única possibilidade de resistência, ou como única saída para manter a dignidade como ser humano. Embora nem sempre as mulheres migrantes sejam bem sucedidas em seu caminhar, não há escolha.

O que leva mulheres a migrar?

Mulheres deixam suas casas e cidades de origem por motivos diversos. A migração pode representar uma fuga da opressão e dominação masculina presentes no mundo doméstico. A violência familiar perpetrada tanto pelos pais quanto por padrastos, irmãos ou outros parentes próximos é algo do qual se procura escapar. Algumas mulheres sentem-se impelidas a desafiar leis familiares que exigem submissão e obediência inquestionáveis. E assim, diante de uma vida muitas vezes insustentável, mulheres podem decidir enfrentar o desconhecido e migrar.

Cabe mencionar que o casamento é muitas vezes visto e até utilizado como uma forma de libertação. Infelizmente, na tentativa de livrar-se da violência familiar, algumas mulheres se unem a homens que tendem a reproduzir relações de opressão e violência. Como nos diz Gebara (2000), é a mulher carregando a sua "senzala", prisão móvel imposta pela dependência social e afetiva em que vive, aos lugares para os quais migra.

A mobilidade de mulheres é motivada por fatores que incluem e transcendem as questões econômicas. Assis (2003) reitera esse ponto de vista; para a autora, as várias formas de violência, sobretudo a familiar e a conjugal, a impossibilidade de divórcio em algumas sociedades e/ou os casamentos infelizes e desfeitos em outras, a marginalização social de mulheres viúvas, separadas ou que assumem comportamentos que transgridem os padrões e limites sexuais e sociais impostos, constituem fatores desencadeadores de migração feminina.

Assis (2003) argumenta que existem contextos em que as mulheres sofrem pressão social para migrar. Sociedades extremamente discriminatórias, nas quais as mulheres vivem em eterna condição de subordinação e sociedades que limitam a mobilidade econômica e social, tendem a 'forçá-las' a buscarem maior grau de liberdade e alternativas mais promissoras de vida.

Mulheres podem migrar por imposição de seus parceiros. Tal fato decorre do poder do homem sobre a mulher, vigente nas sociedades patriarcais. Nesse caso, poucas têm liberdade para decidir o seu destino e o de seus filhos. Por outro lado, os homens podem, e muitas vezes saem de casa sozinhos, deixando para trás um rastro de promessas que dificilmente são cumpridas. Nem sempre retornam ou conseguem manter o compromisso de mandar dinheiro para o sustento ou para o deslocamento do restante da família. Algumas vezes constituem uma outra família no novo lugar. Fatores pessoais e questões de natureza socioeconômica podem afetar a manutenção ou não dos compromissos assumidos.

Mulheres também migram em busca de saída para situações de penúria e de extrema desigualdade. O processo migratório não implica, necessariamente, em superação dessas dificuldades. A mulher migrante enfrenta desafios de natureza econômica, de trabalho, de educação, de saúde e de moradia. Tais dificuldades são vivenciadas não apenas em relação a si próprias, mas também em relação aos filhos, já que eles são, primordialmente, sua responsabilidade.

Pesquisa realizada por Gebara (2000) com mulheres migrantes em Pernambuco retrata a força feminina diante de situações de pobreza, exclusão e desigualdade na qual a cultura patriarcal as coloca. Os depoimentos são riquíssimos, constituindo exemplo de que é fundamental dar voz às experiências de mulheres migrantes. O trabalho dessa autora serviu para reiterar a importância de incluirmos a migração como tópico de reflexão no contexto de uma pesquisa sobre saúde mental de mulheres que vivem atualmente no Distrito Federal.

Contextualização da Pesquisa

Um projeto de pesquisa-intervenção clínica foi desenvolvido entre 2000 e 2003, em uma cidade satélite do Distrito Federal e tinha por objetivo principal investigar a saúde mental de mulheres no climatério. O projeto integrava o Programa do Climatério em uma instituição da rede pública de saúde e contava com a participação de alunos de graduação e pós-graduação (Diniz & Coelho, 2005; Diniz & Coelho, 2003; Coelho & Diniz, 2003).

A maioria das participantes vivia, na ocasião, na periferia de Brasília, em locais com pouca infra-estrutura urbana, o que reflete a precariedade de sua condição socioeconômica. O grupo familiar estava sujeito, nesses contextos, a condições adversas de vida. O nível de escolaridade era, de modo geral, baixo: várias participantes eram analfabetas, poucas conseguiram concluir o Ensino Médio. Aquelas que tinham um nível de escolaridade mais alto trabalhavam como funcionárias públicas ou como professoras do ensino fundamental, tendo, portanto, acesso a melhores condições de vida.

Predominava entre elas o exercício de atividades de baixa remuneração: eram faxineiras, domésticas e passadeiras. Algumas exerciam atividades autônomas em suas próprias moradias, como cabeleireiras ou costureiras. Outras eram feirantes, comercializando roupas ou salgados. Todas combinavam múltiplas jornadas – eram trabalhadoras, donas de casa, esposas, mães, avós, mulheres cuidadoras de netos ou familiares doentes.

A coleta de dados ocorreu no contexto de intervenções clínicas grupais que foram gravadas e transcritas. Os relatos aqui apresentados dizem respeito à experiência de migração, ou seja, aos motivos que desencadearam o processo e aos impactos dessa mudança na saúde mental e na vida das mulheres e de seus familiares. Os grupos tinham duração aproximada de 10 encontros quinzenais, de duas horas cada um.

A maioria das participantes da pesquisa era migrante de origem nordestina. A vida nessa região, marcada por secas duradouras e dificuldades em manter uma lavoura de subsistência, acaba por provocar uma grande mobilidade. A busca por uma vida melhor se dá, primordialmente, das zonas rurais para a periferia das capitais, para grandes cidades do nordeste ou para o sudeste do país. A região centro-oeste, e em especial o Distrito Federal, tornou-se parte dessa rota de êxodo, a partir da construção de Brasília.

A migração vista por mulheres nordestinas

Fragmentos das histórias de vida de algumas mulheres nordestinas radicadas no Distrito Federal serão tomados, como ponte de partida para uma reflexão sobre a interação entre gênero, migração e saúde mental. Os depoimentos ressaltam aspectos positivos da experiência da migrante, mas também evidenciam carências e perdas. Gebara (2000) aponta que, de modo geral, não imaginamos o *"ir e vir das pessoas como num grande formigueiro humano marcado por imensas contradições internas"*. (p. 19) A mobilidade pode produzir uma extrema instabilidade, sobretudo na vida das mulheres. É dessa contradição que queremos falar.

Constatamos que as mulheres migrantes dificilmente se separam de seus filhos. A criação dos filhos e filhas é vista como tarefa feminina - se não das mães, das avós e tias. Algumas mulheres deixam temporariamente os filhos com parentes ou vizinhos, mas na nossa pesquisa, todas voltaram para buscá-los ou enviaram o dinheiro para viabilizar o reencontro da família. O compromisso com a maternidade constitui uma marca que atravessa a vida dessas mulheres.

A história de Maria[1], na ocasião com sessenta anos, ilustra bem essa situação. Mãe de oito filhos, ao ficar viúva num contexto de extrema pobreza migrou sozinha do nordeste para Brasília, incentivada pelo filho mais velho. Este assumiu, com a ajuda de alguns vizinhos, o cuidado dos irmãos. Maria trabalhou duramente para reunir de novo a família e para dar a eles uma condição de vida melhor. Não voltou a casar-se e tem orgulho em dizer que com seu suor e determinação, criou e manteve unida a família. Ela diz sentir-se realizada por receber presentes dos filhos no dia das mães e dos pais.

Ao longo da pesquisa ficou evidente que, como Maria, várias mulheres foram iniciadoras de migração. Mulheres migram buscando oportunidade de tratamento para filhos doentes, estudo e melhores condições de vida para garantir o futuro da prole. Nesse processo, muitas delas se tornam chefes de família. Algumas migrantes conseguem realizar mudanças significativas em suas vidas e na de seus familiares. Outras continuam enfrentando grandes dificuldades. Fica claro, portanto, que o ato de migrar em si mesmo, não é garantia de uma vida com menos privações.

Lícia, casada há 25 anos, nasceu no Maranhão e foi criada no norte do país a partir dos três anos de idade. Tem três filhos e nos diz que sua vida foi dedicada ao filho mais velho, que nasceu com deficiência física em consequência de problemas gestacionais.

Deixou de trabalhar para cuidar desse filho "desenganado" pelos médicos desde o nascimento. Não chegaria a completar um mês, um ano, diziam... *"Minha luta era de hospital em hospital, pra cima e pra baixo"*. Tomou conhecimento do Hospital Sara

---

[1] Todos os nomes são fictícios para proteger a privacidade das mulheres.

Kubitschek, em Brasília. *"Então é pra lá que eu vou"*, decidiu. Em carta enviada ao então ministro da Previdência Social, explicou em detalhes a situação do filho. Tempos depois, recebeu passagens de avião para a capital e indicação de se apresentar no Sara. *"Com a cara e a coragem"*, como ela mesma recorda, Lícia veio com o filho de sete anos para Brasília. Saiu de sua cidade sem dinheiro e sem contatos. Relata que durante a viagem sentou-se ao lado de uma senhora que, após ouvir sua história, ofereceu-lhe auxílio. Lícia foi convidada a ficar em sua casa pelo tempo que fosse necessário. Aceitou constrangida a ajuda, permanecendo nessa residência por alguns meses. O sucesso gradual do tratamento estimulou a vinda do marido e dos outros filhos. *"Nossa vida lá no norte era difícil; valeu a pena o sacrifício"*, conclui ela. Lícia veio para o Distrito Federal perseguindo um sonho de cura para seu filho e conseguiu, além da melhora de seu estado de saúde, criar novas oportunidades para todos os membros da família.

As histórias de outras duas mulheres - Fátima e Luzia, ambas cearenses - chamam atenção por mostrar faces distintas do processo migratório. A primeira é um exemplo de migração bem-sucedida na perspectiva da própria participante. A outra mostra uma mulher torturada pela saudade e pela falta que sente da família de origem. Essa falta se manifesta sob forma de depressão, marcada por um desejo constante de poder estar em dois lugares ao mesmo tempo.

Comecemos pela história de Fátima. Foram muitas as dificuldades que ela enfrentou desde menina. Casou-se aos 12 anos, logo após a chegada da menarca, obrigada pelo pai. Foi mãe aos 13 anos. Era infeliz no casamento. Um dia, diz ter criado coragem para fugir de sua cidade com um homem muito mais velho do que ela. Morou em diversos lugares até chegar à Brasília e fixar residência. Ficou viúva desse companheiro. Está em seu terceiro casamento, o qual é descrito como uma relação harmônica. Fátima, agora em seus 54 anos, relata poder aproveitar a vida mais agora do que na juventude. Embora tenha enfrentado situação de dor extrema, a perda de um dos filhos em consequência da violência urbana, sente-se orgulhosa de seu patrimônio, uma pequena chácara, e de sua força. Sua trajetória criou, para os filhos, oportunidades de estudo e trabalho em melhores condições do que aquelas que encontrariam no sertão. Essa postura de vida ficava evidente em sua forma de participar do grupo: Fátima era alegre, otimista e gostava de encorajar as outras mulheres.

A história de Luzia, por outro lado, fala de uma mulher paralisada pela dor e pela saudade. A ambivalência presente no seu processo de migração gerou um estado psicológico de luto não resolvido, que deixa marcas em sua saúde física, mental e relacional. O relato de Luzia começa com a história da migração da família de seu namorado, hoje marido. Uma parte da família do esposo veio para Goiânia. Tempos depois:

> *"os de cá (Goiás) mandaram buscar o resto da família que estava lá (Ceará) (...) uma família muito grande a de meu esposo, são 18 irmãos (...) quando foi um dia, a gente junto conversando, ele foi e disse assim 'é, nós vamos embora; só tem um meio de eu não ir – é se nós casar. Se nós casar aí eu fico aqui'. Aí que dentro de vinte dias aconteceu esse casamento... aí depois que nós casamos foi que a gente foi se acostumar a gostar um do outro. (...) Aí nos casamos no dia 20 de novembro... e no dia 22 de novembro a família já viajou toda para cá e ficamos só nos dois lá, ele carente, com saudades da família dele, e eu também sem saber se era aquilo que a gente queria".*

A migração inicial da família do esposo atravessa a vida desse casal. Luzia relata o dilema que eles viveram ao longo da vida conjugal no Ceará. Lá, era ele quem sofria com saudades da família. Aqui, é ela quem sofre. Esse processo fica claro à medida que o relato continua:

> *"(...) ficamos... ele sempre que não quis... o povo daqui chamava e ele dizia assim 'vamos embora para lá' (DF), eu dizia 'não,*

*pra lá eu não vou não'... a gente ainda deu conta de segurar vinte anos; meus quatro filhos que eu tenho são tudo nascido lá (Ceará). Mas aí quando foi uma época de final de ano, aí a minha filha que era mais velha, veio passear aqui e eles (Luzia se refere à filha e ao marido) arrumaram uma **cilada** (ênfase da participante) para mim... ele mandou ela ligar dizendo que não voltava mais e que ele vinha... foi isso assim, eu falei que não dava certo não... pois eu não vou, e aí ele foi e falou 'pois eu vou'... aí teve um dos meninos que disse que vinha, aí arrumaram e vieram..."*

Luzia permaneceu no Ceará, mas ficou dividida entre a família de origem e a família nuclear que agora se fragmentava. A depressão começa a rondar a vida de Luzia nesse momento:

"(...) Aí quando ele veio embora, eu já fiquei caída lá dentro de uma rede, e certo que eu não sei qual foi o melhor, se foi quando nós tava tudo junto ou se foi o tempo que ele veio para cá, certo que ficou ruim, aí eu ainda aguentei três meses, que ele veio com mais um e eu fiquei com dois lá, fiquei com o mais novo e outro mais velho, aí só certo que ficou mais uns três meses e eu vim, mas aí desde que eu cheguei aqui é sempre assim,... eu sempre sinto saudade de meu pai e minha mãe, é uma saudade tão forte que às vezes ela é tão real que eu estou dormindo e eu vejo a presença deles... Às vezes eu me olho no espelho e em vez de eu me ver no espelho eu vejo é a mamãe".

Hoje, filhos criados e vida consolidada após 17 anos na capital federal, ela ainda chora a perda do convívio com os irmãos, irmãs e, sobretudo, com os pais. A distância enorme e as dificuldades financeiras impedem o contato frequente que ela gostaria de ter com eles. Vive deprimida, chora, sonha que está no colo do pai, sente o cheiro da comida da mãe. Parece referir-se aos pais de sua infância, a voz é de uma menina que reluta em crescer. O lugar que ficou para trás é visto ainda como o melhor do mundo, embora ela reconheça as oportunidades que os filhos tiveram com a migração.

Luzia faz tratamento contínuo para depressão. Usa medicação "controlada" e diz que nunca se sente totalmente feliz. A perda não elaborada permanece como uma falta, uma dor que ronda sua vida. Situações cotidianas de dificuldade, desafio e frustração alimentam sempre essa falta, essa dor.

Podemos argumentar que parte da depressão de Luzia está relacionada à dificuldade que ela tem de encontrar resposta(s) para várias perguntas: Como teria sido minha vida se tivesse ficado no Ceará? Como seria minha vida se tivesse deixado meu marido e filhos aqui e voltado para lá? Por que a vida é tão dura e faz a gente se separar de pessoas que ama e das quais ainda depende? Por que oportunidades custam tão caro? É possível que em função dessa intensa ligação com a família de origem, Luzia não tenha podido criar vínculos sociais efetivos em Brasília. O crescimento e a maior autonomia de seus filhos podem vir a contribuir para a manutenção de sua depressão. Na fase do ninho vazio ela corre o risco de experienciar mais vazio e solidão em sua vida.

A história de Luzia sugere que a migração produz sentimentos intensos, podendo gerar sintomas e afetar o senso de identidade e de pertencimento. McGoldrick (1982) aponta que o senso de pertencimento e o senso de continuidade histórica da vida são elementos fundamentais à construção da identidade e da saúde mental. A migração é uma experiência que afeta a ambos. Torna-se fundamental, portanto, compreender os impactos da migração sobre a pessoa, suas relações familiares, sobre sua saúde física e mental.

Desdobramentos da migração: impactos sobre a identidade, a família e a saúde mental

O estudo da interação entre fatores sociais, econômicos, culturais e a saúde, tanto física quanto mental, adquiriu relevância num mundo marcado por desigualdades. Estas tornam a luta pela sobrevivência e pelo acesso a condições dignas de trabalho, habitação, saúde e educação, um desafio para a maioria da população. As lutas feministas e os estudos de gênero mostraram que a situação de mulheres e crianças nesse contexto adverso merece atenção especial (Diniz, 2004, 1999).

O foco em fatores intrapsíquicos gerou, por muito tempo, uma negligência em relação ao impacto que fatores sociais podem ter sobre a saúde mental. Gênero, etnia, idade, cultura, classe social e migração muito provavelmente interagem no sentido de promover ou comprometer a saúde mental.

Mostrar a determinação ou a contribuição de fatores sociais no aparecimento de transtornos mentais não é tarefa fácil, pois, são muitos os desafios metodológicos envolvidos nesse tipo de pesquisa. Almeida-Filho, Mari e Coutinho (1999) apresentam uma série de dados oriundos de estudos realizados sobre a correlação entre migração, inserção produtiva e saúde mental em diversos países da América Latina. Apresentam, ainda, dados de estudo realizado no Brasil sob a responsabilidade dessa equipe de pesquisadores. Alguns dos resultados merecem atenção e convidam à reflexão, uma vez que tais estudos têm em comum a preocupação em entender a interação entre mudança social e saúde em países que estão à margem do sistema econômico mundial.

Estudo com migrantes residentes em Lima apontou interação entre migração e situação socioeconômica: sinais de má adaptação eram evidentes em pessoas das camadas mais carentes da população. Mostrou também que à medida que aumentava o tempo de residência havia um aumento de depressão e ansiedade e um decréscimo nos níveis de tensão (Almeida-Filho, Mari & Coutinho, 1999). Rogler (1994) descreve estudos onde mulheres mexicanas que migraram involuntariamente para os Estados Unidos, por imposição da autoridade masculina, estavam sujeitas a níveis mais elevados de depressão do que aquelas que migraram voluntariamente.

Estes resultados nos permitem compreender melhor a situação de Luzia, cujo uso de antidepressivos controla, mas não acaba com a depressão, uma vez que parece não existir solução viável para sua situação de carência emocional. O tratamento medicamentoso por si só não lhe permite dar sentido à vivência de impasse e de impossibilidade de escolha sobre os rumos de sua vida. Resta-lhe "ver" os pais distantes e ausentes fisicamente que, simultaneamente, a consolam e também confirmam sua dependência tanto deles quanto dos filhos e marido. Luzia permanece dividida entre a família de origem e a família nuclear.

A relação entre gênero, escolaridade, mobilidade social e a presença de transtornos psiquiátricos fica mais clara em estudo realizado na Colômbia. Mulheres, analfabetos e pessoas da classe mais baixa apresentavam índice maior de comprometimento. Outro dado importante revelado por esse estudo foi que o tipo de migração, temporária ou permanente, tem efeito diferenciado. Migrantes permanentes de áreas rurais para áreas urbanas apresentavam mais sintomas (Almeida-Filho, Mari & Coutinho, 1999). Esse resultado nos faz supor que diferenças marcantes entre a vida na cidade e a vida no campo tenham um forte impacto sobre o senso de pertencimento e de continuidade da história de vida. Assim, a luta pelo emprego e pela sobrevivência não diminui, apenas ganha dimensões distintas. Isso pode gerar sentimentos de frustração e derrota, possivelmente contribuindo para a emergência ou intensificação de sintomas psiquiátricos. Vemos, assim, a relevância da experiência migratória ser considerada na compreensão da história de vida de pessoas que buscam assistência psicológica ou tratamento medicamentoso.

Tomando como base a experiência americana, McGoldrick (1982) aponta que o mito do *melting pot* (caldeirão de mistura de culturas) e a premissa da igualdade (presente na Constituição Americana) produziram um descaso em relação ao estudo das questões de migração, etnia e sua relação com a vida familiar e a saúde mental. Assim sendo, psicólogos, antropólogos e sociólogos compartilharam por muito tempo a idéia de que o estudo do impacto da migração entre os grupos que compõem o tecido social americano não era importante.

A realidade brasileira não é muito distinta. Tendemos a ignorar o impacto das migrações na construção de nosso país. Ainda é pequena a produção que articula a relação entre saúde mental, gênero, raça, etnia, classe social e migração. Pensar a articulação entre migração e saúde mental implica em considerar suas múltiplas dimensões.

Estudo realizado por Almeida-Filho & Bastos (1982), no início da década de oitenta, teve como objetivo avaliar a relação entre migração e depressão em mulheres. Este estudo revelou que mulheres migrantes corriam risco seis vezes maior de receber um diagnóstico de depressão, quando comparadas com mulheres não migrantes. Estudo posterior de Almeida-Filho, Mari & Coutinho (1999) reiterou que gênero está consistentemente relacionado com a presença de morbidade psiquiátrica. Mulheres apresentaram um risco elevado de receberem diagnósticos dentro da categoria intitulada "morbidade psiquiátrica menor". Essa categoria inclui os transtornos afetivos (depressão e distimia), de ansiedade, pós-traumáticos agudos e crônicos, fóbicos (agorafobia, fobias sociais) e os transtornos de somatização. Cabe ressaltar que os autores apontam que a migração não pode ser vista, nesses casos, como o único fator explicativo para o aparecimento dos transtornos.

Nossa pesquisa indicou que mulheres migrantes, principalmente aquelas que foram vítimas de várias formas de violência e de desigualdade, carregam consigo marcas que contribuem para o aparecimento ou o agravamento de sintomas. As outras pesquisas apresentadas também levantam questões sobre a saúde mental que merecem atenção.

Existe consenso entre os autores: a migração constitui um processo de transição cultural e a crise que tal transição provoca, merece atenção. A migração pode gerar estresse, isolamento, redefinição dos papéis e da estrutura familiar. Pode gerar também novas oportunidades. Perdas e ganhos, assim como decepções e sucessos se misturam formando uma dinâmica que envolve os/as migrantes e toda sua rede de relações sociais por gerações e gerações. Processos migratórios trazem consigo o potencial de desencadear conflitos transgeracionais. Assim sendo, seu impacto sobre o ciclo vital e sobre a saúde mental precisa ser investigado.

Considerações finais

A migração é um fenômeno social que tem uma dupla face: emigrar e imigrar. Entendemos que o processo migratório pode ser bem ou mal sucedido, dependendo de uma série de fatores. Dentre eles destacamos os aspectos afetivos e relacionais. Certamente, o grau em que a migração foi *escolhida* ou *forçada*, *apoiada* ou *condenada* pela rede social, constitui uma dimensão importante a ser considerada. Nossa hipótese é que quanto maior o grau de *escolha* e de *apoio* recebido, maior a probabilidade de a pessoa buscar recursos, tanto internos quanto externos, para fazer com que a experiência seja bem sucedida, mesmo enfrentando situações adversas. A acolhida recebida e o lugar social que se passa a ocupar dentro da nova comunidade também terão grande impacto sobre a integração do/a migrante. Outra questão importante é a percepção que a pessoa tem das vantagens e desvantagens resultantes do processo de migração.

A experiência migratória envolve transições em vários domínios. Dentre eles destacam-se a mudança na rede social, no *status* socioeconômico e na cultura. Redes sociais são desfeitas e refeitas no movimento em direção à sociedade na qual o/a migrante busca se inserir. Nem sempre a família migra em sua totalidade. A perda do grupo social composto por familiares, amigos e vizinhos pode ser fonte de intenso sofrimento. A construção de novos vínculos torna-se elemento fundamental para mitigar o impacto da quebra dos laços familiares e sociais (Rogler, 1994).

No presente trabalho, ênfase foi dada à experiência migratória de mulheres nordestinas. O objetivo foi chamar atenção para dimensões da interação entre gênero, migração e saúde mental. As histórias retratadas mostram ângulos distintos de um processo cuja marca central é a diversidade: são muitas as razões que motivaram a migração; são vários os sentimentos que o processo envolveu, e múltiplos os resultados e impactos da mudança. Mais do que respostas, a intenção foi levantar questões e apontar caminhos para novos estudos.

A pesquisa mostrou que é um mito pensar que as mulheres são sempre passivas no processo, ou seja, que elas migram apenas para acompanhar os homens. Embora isso também ocorra, constatamos que, muitas vezes, são elas as iniciadoras da migração. O significado dessa responsabilidade pela ação de migrar precisa, certamente, ser melhor investigado por pesquisadores/as que tenham interesse pelo tema.

Apontamos no texto que a migração tem sido analisada sem que sejam levadas em conta as questões de gênero (Assis, 2003). Em trabalhos anteriores (Diniz, 2004, 2003, 1999) mostramos a importância da interação entre gênero e saúde mental. Nesse texto, ao nos perguntarmos: "Qual é o impacto do processo migratório sobre a pessoa, seus relacionamentos e sua vida?", dedicamos atenção especial à experiência de mulheres migrantes nordestinas. Trazer a narrativa de algumas das mulheres participantes de um projeto de pesquisa-intervenção clínica constituiu, para nós, uma forma de ampliar a compreensão do fenômeno migratório.

REFERÊNCIAS BIBLIOGRÁFICAS

Almeida-Filho, N.; Mari, J.J. & Coutinho, E.S.F (1999). Migração, inserção produtiva e saúde mental na modernidade tardia: novas evidências do estudo multicêntrico de morbidade psiquiátrica em áreas metropolitanas brasileiras. *Revista de Psiquiatria Clínica*, 26(5), Edição Internet www.hcnet.usp.br/ipq/revista/r265/artigo236.htm.
Almeida-Filho, N. & Bastos, S.B. (1982). Estudo caso-controle da associação entre migração e desordens depressivas. *Jornal Brasileiro de Psiquiatria*, 31(1), 25-30.
Assis, G.O. (2003). "De Criciúma para o mundo": gênero, família e migração. *Revista de Antropologia Social*, 3, 31-50.
Coelho, V.L.D. & Diniz, G. (2003). Vida de mulher: lidando com a meia-idade e a menopausa. In: Féres-Carneiro T. (Org.). *Família e Casal: Arranjos e Demandas Contemporâneas*. São Paulo, Loyola, 97-117.
DeBiaggi, S.D. (2004). Introdução. In: S.D. DeBiaggi & G.J. Paiva (Orgs.). *Psicologia, e/imigração e cultura*. São Paulo, Casa do Psicólogo, 11-27.
Diniz, G. (2004). Mulher, Trabalho e Saúde Mental. In: W.Codo (Org.). *O trabalho enlouquece? Um encontro entre a clínica e o trabalho*. Petrópolis, Vozes, 105-138.
Diniz, G. (2003). Gênero e Psicologia: questões teóricas e práticas. *Revista Psicologia Brasil*, ano 1, 16-21.
Diniz, G. (1999). Condição Feminina: Fator de Risco para a Saúde Mental? In: M. das Graças T. da Paz & A. Tamayo (Orgs.).

Escola, Saúde e Trabalho: Estudos Psicológicos. Brasília, Editora UnB, 181-197.

Diniz, G. & Coelho, V.L.D. (2005). A História e as histórias de mulheres sobre o casamento e a família. In: T. Féres-Carneiro (Org.). *Família e casal: efeitos da contemporaneidade.* Rio de Janeiro, Editora PUC-Rio, 138-157.

Diniz, G. & Coelho, V.L.D. (2003). Mulher, Família, Identidade: a Meia-Idade e seus Dilemas. In: T. Féres-Carneiro (Org.). *Família e Casal: Arranjos e Demandas Contemporâneas.* São Paulo, Loyola, 79-95.

Ferreira, A.B.H. (s.d.). *Novo Dicionário da Língua Portuguesa* (1ª. Ed., 14ª. Impressão). Rio de Janeiro, Editora Nova Fronteira.

Ferreira, A.P. (1999). *O migrante na rede do outro. Ensaios sobre alteridade e subjetividade.* Rio de Janeiro, Te Corá Editora.

Gebara, I. (2000). *A mobilidade da senzala feminina: mulheres nordestinas, vida melhor e feminismo.* São Paulo, Paulinas.

McGoldrick, M. (1982). Ethnicity and Family Therapy: An Overview. In: M. McGoldrick, J. K. Pearce & J. Giordano (Orgs). *Ethnicity and Family Therapy.* Nova York, EUA, The Guilford Press, 3-30.

Rogler, L.H. (1994). International migrations. A framework for directing research. *American Psychologist,* 49(8), 701-708.

Sarriera, J.C.; Pizzinato, A. & Meneses, M.P.R. (2005). Aspectos psicossociais da imigração familiar na Grande Porto Alegre. *Estudos de Psicologia,* 10(1), 5-13.

"Criança S/N"

Lídia Levy
Pontifícia Universidade Católica do Rio de Janeiro

Nomear uma criança equivale a fornecer-lhe um significante pelo qual ela será identificada e que organizará sua identidade. Lanouzière (2000) aponta para a dificuldade de escapar da ação identificatória do nome, carregado do desejo dos pais desde antes da concepção do filho. Para a autora, o ato de nomear uma criança a inscreve, ao mesmo tempo, em uma filiação instituída através de um sobrenome e em uma filiação narcísica através do nome. O sobrenome, no âmbito de um sistema de regras juridicamente definidas, indica o pertencimento a uma mesma linhagem. Já o nome, regido pelos costumes, revela expectativas. Nome e sobrenome delineiam o destino daquele que é nomeado.

A filiação transmite à criança o lugar simbólico que ocupará em seu parentesco, sendo essencial ao sujeito enquanto suporte de sua identidade. Neste trabalho estaremos considerando as vicissitudes de algumas crianças abandonadas sem qualquer informação sobre sua identidade que, portanto, iniciam sua história com uma ausência completa de investimento narcísico e desprovidas de um vínculo de filiação legalmente instituído.

Daubigny (1997) relembra que, segundo uma tradição patriarcal herdada desde a idade média e integrada à tradição cristã, a origem da família está vinculada à vontade divina, que santifica os frutos da sexualidade humana decorrentes dos laços sagrados do casamento. Neste contexto, o nome de família se transmite pelo casamento através da linhagem paterna. A criança encontrada e o bastardo ficaram fixados no imaginário popular como filhos do pecado. Em sua origem havia um segredo, um ato condenável, um sofrimento.

O interesse pelo tema me foi despertado diante do nome e do sobrenome atribuídos às crianças encontradas em via pública e encaminhadas para a então 1ª Vara da Infância e da Juventude do Rio de Janeiro[1]. Nomes como Romário Miguel Couto do Céu ou Daniele Ayrton Senna do Céu são inscritos em certidões provisórias de nascimento, seguidos da designação "Maria do Céu" no espaço relativo ao nome da genitora. Pesquisando sobre a origem deste costume, constato que esta é uma prática existente apenas no Rio de Janeiro. Ao assumir a Vara em 1995, o juiz titular Dr. Siro Darlan, em visita aos abrigos da cidade, encontrou inúmeros registros de crianças abrigadas onde se lia: "criança S/N", ou seja, criança sem nome. Considerando que a referida expressão feria a dignidade daquelas crianças, e seguindo o prescrito na Convenção Internacional da ONU relativa aos direitos da criança de 29 de novembro de 1989, instituiu um método que o ajudaria a reconhecer cada uma das crianças abandonadas em sua Comarca. Escolhia um primeiro nome e acrescentava o nome do hospital ou da rua onde fora encontrada, seguidos da expressão "do Céu". Ao lhe ser perguntado quais as razões da atribuição do nome Maria do Céu às genitoras, responde: *"Porque é a mãe de todos nós. Assim foi criada a 'família do Céu'"*. Sendo este um registro provisório, naturalmente a quase totalidade dos adotantes indicava um outro prenome à criança, que recebia então sobrenome e, juridicamente, era inserida em uma família.

As práticas variam nos diferentes estados brasileiros e, mesmo no Rio de Janeiro, quando da mudança de juiz em 2004, o procedimento anteriormente relatado foi alterado. No Distrito Federal, por exemplo, a criança pode ser registrada provisoriamente com o prenome que estava sendo usado no hospital ou no abrigo. Caso não lhe tenha sido atribuído um nome, este pode ser escolhido pela diretora de Secretaria da Vara da Infância e da Juventude. Em Belo Horizonte, o procedimento é semelhante, a não ser pelo fato de que, ao chegar à Vara sem um nome, este costuma ser escolhido pelos assistentes sociais e/ou psicólogos. O poder judiciário do Rio Grande do Sul trata esta matéria em Consolidação Normativa Judicial, de responsabilidade da Corregedoria-Geral da Justiça. Em sua seção VII (provimento n.38/89-CGJ), o artigo 987 estipula que toda criança e adolescente deverá ter seu registro de nascimento com a atribuição de prenome e sobrenome. O artigo 989 §3 explicita que, quando da decisão, o juiz atribuirá um prenome e um sobrenome à criança, bem como prenomes e o mesmo sobrenome aos pais da criança. O prenome deverá ser o da onomástica comum e mais usual brasileira, sendo que em relação ao sobrenome, devem ser consideradas as circunstâncias locais, históricas e pessoais do fato, como por exemplo, nome de árvores, praças, ruas, pássaros, flores. Diante da situação de abandono e na impossibilidade de identificar a criança, quando de sua apresentação à autoridade judicial, lavrar-se-á termo circunstanciando o fato, declarando-se dia, mês, ano, lugar, hora, idade aparente, sinais característicos e todos os objetos com ela encontrados. Após a identificação do rol de roupas, do envoltório, de objetos e sinais passíveis de promover o reconhecimento do menor, o juiz determinará que tudo seja guardado em caixa lacrada, identificada com o nome dado à criança e o número do processo e em lugar seguro.

No texto da legislação francesa, quando os pais não forem conhecidos, cabe ao oficial do Estado Civil escolher três prenomes para a criança, sendo que o último tomará o lugar de seu sobrenome. Procura-se seguir a orientação encontrada no artigo 7 da Convenção Internacional da ONU, onde se recomenda que toda criança seja registrada desde seu nascimento, tendo direito a um nome, a uma nacionalidade e, na medida do possível, o direito de conhecer seus pais e ser criado por eles. Estas recomendações inauguraram um interessante debate sobre a noção de filiação e sobre o direito da criança de conhecer suas origens.

Destacamos dois grandes temas a serem explorados neste trabalho. Em primeiro lugar, discutiremos o tema da filiação adotiva e sua constituição por sentença judicial. No Brasil, o artigo 47 do Estatuto da Criança e do Adolescente (ECA), promulgado em 1990, determina que o vínculo da adoção constitui-se por sentença judicial, a ser inscrita no registro civil mediante mandado do qual não se fornecerá certidão. O mandado judicial, que será arquivado, cancelará o registro original do adotado. Um novo registro será feito e, ao ser nomeada pela família adotiva, a criança é introduzida em um novo universo familiar, esperando-se que efeitos de identificação sejam produzidos.

Em segundo lugar, propomos uma reflexão sobre as implicações da expressão "segundo nascimento", muito utilizada por famílias adotivas, e sobre a importância dos primeiros capítulos de uma história, anteriores a seu início legal. Entre o desejo de alguns pais adotivos de apagar as origens do filho e o anonimato de alguns pais biológicos, encontramos a criança, futuro adulto diante de seus fantasmas.

Filiação

Historicamente, a relevância na fundamentação da filiação não era dada à biologia. A paternidade no Direito Romano era estabelecida por lei, não se considerando a "verdade biológica"; o casamento determinava quem era o genitor/pai. A partir dos progressos da biotecnologia e dos exames de DNA, a presunção de que a filiação decorre do casamento passou a poder ser questionada, confrontada com o critério da "verdade biológica". Hoje, discute-se em que dimensão a natureza ou a sociedade se impõe para designar a filiação e se é possível privilegiar os critérios biológicos, os legais ou os afetivos para definir a maternidade e a paternidade.

Segundo Hurstel (1999) *"não é o real da semente que conta, mas as leis, os costumes que designam aquele que será o genitor. A função de genitor é uma função social"*.(p.119) Na tentativa de estabelecer os critérios passíveis de determinar a filiação, a autora propõe que se considere a "posse do estado"; ou seja, um conjunto de fatos que instituem o parentesco como, por exemplo, portar o sobrenome daqueles que se intitulam pais, ter sido tratado, educado e mantido por eles como filho, ser reconhecido como tal pela sociedade e pela família. Fatos que constituem uma "verdade socioafetiva" e atribuem o estatuto de pais àqueles que amam e educam.

Para Legendre (1999), o direito inscreve o ser humano na ordem da filiação. O autor postula que enquanto seres falantes somos filhos da referência; ou seja, da lei que distingue o ser de natureza do ser de cultura e institui a filiação simbólica. A lei da referência equivale ao princípio do pai na sociedade. Sob a figura do pai morto, do pai da horda primitiva, está presente a referência, que nos funda como sujeitos do direito. As leis de filiação designam limites, lugares e organizam a regulamentação do incesto, colocando em discurso um interdito. Os Estados garantem a filiação e a adoção pode funcionar como uma ficção legal estruturante, inaugurando, para a criança, a via da sua identidade. Se o peso é conferido à filiação simbólica, enquanto articulação da palavra com a sexualidade, a filiação legal é vista como a original.

No entender de Mougin-Lemerle (1999), a criança humana não é o produto da carne de seus progenitores, de seu desejo de filhos, nem da biotecnologia, mas é instituída como filho pelo direito. Para advir como sujeito humano é necessário estar referida a um nome, a uma genealogia. Ao ser nomeada, a criança é introduzida em um conjunto social ordenado, segundo regras. Duplamente alienada, no desejo dos pais e nas leis de linhagem da sociedade, a criança humana poderá obter uma ancoragem subjetiva e uma inscrição social. Não basta, portanto, uma transmissão biológica da vida; aos humanos, é necessária uma inscrição social conferida pela nominação.

Para Giovannetti (2003), a possibilidade do mapeamento cromossômico e a verificação da paternidade genética e da genealogia de qualquer corpo humano não atendem às necessidades inerentes à constituição do sujeito, pois *"o que caracteriza o sujeito humano é justamente sua inserção numa cadeia de genealogias culturais e de relações afetivas que aponta para o circuito do desejo"*. (p. 44)

Cunha Pereira (2003), por sua vez, afirma que a existência de uma família não é garantida nem pelo vínculo jurídico, nem pelos laços biológicos de filiação. As relações familiares são da ordem da cultura e não da natureza.

Guyomard (1999) defende a idéia de que os critérios que determinam a filiação são múltiplos e não podem ser reduzidos ao único critério biológico. Para ele, privilegiar este critério é desconhecer a dimensão simbólica da filiação. Adotiva ou biológica, a criança se inscreve numa cadeia de desejos, expectativas, fantasias. Neste sentido, a verdade sobre sua origem, como sujeito desejante, não poderá excluir a história de seus genitores.

Verifica-se no discurso destes autores que, nas sociedades ocidentais, a filiação não está apoiada apenas na realidade genética, mas também na ficção e na realidade das situações sociais. Estas considerações sempre estiveram na base do discurso que opõe "laços de sangue" a "laços do coração", para caracterizar o sentimento de filiação no caso de crianças adotivas. Os chamados "laços do coração" estão fundados no desejo de quem adota e em sua disponibilidade de assumir a função parental. Aqueles que valorizam os "laços do coração" não admitem o privilégio conferido ao critério da "verdade biológica", nem concordam com o argumento de que a impressão genética designa quem é o pai ou a mãe de uma criança. Entendem que a filiação afetiva ganha cada vez mais espaço e adultos assumem funções parentais, mesmo não sendo os pais legais nem os procriadores. A concepção, enquanto ato biológico, é diferenciada da filiação, considerada um ato social.

Autores como Noel (apud Daubigny, 1997) e Bonnet (1990, 1996) afirmam que a criança encontra, na filiação adotiva, suas verdadeiras origens narcísicas em oposição às origens puramente biológicas. Defendem a idéia de um desinvestimento das origens biológicas, alegando que as origens narcísicas fornecidas pelas famílias adotivas constituem a base da vida da criança. Neste sentido, os laços de sangue no caso de crianças adotivas, deveriam ser totalmente rompidos, para que uma nova história pudesse ser escrita, como um segundo nascimento. Para Bonnet, se a adoção for fundada no amor e no desejo de continuidade familiar, uma criança adotada pouco se perguntaria sobre as causas de seu abandono e a identidade dos pais que a conceberam.

Em oposição a este discurso, estão autores como Daubigny (1997, 2005), Delaisi (1997), Delaisi e Verdier (1994) e Verdier (1988), para quem a minimização da importância dos pais biológicos e o apagamento das origens trazem sérias consequências. Para eles, não se sustenta a afirmação de que o conhecimento, por parte da criança, de sua história anterior à adoção comporte riscos para o seu narcisismo e para o desenvolvimento de sua personalidade. Acreditam que um dos objetivos deste discurso é o de permitir que crianças sejam adotadas o mais cedo possível, reassegurando aos pais legais que o filho jamais investirá outros pais, que não eles.

Daubigny (1997) entende que no plano do narcisismo, a criança tem necessidade de investir positivamente as origens sexuais. Para ela, o discurso que opõe pais e genitores pretende tirar o estatuto de pais, daqueles que pariram e não puderam educar. A filiação não deveria ser excludente, mas cumulativa, considerando-se inclusive que os fundamentos da filiação foram subvertidos pelo crescente número de famílias recompostas, famílias monoparentais e pela pluriparentalidade. Para a autora, nos anos 70-80, defendia-se uma clivagem entre parentalidade biológica e simbólica e considerava-se politicamente correta a ruptura com os laços familiares de origem. Constantemente afirmava-se que o ser humano era fruto de sua criação. Não se acreditava que, para o adotado, o segredo sobre suas origens pudesse trazer algum problema e que a persistência de fantasmas inconscientes pudesse ser fonte de preocupação.

Este debate foi iniciado nos Estados Unidos da América onde existem três tipos de adoção. A "adoção confidencial" (*confidential adoption*) implica na impossibilidade de obter informações que permitam identificar a família biológica; entretanto, podem ser fornecidas informações "não-identificantes", ou seja, limitadas a detalhes descritivos sobre o adotado e sua família de origem, tais como: data e local de nascimento, idade dos pais biológicos e descrição física, como cor de cabelo e olhos, raça, etnia, religião, história médica, nível de escolaridade e ocupação, a razão para a colocação da criança em família adotiva e a existência de irmãos. A maioria dos estados americanos permite que o adotado, a partir dos 18 anos, tenha acesso a este tipo de dado, após solicitação por escrito.

Parte-se da premissa de que as adoções confidenciais, apesar de propiciarem alívio aos pais adotivos por evitar qualquer interferência ou a co-parentalidade, reforçam os receios já existentes nestes e provoca um maior preconceito em relação aos pais biológicos.

A "adoção semi-aberta ou mediada" (*semi-open/mediated adoption*) possibilita um contato com os pais biológicos por meio de um intermediário, que pode ser uma agência ou um advogado, sem que ocorra uma identificação. Finalmente, "a adoção aberta" (*open adoption*) permite que pais e filhos adotivos interajam com os pais biológicos, sendo a freqüência dos contatos variável, de acordo com o caso.

Cresce, portanto, um movimento no sentido de valorizar um maior conhecimento sobre as origens. Em sua crítica ao estabelecimento da adoção plena, que apaga da vida da criança qualquer vínculo com seus genitores e institui novas relações parentais, Daubigny (1997) afirma que, na intenção de fazer parecer filhos e pais adotivos, estar-se-ia estimulando o segredo na adoção.

Apagar as origens?

Um caloroso debate veiculado pela mídia francesa, em 1995, nos ajuda a pensar o tema das "crianças sem nome". Na França, tanto quanto no Brasil, existiu o que chamamos a roda dos expostos, onde a criança era depositada anonimamente. Pela legislação francesa do século XVIII, permitia-se à mãe abandonar seu filho sem informar sua identidade, assim como o local e data de nascimento da criança, desde que esta aparentasse ter menos de sete meses. Denominado parto anônimo (*accouchement sous X*), considerava apenas o interesse da mulher e foi mantido em 1993, ao ser introduzido no Código Civil francês. Amparada por lei, a mãe pode demandar que o segredo de sua identidade seja preservado.

Acredita-se que textos como o de Bonnet (1990), para quem as genitoras que optaram pelo parto anônimo são, em sua maioria, marcadas por um desejo infanticida, influenciaram os legisladores franceses no sentido de instituírem-no. Tal procedimento permitiria o nascimento de uma criança e daria um filho para famílias candidatas. A pesquisa realizada por Bonnet encontrou indícios de que as mulheres não abandonam a criança apenas por uma situação econômica desfavorável, mas por causas psicopatológicas, que geram uma negação da gravidez e indicam fantasmas infanticidas incontroláveis; protegem a criança que carregam, renunciando-a. Assim, os adotantes estariam salvando a criança da morte e a genitora estaria entregando seu filho aos cuidados de alguém e não o abandonando.

Aqueles que pretendem suprimir o parto anônimo do direito francês alegam que este retira da criança o direito de conhecer suas origens. Um grupo de trabalho sobre o acesso às origens foi organizado, em 1995, por Simone Veil, ministra de Estado, dos Assuntos Sociais e da Cidade, e duas posições se destacaram. De um lado, a defesa do parto anônimo, buscando-se respeitar a vida privada de pais biológicos, o direito das mulheres de não assumirem uma maternidade indesejada, bem como garantir a tranquilidade das famílias adotivas. Do outro, a contestação do anonimato, que impedia o direito das crianças de conhecerem sua história genealógica e a tentativa de encontrar soluções para aqueles que desejassem ter acesso às suas origens.

Em 1996, uma reformulação ainda tímida foi introduzida na legislação francesa. Ao mesmo tempo em que se afirma o direito ao conhecimento das origens, não se questiona a liberdade das mães de parir anonimamente ou de pedir segredo sobre sua identidade no caso de abandono de crianças menores de um ano. A inovação refere-se à possibilidade dos pais biológicos fornecerem sua identidade, que só será comunicada à criança ao atingir a maioridade, se ela assim o desejar. Neste sentido, no momento da assinatura do ato de abandono, existe uma escolha entre o anonimato ou fornecer uma identidade. Neste último caso é possível, ainda, deixar um objeto para a criança, escolher seu nome, e/ou escrever uma carta. Os pais biológicos são informados que poderão, em momento posterior, retirar a exigência de anonimato e deixar dados que permitam o conhecimento das origens da criança e/ou as causas de seu abandono. Entretanto, verifica-se que a decisão ainda cabe apenas aos pais de origem.

Neste sentido, devemos distinguir o segredo, que implica em informações suscetíveis de serem reveladas em condições a definir, isto é, informações que devem ser conservadas para a eventualidade de uma demanda, do anonimato, que implica na ausência de qualquer informação.

Se, atualmente, a grande maioria de famílias adotivas reconhece a necessidade de uma revelação precoce da adoção, o mesmo não ocorre quando se levanta o tema de um maior acesso a informações sobre a família de origem. Muitos pais adotivos valorizam apenas o modo como deram vida à criança, desejando-a. A partir daí, os primeiros capítulos da história da criança seriam escritos como um segundo nascimento. O assunto em debate é o quanto um "segundo nascimento" apaga o "primeiro" e se, na tentativa de apagá-lo, problemas de identidade acabariam sendo gerados.

Diferentemente da realidade brasileira, onde o movimento do adotado para investigar suas origens é pouco comum, na experiência de Daubigny (1997) cada vez mais os adotados falam de seus sofrimentos em relação ao vazio de suas histórias e desejam ir em busca de suas origens. Para a autora, considerando que as emoções precoces permanecem em parte inscritas no psiquismo e marcam a personalidade adulta, faz-se necessário que a criança possa conhecer sua história, de modo a simbolizar o que ficou marcado, mas não integrado à sua subjetividade. Neste sentido, ao permitir o acesso à origem biológica, os pais adotivos lhe possibilitam ocupar um lugar simbólico. Se, por um lado, o nome conferido por um funcionário da maternidade ou da justiça, é um no qual não houve investimento e, portanto, na maioria das vezes não é mantido, por outro, um nome dado pela mãe biológica, representa algum legado oferecido à criança, implicando, minimamente, no reconhecimento de sua existência. Nestes casos, sua manutenção pela família adotiva pode indicar a intenção de revelar as informações obtidas sobre a origem da criança.

Autores como Eliacheff (1997) acreditam que a verdade sobre as origens deveria ser dita desde o nascimento. Em sua opinião, partindo da premissa de que crianças abandonadas em via pública estão impossibilitadas de saber sua história, o parto anônimo poderia ser entendido como uma melhora em relação ao abandono; porém, melhora que não beneficia a criança, se não lhe forem fornecidos elementos suficientes para compreender porque seus pais tomaram a decisão de abandoná-la.

O parto anônimo tal como autorizado pela legislação francesa não existe no direito brasileiro. O ECA, em seu artigo 10, inciso II, atribui aos hospitais e demais estabelecimentos de atenção à saúde da gestante, a obrigação de identificar o recém-nascido mediante o registro de sua impressão plantar e digital e da impressão digital da mãe. Note-se que, enquanto o registro da impressão plantar é feito, a impressão digital da mãe não tem sido colhida. Se a genitora declarar, na maternidade, seu desejo de entregar o filho, será encaminhada à Vara da Infância da Juventude e do Idoso - VIJI e, após ser entrevistada, caso reafirme sua decisão, assinará uma declaração; a partir daí, a criança estará disponível para adoção. O artigo 165 do ECA determina que, na hipótese dos pais concordarem com a adoção, estes sejam ouvidos pela autoridade judiciária e pelo representante do Ministério Público e seu depoimento tomado. Entretanto, crianças sem nome continuam sendo encontradas em via pública.

No Rio de Janeiro, o primeiro procedimento diante de um bebê abandonado é levá-lo a um hospital, onde seu estado de saúde é avaliado e uma ficha preenchida com suas características físicas. No caso de não necessitar de cuidados médicos, será encaminhado para a VIJI. A divisão de Serviço Social se encarrega de telefonar para o primeiro habilitado da fila de espera para adoção, que poderá levar a criança de imediato. Raramente algum bilhete ou objeto é deixado pela genitora, mas se houver, este deverá ser repassado aos adotantes.

Em caso de abandono em via pública, os dados que podem ser obtidos através do processo de registro civil ou do processo de abrigo são ínfimos. O interessado tem direito a buscar suas origens, mas encontrará muito pouco. No caso de processos anteriores à informatização da Vara, aquele que consultar deve fornecer o "nome de caridade" atribuído à criança na ocasião, para que se tente localizar a ficha respectiva no arquivo morto, tornando a tarefa uma missão quase impossível.

Não há uma estatística para verificar o número de pessoas que retornam à VIJI em busca de informações sobre suas origens. Em consulta a três funcionários da Vara, cada um lembrava de um ou dois casos nos últimos anos, principalmente o de um rapaz de aproximadamente 30 anos, pela repercussão que sua história teve na mídia. Tendo passado boa parte de sua vida em um abrigo, decidiu pedir ajuda a uma professora, para descobrir o nome de sua mãe. Aquela entrou em contato com a Vara e, após difícil pesquisa no arquivo morto, um processo foi encontrado. Para surpresa da funcionária que realizara a consulta, nele constava apenas uma autorização para viagem ao exterior do menino, na época com seis anos, e de seu irmão, de três meses. Esta informação foi repassada ao rapaz, ocasionando um processo de rememoração. Ele, que nada lembrava da infância, recordou-se de já ter estado em um aeroporto e que algo ocorrera, pois a polícia prendera a pessoa que estava com ele. Soube-se, então, que o bebê havia viajado e ele ficado, por razões que permaneceram inexplicadas. Um repórter de um canal de TV, tomando conhecimento desta história, resolveu investigar e conseguiu o nome do irmão e o endereço na Europa, onde este morava com a família que o adotara. O contato foi feito e o rapaz viajou para encontrar-se com o irmão. Antes, porém, passou no juizado e disse à funcionária que o havia ajudado a descobrir seus dados: *"Não quero mais saber da minha mãe, já encontrei um elo com a vida"*.

REFERÊNCIAS BIBLIOGRÁFICAS

Bonnet, C. (1990). *Geste d'amour: l'accouchement sous X*. Paris, Ed. Odile Jacob.
Bonnet,C. (1996). L'accouchement sous X. *Accueil*, 3-4, 16-19.
Cunha Pereira, R. (2003). Família, direitos humanos, psicanálise e inclusão social. In: Câmara Groeninga, G. & Cunha Pereira, R. (Orgs.). *Direito de Família e Psicanálise – rumo a uma nova epistemologia*. Rio de Janeiro, Imago, 155-161.
Daubigny, C. (1997). Fonction des origines dans la vie familiale. *Le Coq-Héron*, 148, 29-48.
Daubigny, C. (2005). Du noyau symbolique de l'identité: secret et idéologie. *Le Coq-Héron*, 181, 137-151.
Delaisi, G. (1997). *La part de la mère*. Paris, Ed. Odile Jacob.
Delaisi, G. & Verdier, P. (1994). *Enfants de Personne*. Paris, Ed. Odile Jacob.
Eliacheff, C. (1997). *Vies privées – de l'enfant roi à l'enfant victime*. Paris, Editions Odile Jacob.
Giovannetti, M.F. (2003). O sujeito e a lei: um percurso acidentado. In: Câmara Groeninga, G. & Cunha Pereira, R. (Orgs.). *Direito de Família e Psicanálise – rumo a uma nova epistemologi*a. Rio de Janeiro, Imago, 43-53.
Guyomard, P. (1999). A ordem da filiação. In: Altoé, S. (Org.). *Sujeito do Direito, Sujeito do Desejo*. Rio de Janeiro, Revinter, 65-71.
Hurstel, F. (1999). A função paterna, questões de teoria ou: das leis à Lei. In: Altoé, S. (Org.). *Sujeito do Direito, Sujeito do Desejo*. Rio de Janeiro, Revinter, 103-129.

Lanouzière, J. (2000). O peso do nome. *Cadernos de Psicanálise*, 16,(19), 85-106.

Legendre, P. (1999). Seriam os fundamentos da ordem jurídica razoáveis? In: Altoé, S. (Org.). *Sujeito do Direito, Sujeito do Desejo*. Rio de Janeiro, Revinter, 17-31.

Mougin-Lemerle, R. (1999). Sujeito do Direito, Sujeito do Desejo. In: Altoé, S. (Org.). *Sujeito do Direito, Sujeito do Desejo*. Rio de Janeiro, Revinter, 1-15.

Verdier, P. (1998). Le secret des secrets. *Autrement Revue*, 96, 212-214.

A construção das metas e práticas educativas na família contemporânea: estudo de casos

Adriana Wagner
Pontifícia Universidade Católica do Rio Grande do Sul

Muito tem se falado das mudanças que vêm ocorrendo na família nas últimas décadas. Os aspectos macro-sociais e contextuais das famílias têm merecido a atenção dos pesquisadores interessados em conhecer como tais situações e fenômenos reverberam na dinâmica familiar. Em contrapartida, as funções e tarefas que competem à família permanecem e resistem à avalanche das distintas demandas. Entre tais tarefas, a educação dos filhos segue sendo uma de suas tarefas fundamentais e talvez, a mais complexa, considerando a gama de fatores implicados nesse processo.

Conhecer em profundidade o processo educativo que se desenvolve na relação pais e filhos requer compreender não somente os fatores que contribuem e se expressam em determinadas estratégias educativas exercidas na família, como ainda e principalmente, a inter-relação existente entre eles. Nessa perspectiva, a experiência tem demonstrado que a transmissão de questões transgeracionais relativas a valores, crenças, legados e mitos familiares são inevitáveis e fazem parte da própria estruturação do núcleo familiar, ou mais especificamente, da própria condição humana (Falcke e Wagner, 2005; Wagner, Falcke e Predebom, 2005).

Está comprovado que muitas das experiências da família de origem se expressam na geração posterior (Breulin, Schwartz &

Mac Kune-Karrer, 2000). É a partir dessa comunicação transgeracional, que as dificuldades e anseios dos pais são transmitidos aos seus filhos (Costa, 2000). Deve-se levar em conta, entretanto, que experiências negativas e, até mesmo traumáticas, somente continuarão exercendo um papel importante na vida da família, se esse fato ou comportamento tenha alguma função e faça sentido no contexto no qual ele se perpetua (Elkaïm, 1990; Falcke, Wagner, Di Giorgio e Finkelstein, 2001; Wagner, Grzybowski e Silveira, 2003; Wagner, 2004 & Falcke e Wagner, 2005)

Já está descrito na literatura que outros aspectos, tais como a auto-avaliação da função parental, as idéias dos pais sobre as demandas do mundo contemporâneo, a percepção que eles têm das características de personalidade dos filhos, entre outros, são importantes variáveis que compõem a forma como se constrói e se exerce a educação dos filhos (Maldonado, 1997; Knight, Elfenbein, Capozzi, Eason, Bernardo e Ferus, 2000; Rodrigo e Palácios, 2003; Palácios, Hidalgo e Moreno, 2003; Ceballos e Rodrigo, 2003 & Wagner, 2005).

Frente a esse processo, surge a pergunta: Como a família define e constrói seus valores e metas educativas na contemporaneidade? Nessa perspectiva, objetivamos identificar as variáveis que configuram os valores, as metas e as práticas educativas que pais e mães da família contemporânea têm com relação aos seus filhos e explorar fenomenologicamente o processo de construção dos mesmos desenvolvidos pela família na atualidade. Para tal, elaboramos um estudo de abordagem qualitativa, a partir da perspectiva dos sujeitos implicados na tarefa educativa na família.

A escolha da metodologia qualitativa justificou-se a partir de uma postura epistemológica, que defende a necessidade de complementar o enfoque quantitativo com outras perspectivas, que dão maior ênfase no processo e no discurso (Potter e Wetherell, 1987). Desde esse ponto de vista, a compreensão de numerosos fenômenos, entre os quais a educação familiar, se enriquece e se beneficia com a análise interativa da construção subjetiva que os sujeitos realizam do mundo e de suas experiências. Sendo assim, diferentes características relativas ao fenômeno abordado induzem a começar por uma perspectiva desta natureza, já que os resultados obtidos em pesquisas anteriores revelaram a existência de configurações multidimensionais e complexas das famílias no que se refere às práticas educativas (Wagner, 2002; González e Triana, 2003; Grzybowski e Wagner, 2003 & Wagner, Predebom, Mosmann e Verza, 2005)

Frente a isso, gerou-se a necessidade de realizar um esforço de exploração, identificação e sistematização dos processos envolvidos na construção de tais práticas, de maneira a fundamentar a instrumentalização do trabalho empírico desde a perspectiva qualitativa. Justifica-se também pelo caráter interativo do fenômeno da educação familiar, na qual uma série de agentes desenvolve ciclos de comunicação ao longo de um período de tempo prolongado. Os processos presentes nessa interação não são dedutíveis a partir da simples combinação das características de ambos, tal como a relação estabelecida entre diferentes variáveis independentes e dependentes. Pelo contrário, se estruturam através de processos sequenciais, nos quais a materialização de cada passo está condicionada pelas características do passo anterior. A mera identificação dos elementos derivados de tal processo não informa necessariamente a dinâmica da inter-relação estabelecida pelos distintos fatores integrantes desse. A ausência de referenciais, modelos consensuais ou empiricamente contrastados com respeito ao fenômeno da construção dos valores, metas e práticas familiares, nos impedem de pressupor as direções que influenciam nas distintas variáveis que podem ser consideradas como relevantes.

Participantes

A partir da amostra e dos dados do projeto anterior *"A Família e a Tarefa de Educar: condutas educativas e transgeracionalidade"*

(Wagner, 2001-2003/CNPq n. 523724/95-0), o qual investigou as práticas educativas exercidas na família de origem de 200 pais (100 pais e 100 mães) e utilizando uma técnica exploratória de classificação denominada *Cluster* não hierárquico k-médias, chegou-se a quatro grupos (*clusters*) que apresentaram características homogêneas. Para perfilar as famílias que compõem cada grupo recorreu-se a técnicas descritivas.

As famílias, então, ficaram assim definidas:

1. **Famílias com Pouco Envolvimento**: este grupo caracterizou-se por apresentar médias baixas, comparativamente à amostra em geral, na avaliação da educação recebida em sua família de origem, tanto no que se refere às características indesejáveis como às desejáveis. Nesse caso, reportaram ter recebido uma educação de pouco envolvimento por parte de seus pais, tanto nos aspectos disciplinares, de controle e imposição de limites, quanto nos aspectos afetivos e sociais;
2. **Famílias com Envolvimento Positivo**: este reconheceu ter recebido uma educação em sua família de origem, onde preponderam as características desejáveis sobre as indesejáveis. Nesse caso, reportaram terem tido pais continentes as suas necessidades, sem exercer extremado controle e com capacidade de envolvimento, empatia e sensibilidade;
3. **Famílias com Envolvimento Misto**: faz uma avaliação em que salienta e reconhece tanto os aspectos desejáveis quanto os indesejáveis de forma equitativa na educação recebida na família de origem. Fazem parte aquelas famílias que se utilizam de estratégias de afeto caloroso na mesma medida em que lançam mão de punição, castigo e privação.
4. **Famílias com Envolvimento Negativo**: este grupo revelou médias mais elevadas nas categorias indesejáveis e mais baixas nas desejáveis, na avaliação da família de origem. São aquelas famílias nas quais os pais tendem a utilizar-se mais frequentemente de estratégias de coerção e punição em detrimento de condutas de maior atenção e sensibilidade às necessidades da criança.

A partir destes quatro grupos, selecionamos uma família representante de cada perfil. O contato com as famílias foi feito, a partir dos dados de identificação que, voluntariamente, os sujeitos da pesquisa *"A Família e a Tarefa de Educar: condutas educativas e transgeracionalidade"* (Wagner, 2001-2003/CNPq n.523724/95-0) forneceram. Foi estabelecido contato por telefone com as famílias tipo; aquelas que se dispuseram a colaborar foram entrevistadas.

As entrevistas foram realizadas com o pai e a mãe em sua residência, mediante a concordância e utilização do Termo de Consentimento Livre Esclarecido, o qual explicitava a relevância e objetivos da pesquisa e garantia o anonimato e a confidencialidade dos dados. O conteúdo da entrevista foi gravado em áudio e vídeo, após o consentimento da família e transcrito literalmente para fins de análise.

A entrevista seguiu os seguintes eixos temáticos:

– Projetos dos pais para com seus filhos;
– Estratégias que utilizam para que os mesmos alcancem tais projetos;
– Auto-avaliação da sua função parental;
– Idéias dos pais sobre as demandas do mundo contemporâneo;
– Percepção que eles têm dos filhos em termos de características de personalidade.

As informações coletadas foram analisadas caso a caso segundo Stake (2000), buscando descrever e entender em cada família a dinâmica que se estabelecia na tarefa de educar os filhos, a partir da visão do par parental, segundo os eixos temáticos da entrevista em consonância como o *cluster* a que cada família representava. Posteriormente, fez-se uma análise vertical dos casos, a fim de discutir as semelhanças e diferenças de cada família, assim como as hipóteses conceituais estabelecidas no estudo.

Resultados

Apresentamos as informações de uma família tipo de cada *cluster*, iniciando com a descrição dos dados biodemográficos e da configuração familiar, os quais descrevemos de maneira genérica e mudamos os nomes dos sujeitos, a fim de resguardar o anonimato e preservar a confidencialidade das informações. Na sequência, passamos a analisar os seguintes temas: projetos para os filhos, estratégias que utilizam para alcancar seus objetivos e auto-avalição da função parental, idéias que têm sobre as demandas do mundo moderno e os aspectos relativos à transgeracionalidade.

CLUSTER 1 - FAMÍLIA GONZÁLEZ
Descrição da Família

A familia González pertence ao grupo de famílias classificadas no *Cluster* I. Nesse caso, os membros do par parental caracterizavam-se por reportarem pouco envolvimento entre pais e filhos na família de origem. O pai e a mãe informaram ter recebido uma educação de pouco envolvimento por parte de seus pais, tanto nos aspectos disciplinares, de controle e imposição de limites, quanto nos aspectos afetivos e sociais.

Os González são uma família de configuração original, sendo este o primeiro casamento de ambos. O casal tem dois filhos, uma menina de dez anos e um menino de seis. Pertencem ao nível socioeconômico médio e, tanto o pai como a mãe, possuem educação de nível superior. A mãe é professora e trabalha, em média, trinta horas semanais. Diz que seu trabalho é *"pesado, cansativo, sobrecarregado..."*, ao mesmo tempo em que informa ter tardes livres, nas quais gerencia as tarefas da casa e do cuidado com os filhos.

O pai é engenheiro mecânico e trabalha em uma empresa multinacional. Possui uma carga horária média de 14horas/dia de trabalho. Refere que seu horário de trabalho é *"fechado"* e em virtude disso, não consegue acompanhar muito a rotina dos filhos. Nesse sentido, podemos observar que o casal não faz uma divisão das tarefas referentes à educação e acompanhamento dos filhos, sendo esse encargo principalmente da mãe. Ambos tentam fazer-se presentes no dia-a-dia das crianças, através de ligações telefônicas.

Projetos Para os Filhos

Com relação aos filhos, observa-se que o casal tem planos mais definidos para a filha que para o filho. Valorizam e destacam o talento da filha na dança *(ballet)*; a menina gosta de dançar e é incentivada por eles. Enquanto enaltecem as qualidades da filha em relação à dança e aos estudos, os projetos em relação ao filho pouco aparecem. Os pais dizem que *"por ser homem, ele precisa mais..." (entende-se, mais do que "talento")*, evidenciando marcadas diferenças de gênero na relação parental. Para eles, o menino precisa estudar inglês, por exemplo, como uma forma de instrumentalizar-se melhor para o mercado, ainda que a menina possa seguir estudando *ballet*.

Esse casal demonstrou bastante preocupação com a questão financeira. Eles abordam, várias vezes, a importância de poupar dinheiro e o fato dos filhos estarem cientes das possibilidades e limites da família em relação a isso. Acreditam que o estudo é uma garantia ou um meio de se obter sucesso financeiro. É explícita a preocupação com a auto-suficiência dos filhos em termos financeiros; no caso dos planos futuros para a filha, vêem na dança uma possibilidade de obter recurso financeiro, seja como suporte para sustentar os estudos ou mesmo como profissão.

Os pais reconhecem características positivas em ambos filhos tais como, sociabilidade, curiosidade, são consideradas crianças participativas, ativas e que têm opinião própria.

O casal não coloca ter uma meta educativa norteadora explícita e definida. Dizem desejar que seus filhos sejam felizes, mas preocupam-se em não influenciá-los em suas escolhas. Não querem determinar, escolher, impor; tentam deixar que os filhos escolham e façam o que gostam.

Estratégias que Utilizam para Alcançar Seus Objetivos e Auto-avalição da Função Parental

O casal busca aprimoramento para sua função educativa em leituras sobre o tema. A mãe compara os objetivos e as estratégias educativas da sua época com as atuais e, devido as diferenças que detecta, sente necessidade de buscar recursos para qualificar o desempenho de sua tarefa educativa. Em relação a função parental, a mãe demonstrou mais enfaticamente sua busca e aprimoramento no exercício de seu papel de mãe. O pai mostrou-se mais preocupado com o pouco tempo que fica com os filhos, evidenciando seu desejo de ser mais presente na vida familiar. No entanto, a mãe tenta minimizar esse sentimento do marido, reafirmando seu bom desempenho no papel de pai.

Idéias que Têm sobre as Demandas do Mundo Moderno

A maior preocupação evidenciada com relação ao contexto em que estão inseridos é o uso de drogas. Temem pelos filhos e pela influência dos amigos e do meio ambiente, no qual os mesmos possam estar. Parecem acreditar que isso é algo inerente à sociedade atual, à fase do desenvolvimento humano (adolescência) e à *"desestruturação"* das famílias. Em referência a este último aspecto, o casal faz muitas críticas *"as transformações da família contemporânea"* no que diz respeito ao divórcio, aos avós que cuidam dos netos, a falta de limites, entre outros.

Aspectos Relativos à Transgeracionalidade

No que diz respeito aos aspectos transgeracionais, o pai foi quem mais evocou, de forma direta, as suas experiências com a família de origem; a mãe não mencionou de forma especial tais vivências. O Sr. González aponta a trajetória de seu pai, evidenciando os sacrifícios e excessivo trabalho que teve na vida; seu pai é uma referência e modelo. Entretanto, o sujeito revelou na sua fala, algumas críticas ao mesmo, já que este era uma pessoa *"exageradamente rígida"* e a sua preocupação com o sustento e criação dos filhos vinha, muitas vezes, em detrimento de um maior envolvimento afetivo com eles. Nesse caso, a preocupação com o dinheiro e sucesso financeiro aparecem, também, como um valor educativo que perpassa as práticas e metas educativas utilizadas por ele; parece ser sustentado de forma mais explícita pela história familiar do pai, tomada como modelo na família. Os aspectos transgeracionais mais evidentes da família de origem do Sr. González enfocam as dificuldades financeiras e a rigidez de seu pai. Pode-se observar na fala do pai, que identifica em seu progenitor, um estilo de rigidez e operatividade, o qual ele atualmente critica. Por outro lado, o entrevistado reconhece-se um pai pouco tolerante, embora não faça associações entre a herança recebida no convívio com seus pais e a forma que exerce a sua função parental.

Com relação às metas educativas dos pais em relação aos filhos, evidencia-se uma pobreza quanto a tal aspecto. Mesmo referindo algumas metas para seus filhos (estudar, ganhar dinheiro, autonomia), prevalece uma atitude de pouco envolvimento e uma preocupação centrada em garantir aspectos materiais em detrimento de uma reflexão mais subjetiva e voltada para o desenvolvimento global dos filhos. A família González, parece reproduzir com seus filhos uma educação de pouco envolvimento tanto nos aspectos disciplinares, de controle e imposição de limites, quanto nos aspectos afetivos e sociais.

CLUSTER 2 – FAMÍLIA WORKER
Descrição da Família

A família investigada faz parte do *cluster* 2, caracterizado por famílias com envolvimento positivo. Esse grupo reconheceu que na educação recebida na sua família de origem preponderavam as características desejáveis sobre as indesejáveis. Nesse caso, o par parental reportou ter tido pais continentes as suas necessidades, sem exercer extremado controle, muito envolvidos, sensíveis e atentos.

A família Worker é de configuração reconstituída, tendo o pai dois filhos do primeiro casamento (adultos jovens), os quais não coabitam com ele e dois filhos da união atual que estão em idade escolar. Nesse caso, a família que coabita é o casal entrevistado com seus dois filhos comuns.

É uma família de nível socioeconômico médio, tanto o pai como a mãe possuem nível superior e administram a empresa da família. Nesse negócio também trabalham os filhos do primeiro casamento e outros familiares, tais como cunhados, irmãos e primos.

Esse casal demonstrou acurada crítica em relação ao processo educativo de seus filhos. São pessoas que estão constantemente reavaliando o processo e o desempenho de seu papel tanto no exercício da parentalidade como na conjugalidade. Buscam ajuda com profissionais especializados e recursos teóricos. Utilizam-se do contexto no qual estão inseridos como parâmetro para realinhar seus objetivos e práticas educativas junto aos seus filhos.

Projetos Para os Filhos

A meta norteadora desse casal é de que seus filhos sejam felizes e bem sucedidos. Destaca-se a busca por felicidade independente das escolhas futuras que os filhos venham a fazer. Existe uma complementaridade do casal no processo educativo, de acordo com as características pessoais de cada um: o pai mais idealista e a mãe mais pragmática.

Nesse sentido, o pai apresentou um discurso mais focado no desenvolvimento do bem-estar e qualidade de vida dos filhos como sua meta educativa. A mãe, por outro lado, demonstrou uma grande preocupação com a formação pessoal dos filhos, baseada em valores de honestidade, sinceridade e solidariedade, colocando a formação profissional como consequência deste aprendizado.

Entremeado ao plano de formação profissional, perpassa o desejo de que os filhos alcancem sucesso financeiro. Identificamos uma maior preocupação da mãe com esse aspecto do que o pai. Para ela, o sucesso financeiro dos filhos é equivalente ao sucesso profissional; constitui uma meta educativa que faz parte do projeto que a mãe tem para seus filhos. Essa é uma característica muito presente neste casal; ao mesmo tempo em que buscam a felicidade dos filhos, revelam uma preocupação bastante concreta no que se refere a uma escolha profissional futura, envolvendo boa remuneração e reconhecimento social pela escolha.

As respostas dessa família fazem pensar que os valores desses pais estão alicerçados em motivações de bem-estar e felicidade dos filhos, de forma que desenvolvam suas potencialidades e características pessoais, sem perder a dimensão do contexto onde estão inseridos. Esses pais valorizam também aspectos que dizem respeito à dimensão do outro, do contexto, da relação, desejando que seus filhos possam tornar-se pessoas vinculadas ao social e solidárias.

Estratégias que Utilizam para Alcançar Seus Objetivos e Auto-avaliação da Função Parental

Esses pais se utilizam de práticas educativas configuradas pelos seguintes aspectos: diálogo como um instrumento educativo, imposição de limites e autoridade, apoio, co-parentalidade, instrumentalização pedagógica, auxílio psicológico e aceitação da autonomia dos filhos.

O diálogo aparece em destaque, nas informações dadas por eles como uma prática educativa bastante utilizada por essa família. Consideram a conversa como um meio para esclarecer as condutas educativas adotadas com os filhos. Os pais acreditam que através da conversa, é possível ensinar o que é correto. O diálogo é apontado como uma estratégia educativa que os aproxima dos filhos, mas que também é utilizada com o objetivo de induzi-los ou convencê-los de algo que ainda não foi assimilado pelos mesmos. Portanto, esta estratégia, além de facilitar a aproximação e esclarecimento de dúvidas, é mais um recurso dos pais para instaurar o mecanismo de obediência e de manutenção da disciplina sobre os filhos. A comunicação também serve como um reforço positivo e estimulador de comportamentos desejados pelos pais.

Outra prática utilizada para alcançar as metas educativas destes pais é a imposição de limites e autoridade. Eles têm como característica, delimitar de forma clara as fronteiras entre os subsistemas dessa família, evidenciando a importância da autoridade no desempenho da função parental. Esses pais se utilizam de tais estratégias para impor limites: a tomada de decisão, a retirada de benefícios e atribuição de autoridade a outras figuras, como, por exemplo, a professora.

O apoio, para essa família, é uma prática que tem como objetivo atingir as metas educativas de que os filhos tenham sucesso e sejam felizes. Acreditam que, através das suas experiências pessoais e do entendimento que eles têm dessas vivências, possam ajudar os filhos a superar as dificuldades que encontrarão ao longo da vida.

Nessa perspectiva identifica-se um efetivo exercício de coparentalidade, onde normalmente, compartilham as questões relativas a família. Ainda que discordem por vezes, cada um procura respeitar as atitudes do outro tomadas com os filhos, buscando uma sincronia em suas práticas educativas.

Além de apoiarem-se mutuamente, os pais dessa família buscam auxílio pedagógico e psicológico. Identifica-se a variável instrumentalização pedagógica, que salienta a preocupação por parte da mãe, principalmente, em buscar auxílio especializado para investir na criação dos filhos. Ainda que este seja um recurso utilizado pela mãe, ela divide as informações com o pai. Ademais, existe a busca de suporte psicológico por parte da família, evidenciando as características desses pais em reconhecerem as suas dificuldades pessoais e a influência dessas no processo educativo dos filhos. Revela-se uma característica familiar no sentido de tentar administrar e resolver os conflitos. Essa característica fica mais evidenciada na mãe, embora ela transmita suas reflexões e autoavaliações para o marido, que também aproveita esse recurso como uma fonte de aperfeiçoamento.

Por fim, identifica-se que existe a aceitação da autonomia dos filhos por parte dos pais que fazem um esforço em estimular o crescimento, através do enfrentamento das dificuldades. Ambos relatam sentirem-se muito bem no exercício de sua função parental.

Idéias que Têm Sobre as Demandas do Mundo Moderno

Consideram o mundo complexo e cheio de estímulos, tanto negativos como positivos. Entretanto, para esse casal o contexto no qual sua família esta inserida é uma variável presente, considerada como secundária na determinação dos resultados educativos. Os pais ressaltam que se os filhos estiverem bem formados profissionalmente e com valores solidificados, estarão preparados para enfrentar as demandas do mundo atual, sejam elas quais forem. Nesse caso, evidencia-se uma crença fundamental na educação exercida na família.

Aspectos Relativos à Transgeracionalidade

Da mesma forma, a variável transgeracionalidade não apareceu de maneira relevante na construção e exercício do processo educativo, sendo quase que inexistentes as referências à família de origem de ambos os cônjuges. Ainda não havendo menção concreta a tais experiências, observou-se uma enfática auto-confiança desse par parental na educação que exercem com seus filhos. Ficou evidente a crítica e a reflexão que fazem a respeito do seu papel de pai e mãe. Notou-se também um esforço consciente de fazerem o melhor pelos filhos assim como a consciência daquilo que estão transmitindo aos mesmos, enquanto valores e atitude frente ao mundo.

CLUSTER 3 – FAMÍLIA GUERRA
Descrição da Família

O *Cluster* 3 reuniu o grupo de sujeitos que reconhece tanto os aspectos desejáveis quanto os indesejáveis de forma equitativa na educação recebida na família de origem. Fazem parte deste grupo aquelas famílias que se utilizam de envolvimento caloroso, afetivo na mesma medida que lançam mão de punição, castigo e privação. No caso dos Guerra, trata-se de uma família nuclear, com dois filhos, uma menina de 13 anos e o menino com 11 anos. Os pais possuem nível superior e trabalham fora, em média dez horas por dia. Destaca-se nesse casal, o nível cultural e de informação que possuem, entretanto, enfrentam sérias dificuldades financeiras, devido a renda salarial do casal ser bastante inferior, se comparada ao número de horas despendidas e a função que exercem como jornalistas numa rádio local.

É marcante a origem desse casal; ambos provêm de famílias de um nível socioeconômico baixo, de um contexto rural, com uma prole de 4 filhos em cada uma das famílias. O casal relata que, apesar das dificuldades financeiras das suas famílias de origem, ambos conquistaram uma formação acadêmica, ainda que o pai coloque que sua família *"teria condições de ter ajudado mais... eles até poderiam... mas não conseguiram ter essa visão"*. Nesse sentido, ao longo de toda a entrevista, fica evidente a ênfase que esses sujeitos dão ao estudo, como valor principal da vida deles e de seus filhos. Priorizam a educação acadêmica dos filhos, sobre todas as outras coisas, procurando transmitir, enfaticamente, a importância do estudo na vida deles. Informaram que a maior parte dos recursos financeiros do casal é destinada à educação e saúde (bem-estar) dos filhos.

Na fala do casal aparece, explicitamente, a culpa por privarem não só os filhos, mas a família como um todo, das atividades de lazer, devido as limitações econômicas. A mãe desabafa dizendo que *"violência existe no momento em que tu não tem um salário decente pra deixar, pra oferecer um lazer. Levar teus filhos pra tomar um lanche, levar no cinema, levar no teatro... e a gente já passou por isso. Isso é uma violência"*.

No lugar dessa lacuna que detectam ter, aparece o valor do compartilhar em família, traduzidos pela importância e a priorização em ter horas de lazer juntos. O *"estar em família"*, *"fazer coisas agradáveis juntos"*, aparece como um dos aspectos relevantes e preconizados na educação dos filhos.

Projetos dos Pais para os Filhos

O par parental apresentou grande preocupação com a formação dos filhos e compartilham a idéia de que os filhos devem desenvolver a sua vocação, em termos da profissão que irão escolher. Está presente a preocupação em dar suporte intelectual aos filhos para que, posteriormente, escolham o que queiram fazer. Assim, as variáveis que se destacaram como prioritárias na definição das metas educativas, foram a formação acadêmica e o sucesso pessoal dos filhos. A idéia de que os filhos sejam bem sucedidos está intimamente relacionada à formação pessoal e profissional.

Nesse sentido, há um grande investimento por parte dos progenitores na educação acadêmica dos seus filhos, sendo esta uma destacada prioridade na família.

Estratégias que Utilizam para Alcançar Seus Objetivos e Auto-avaliação da Função Parental

A principal estratégia utilizada por estes pais para alcançar os projetos desejados para seus filhos é o diálogo, por meio do qual eles explicam, discutem e fornecem informações, procurando esclarecer aos seus filhos as prioridades que devem ser estabelecidas na família, principalmente, devido às limitações que enfrentam com respeito ao aspecto econômico. Esse casal procurava instrumentalizar-se ao máximo para melhor educar os filhos, buscando ajuda profissional, recursos teóricos e mantendo uma relação próxima com a escola.

A avaliação que o casal faz do desempenho de sua função parental é positiva, principalmente, no que se refere à participação de atividades relacionadas à educação dos filhos. Ambos percebem-se como pais muito participativos em tudo aquilo que diz respeito aos filhos. São membros da Associação de Pais na escola, acompanham as tarefas escolares dos filhos e compartilham conhecimentos com eles, dedicando grande parte de seu tempo em tais atividades.

Idéias dos pais sobre as demandas do mundo moderno

Os pais descrevem o mundo como violento e expressaram uma preocupação em preparar seus filhos para enfrentarem a violência vivenciada no cotidiano. Para tal, procuram permitir a eles certa liberdade e autonomia, pois acreditam que, se super-protegerem demais, eles não experimentarão o mundo e não estarão preparados no futuro.

ADRIANA WAGNER

Aspectos Relativos à Transgeracionalidade

No que se refere aos aspectos transgeracionais, o pai, principalmente, é quem mais resgata suas lembranças da família de origem. Assinala lacunas afetivas, de apoio emocional e oportunidades. As metas que define para seus filhos, remetem as suas carências e fazem parte de um processo compensatório de sua história pessoal. Um exemplo disso é quando ele diz: *"...não vou culpar meus pais por isso... o que eu estou tentando é preencher essas lacunas nos meus filhos... eu quero ficar com a minha consciência tranquila"*. Nessa perspectiva, as dificuldades encontradas pelo casal em sua história pessoal, se refletem no esmero em assegurar aos filhos o melhor em termos de formação acadêmica, ainda que isso represente parte importante dos ingressos econômicos da família. Apesar dos baixos salários do casal, ambos os filhos estudam em escola privada.

Os aspectos que se referem à transmissão transgeracional perpassam o discurso do casal durante toda a entrevista, demonstrando ser um fator muito importante na definição das estratégias educativas utilizadas com seus filhos; tanto as carências como os ganhos tidos na família de origem são um parâmetro norteador do que deve ser evitado ou repetido com seus filhos na atualidade.

Constatou-se neste casal uma uniformidade tanto em suas histórias pessoais como nas metas, estratégias e valores que norteiam o processo educativo dos seus filhos. São pais coerentes entre si, que procuram manter, diante dos filhos, sincronia no que se refere à organização e funcionamento da casa e na tomada de decisões sobre a família. Fica claro, no decorrer da entrevista, que o valor central dessa família é a superação das dificuldades, por meio dos recursos intelectuais que adquirem na leitura e na busca de informações, demonstrando, sobretudo, boa capacidade de discriminação nas estratégias educativas utilizadas nas diferentes situações que demandam o exercício da função parental. Como representantes do *cluster* 3, esta família aparece com vivências de instabilidade na criação dos filhos, de temor frente as dificuldades econômicas e as poucas oportunidades que tem; porém, tem capacidade de luta e investimento para concretizar as suas metas na educação de seus filhos.

CLUSTER 4 – FAMÍLIA SUNSET
Descrição da Família

A família Sunset faz parte do *cluster* 4, caracterizado por famílias com envolvimento negativo. Este grupo revelou médias mais elevadas nas categorias indesejáveis e mais baixas nas desejáveis, na avaliação da família de origem. São aquelas famílias nas quais os sujeitos declararam que seus pais tendiam a utilizarem-se mais frequentemente de estratégias de coerção e punição em detrimento de condutas de maior atenção e sensibilidade às necessidades deles.

Trata-se de uma família nuclear com uma filha única de onze anos. O pai tem ensino médio e é comerciante; a mãe tem curso superior, trabalha fora, mas não conseguiu se estabelecer na profissão. Configura-se uma família de nível socioeconômico médio.

A filha participou como ouvinte de toda a entrevista, por seu desejo e com o consentimento dos pais. Chamou a atenção dos pesquisadores a marcada diferença física da menina com relação aos pais. O casal não pareceu muito conectado, havendo pouco contato visual entre eles. Ao longo da entrevista, ficou evidente certo desencanto com a filha, principalmente por parte da mãe, que referiu ter a expectativa de que a menina fosse mais parecida com ela, isto é, estudiosa, calma, paciente e com o mesmo gosto musical. A mãe a vê como *"geniosa"* e *"autoritária"* e o pai consegue identificar características suas na filha, como a falta de gosto pelo estudo, mas ressalta que ela é *"argumentadora"*, assinalando que esta peculiaridade dificulta um pouco o trabalho deles de pais. O pai deixa claro, inclusive, que não tinha nenhum desejo de ser pai, embora complemente esta afirmação dizendo que, depois de ter se tornado pai, passou a achar este papel *"muito legal"*, *"algo que agregou"*, *"que fez crescer e aprender um monte"*.

Ambos progenitores ao longo da entrevista fizeram várias críticas à menina, entretanto, estas eram amenizadas por frases de elogio e incentivo. A mãe ao comentar alguma característica dela, em seguida dizia que *"agora, ela está bem melhor"*, e que *"agora, ela sabe dividir e partilhar"*. O pai, apesar de criticar igualmente a filha, também ressalta que ela é uma menina comunicativa e sincera. No entanto, esses elogios foram feitos de forma intelectualizada, sugerindo uma reparação desprovida de afeto.

Projetos dos Pais para os Filhos

Quando perguntado sobre quais as metas que tinham para a filha, mencionam que querem que a menina *"seja feliz"*. Além desse, outros projetos vagos surgiram como *"ser independente"*, *"ser correta"*, *"ter bons relacionamentos"* e *"amadurecimento"*. Os projetos mais concretos foram o de *"sucesso financeiro"* e de *"vida acadêmica"*. Ainda que ambos ressaltem a importância dela seguir o caminho que escolher, a mãe preocupa-se com os relacionamentos da filha, seu amadurecimento e a importância dela aprender *"o que é certo e errado"*. Incute na menina o sentido de cidadania e da supremacia do "ser" sobre o "ter", enfatizando a importância da vida acadêmica. O pai, por outro lado, preocupa-se com aspectos mais pragmáticos como o dos limites, da obtenção de um trabalho, ressaltando a importância da remuneração; ao mesmo tempo, desvaloriza o nível de escolaridade superior da esposa, alegando que este aspecto não lhe trouxe maior retorno financeiro.

Estratégias que Utilizam para Alcançar Seus Objetivos e Auto-avaliação da Função Parental

Os pais dizem que a estratégia mais utilizada por eles para ajudar a filha é a conversa. Nesse caso, esclarecem que também se utilizam dos maus exemplos dos demais para mostrar a filha *"o que não deve fazer"* ou como determinado comportamento é rechaçado pelas pessoas. Sempre, quando a filha relata alguma situação conflituosa que presenciou entre colegas, eles dizem aproveitar-se do fato para fazê-la entender que não se deve ter determinados comportamentos. Nesse caso, evidenciam os exemplos de comportamentos negativos, utilizando-os como instrumento educativo. Utilizam, também, de situações que aparecem nas novelas para explorar como a filha se comportaria frente ao fato, exercitando nela a empatia e, neles, uma forma de conhecer como ela se posiciona frente a determinadas situações. Observa-se que as estratégias utilizadas enfocam mudanças de comportamento da menina no contexto imediato. Em relação a avaliação que fazem da sua função parental, se definem como pais *"atrasados-atualizados"*, pois ao mesmo tempo que se sentem impelidos a seguir os padrões vigentes de educação, *"dando mais liberdade"* à filha, dizem ter *"uma linha e seguimos aquilo ali..."*

Idéias dos Pais sobre as Demandas do Mundo Moderno

Os pais definem o contexto como multi demandante e acreditam que devem preparar a filha para *"tudo"*. Nesse sentido, referem que devem mostrar à menina desde os perigos de atravessar uma rua sem olhar para os dois lados, até questões relativas à droga e a violência. Vêem o mundo como um lugar inseguro e, por isso, procuram educar a filha a partir de situações concretas. Nesse sentido, dizem, *"a gente procura criar situações pra ensinar, porque a rua não é um lugar seguro..."*. Há uma clara ênfase nos perigos, nas dificuldades e nos aspectos negativos das relações humanas e das possibilidades que a vida pode oferecer, em detrimento dos aspectos construtivos e positivos.

ADRIANA WAGNER

Aspectos Relativos à Transgeracionalidade

Ambos os sujeitos, em nenhuma ocasião, evocam experiências de sua família de origem, nem mencionam aspectos dessas experiências como um recurso relevante para entender o exercício da tarefa educativa. Quando mencionam experiências passadas, não se auto-referem, mas sim, falam em termos gerais das filosofias que norteavam a educação há tempos atrás, assinalando a dificuldade de seguir tais parâmetros devido à complexidade do mundo contemporâneo.

Fica evidente a falta de afeto na interação dessa família. Nessa dinâmica de funcionamento, destacam-se a ênfase nas características negativas da filha, o receio do mundo contemporâneo, visto como ameaçador, e a importância de ter controle sobre a filha, provavelmente reforçada pela falta de confiança dos pais na menina. Configura-se um padrão de relacionamento com predominância de controle e com pouco afeto, corroborando as características do *cluster* 4 ao qual essa família representa.

Conclusões e Considerações Finais

A análise dos quatro casos expressa a complexidade que a família contemporânea tem enfrentado no exercício da sua função educativa, frente ao somatório das variáveis implicadas nesse processo, conforme descrito na literatura ((Maldonado, 1997; Knight, Elfenbein, Capozzi, Eason, Bernanrdo e Ferus, 2000; Rodrigo e Palácios, 2003; Palácios, Hidalgo e Moreno, 2003; Ceballos e Rodrigo, 2003 & Wagner, 2005).

Responder a pergunta de como a família define e constrói seus valores e metas educativas na contemporaneidade implica, necessariamente, considerar aspectos históricos, sociais, afetivos e contextuais. Nessa perspectiva, podemos observar que valores tradicionais como o estudo, segue sendo um aspecto de extrema relevância entre as famílias. A formação acadêmica como uma via de acesso ao sucesso profissional, pessoal e ao êxito econômico aparece, em essência, em todos os casos. Faz-se importante ressaltar, entretanto, que as idiossincrasias da expressão e construção desse valor na relação pais e filhos, está permeada por aspectos que caracterizam cada família tipo. Famílias com pouco envolvimento (Os González), envolvimento negativo (Os Sunset) associam o estudo ao sucesso econômico e auto-suficiência dos filhos. Entretanto, as famílias com envolvimento positivo (Os Workers) e envolvimento misto (Os Guerra), valorizam o estudo como uma via que vai além da conquista da solidez financeira. O valor de estudar, se alicerça de forma mais enfática como um meio de realização pessoal e bem-estar.

Estes aspectos também aparecem na análise das estratégias que os progenitores utilizam para alcançar suas metas. Aqueles que pertencem ao grupo com envolvimento positivo (Workers), onde seus pais foram empáticos e sensíveis as suas necessidades, assim como os de envolvimento misto (Guerra), os quais reconhecem tanto aspectos positivos como negativos de sua educação, enfatizam o diálogo e a negociação na interação com os seus filhos. Por outro lado, a família González, cujos sujeitos revelaram ter tido pouco envolvimento por parte de seus pais tanto em aspectos disciplinares como afetivos e sociais buscam recursos intelectuais, como leituras pedagógicas para interagir com os filhos, estabelecendo uma relação mais próxima da intelectualização que da espontaneidade. A família Sunset, por sua vez, caracterizada por progenitores que experienciaram a preponderância de experiências negativas em sua família de origem, são pais que se utilizam de experiências negativas a fim de exemplificar para a filha o que não deve ser seguido.

Em termos gerais, a avaliação que os pais fizeram sobre as características de personalidade dos filhos e as demandas do contexto atual refletem idéias que definem um mundo competitivo, violento, complexo e incerto. Nesse sentido, aparece a ênfase na preocupação com a formação acadêmica profissional dos filhos.

A família Worker e a Guerra enfatizam a incerteza do futuro para os seus filhos; ao mesmo tempo, acreditam na herança emocional e acadêmica que estão passando a eles como um recurso potente de enfrentamento de tal contexto. Por outro lado, os González e os Sunsets, ainda que invistam na formação de seus filhos, possuem uma visão bastante desalentadora do futuro deles, expressando isso, na ausência de um projeto de vida concreto para seus filhos.

Todos os pais e mães entrevistados consideraram-se bons pais e apresentaram bons níveis de satisfação no exercício da função parental. As diferenças apresentadas nesse aspecto, aparecem vinculadas ao nível de consciência que estes tinham da complexidade implicada no processo educativo e na sua tarefa de orientar os filhos. Isso é, as famílias Worker e Guerra, se apresentaram de forma mais auto-críticas e, por conseguinte, buscavam com maior frequência que os demais, recursos e instrumentos que os ajudassem no exercício da função parental. Os Sunset e os González, apresentaram menor auto-crítica com respeito a isso e eram famílias com um padrão mais empobrecido de envolvimento com os filhos.

Quanto à variável envolvimento, controlada na organização dos *clusters* na pesquisa quantitativa, pode-se observar que as famílias com pouco envolvimento (Família González) e envolvimento negativo (Família Sunset) em sua família de origem, apresentaram como semelhança a ausência de uma meta educativa prospectiva concreta para os seus filhos, tendo planos e expectativas amplas e difíceis de avaliar. Também se pode observar um empobrecimento da capacidade de reflexão sobre a função parental, não aparecendo na sua fala, conexões entre as variáveis envolvidas no processo educativo. Este aspecto se apresentou de forma diferente nas famílias Worker e Guerra, com envolvimento positivo e misto, as quais demonstraram uma reflexão e compreensão mais elaborada e aprofundada de sua função no exercício da parentalidade, posicionando-se como agentes da educação dos filhos, sem desconsiderar os aspectos relativos ao contexto social, as características de personalidade deles e as questões relativas à transgeracionalidade familiar. Frente a isso, podemos dizer que os aspectos transgeracionais são um ponto de apoio dos progenitores na construção e no exercício dos valores, metas e estratégias educativas.

Cabe, então, pensar que a tarefa educativa na família contemporânea tem amplificada a sua complexidade, visto que, em muitas ocasiões, as demandas contextuais se multiplicam e pressionam os pais a darem respostas imediatas. Nem sempre o conteúdo das heranças transgeracionais aporta majoritariamente recursos que auxiliem tais processos. O êxito do processo de construção das metas e estratégias educativas na família contemporânea, requer a amplificação das distintas possibilidades de apoio que pais e mães possam lançar mão. Não se trata, aqui, de refutar os modelos exercidos em gerações anteriores, mas chamar a atenção para a necessidade de favorecer uma reflexão continuada dos progenitores no que diz respeito aos elementos fundamentais que alicerçam essa tarefa e as conexões existentes entre eles, sem perder a dimensão das consequências do exercício educativo no seio da família para o bem-estar dos filhos.

REFERÊNCIAS BIBLIOGRÁFICAS

Breulin, D.C.; Schwartz, R.C. & Mac Kune-Karrer, B. (2000). *Metaconceitos: transcendendo os modelos de terapia familiar.* Porto Alegre, Artes Médicas.

Ceballos, E. & Rodrigo, M.J. (2003). Las metas y estrategias de socialización entre padres e hijos. In: Rodrigo, M.J. & Palacios, J. (Orgs.). *Familia y Desarrollo Humano.* Madrid, Alianza Editorial, 225-242.

Costa, G.P. (2000). *A cena conjugal.* Porto Alegre, Artmed.

Elkaïm, M. (1990). *Se você me ama, não me ame: abordagem sistêmica em psicoterapia familiar e conjugal.* Campinas, Papirus.

Falcke D.; Wagner, A.; Di Giorgio, C. & Finkelstein, J. (2001). Familia de origen: El pasado, presente en el futuro. *Cuadernos de Terapia Familiar,* 48-49, 73-82. Madrid, Stirpe.

Falcke, D. & Wagner, A. (2005). A dinâmica familiar e o fenômeno da transgeracionalidade: definição de conceitos. In: Wagner, A. (Coord.). *Como se perpetua a família? A transmissão dos modelos familiares.* Porto Alegre, Edipucrs, 25-46.

González, M.M. & Triana, B. (2003). Divorcio, Monoparentalidad y Nuevos Emparejamientos. In: Rodrigo, M J. & Palacios, J. (Orgs.). *Familia y Desarrollo Humano.* Madrid, Alianza Editorial, 373-396.

Grzybowski, L S. & Wagner, A. (2003). Uma andorinha sozinha não faz verão? A mulher divorciada e a Monoparentalidade familiar. *Revista Psicologia Clínica,* 15, 13-30. Rio de Janeiro, PUC-Rio.

Knight, K.H.; Elfenbein, M.H.; Capozzi, L.; Eason, H.; Bernardo, M.F. & Ferus, K.S. (2000). Relationship Of Connected And

Separete Knowing To Parental Style And Birth Order. *Sex Roles*, 43, (3/4), 229-240.

Maldonado, M.T. (1997). *Comunicação entre Pais e Filhos: a linguagem do sentir*. São Paulo, Saraiva.

Palacios, J.; Hidalgo, M.V. & Moreno, M.C. (2003). Ideologias familiares sobre el desarrollo y la educación infantil. In: Rodrigo, M.J. & Palacios, J. (Orgs.), *Familia y Desarrollo Humano*. Madrid, Alianza Editorial, 181-199.

Potter, J. & Wetherell, M. (1987). *Discourse and Social Psychology*. London, Sage.

Rodrigo, M.J. & Palácios, J. (2003). Conceptos y dimensiones en el análisis evolutivo-educativo de la família. In: Rodrigo, M.J. & Palacios, J. (Orgs.). *Familia y Desarrollo Humano*. Madrid, Alianza Editorial, 45-67.

Wagner, A. (2001-2003) *"A Família e a Tarefa de Educar: condutas educativas e transgeracionalidade"*. Projeto de Pesquisa/ CNPq n. 523724/95-0.

Wagner, A. (2002). Possibilidades e potencialidades da família. In: *Família em Cena: tramas, dramas e transformações*. Rio de Janeiro, Vozes, 23-38.

Wagner, A. (2004). Desafios de la Terapia Familiar ante la Transgeracionalidad. *Cuadernos de Terapia Familiar, 56-57*, 21-26. Madrid, Stirpe.

Wagner, A. (2005). Família e educação: aspectos relativos a diferentes gerações. In: Féres- Carneiro, T. (Org.). *Família e Casal: efeitos e contemporaneidade*. Rio de Janeiro, PUC-Rio, 33-49.

Wagner, A.; Falcke, D. & Predebom, J. (2005). Transgeracionalidade e educação: como se perpetua a família? In: Wagner, A. (Coord.). *Como se perpetua a família? A transmissão dos modelos familiares*. Porto Alegre, Edipucrs, 93-105.

Wagner, A.; Grzybowski, L.S. & Silveira, L.M. (2003). Estratégias Educativas em la Família: uma perspectiva transgeracional. In: *Líbro de Resúmenes*. Santiago de Cuba, Edición Especial.

Wagner. A.; Predebon, J.; Mosmann. C. & Verza, F. (2005).

Compartilhar Tarefas? Papéis e Funções de Pai e Mãe na Família Contemporânea. *Psicologia: Teoria e Pesquisa,* 21(2), 181-186. Brasília, Universidade de Brasília - Instituto de Pesquisa.

Stake, R. (2000). Cases studies. In: R. Denzin & K. Norman. *Handbook of qualitative research.*

Família e psicose: uma proposta de intervenção precoce nas primeiras crises de sofrimento psíquico grave

Ileno Izídio da Costa
Universidade de Brasília

Introdução

É ponto pacífico entre os pesquisadores, teóricos, profissionais e militantes da área de saúde mental que a proposta de assistência ao doente mental no Brasil, da forma como está organizada (hospitais, serviços e atendimentos), é ineficaz, segregadora e iatrogênica (Bezerra et al., 1992; Costa, 1987; Nicacio, 1990; Pitta, s/d; Amarante, 1995, 1996, 2003; Tenório, 2001; Ministério da Saúde, 2004 & Barreto, 2005).

Também é bem conhecido que os hospitais psiquiátricos que se organizaram com os objetivos terapêutico (transformar o estado de doença ou incapacidade), socializador (influir na internalização das normas e os valores da sociedade), protetor da sociedade (proteção da sociedade porque os loucos podem ser perigosos) e custodial (tomar conta dos pacientes na ausência da família), alcançaram ou alcançam poucos desses objetivos.

Se nos detivermos apenas no objetivo supostamente principal, o terapêutico, algumas dificuldades são imediatamente constatadas: os critérios e os procedimentos diagnósticos são díspares, incongruentes e estigmatizadores, quando não equivocados; a etiologia das doenças mentais ainda não é clara, o que compromete uma abordagem terapêutica eficaz; as várias formas de compreender a loucura

– fruto de variados pressupostos teóricos – leva a uma pluralidade e, às vezes, a uma confusão no atendimento, o que torna difícil o estudo, a discussão e a comparação de eficácias; além das peculiaridades da clientela desses serviços, a saber: a caracterização diferenciada do que seja dor e sofrimento nestes casos; muitas vezes, o indivíduo não sabe que está doente e alguém (profissionais de saúde) lhe confere esse *status* e muitas das procuras aos serviços já evidenciam um processo de comprometimento em escalada.

Nos dias atuais tem-se tornado cada vez mais aceito e comprovado o potencial da psicoterapia em aumentar a resposta aos tratamentos farmacológicos e em promover a recuperação mais rápida dos pacientes acometidos de sofrimento psíquico grave, em especial psicoses e transtornos correlatos. Estudos têm mostrado que intervenções psicossociais precoces apropriadas facilitam a focalização em fatores positivos durante a recuperação e o desenvolvimento de recursos eficazes, auxiliando não só na questão da intervenção na crise, como também no acompanhamento do paciente até sua mais ampla recuperação (Ackerman, 1986; Anderson et al., 1986; Birchwood, 1998; Costa, 1990, 2003a, 2005; Ditomasio e Kovnat, 1995; Fadden, 1998; Falloon et. al., 1984; Lam 1991; Leff et al., 1985; Mosher e Keith, 1979 & Scazufca, 2000).

Em direta consonância com as diretrizes da Reforma Psiquiátrica e as orientações da Organização Mundial da Saúde (2001), o *Grupo de Intervenção Precoce nas Psicoses (GIPSI)* do Instituto de Psicologia da Universidade de Brasília vem pesquisando as características desta população, particularmente nas primeiras crises, utilizando e criando técnicas específicas de abordagem, além de ter como característica principal o envolvimento de toda a família.

Segundo McGorry e Edwards (2002), nas intervenções precoces alcança-se não só uma recuperação mais rápida, como também um melhor prognóstico, uma menor necessidade de hospitalização e medicação e uma preservação das capacidades psicossociais, dentre outros fatores positivos. Quanto à recuperação, é fundamental que se possa trabalhar importantes fatores como uma boa compreensão do que ocorreu, ter um senso de expectativa realista e esperança no futuro, além de senso de propósito e de direção, fatores estes ainda preservados nas primeiras crises.

A proposta do GIPSI é incrementar a realização das pesquisas e serviços terapêuticos para esta população específica, por meio de intervenções que vão do individual (paciente) ao social (família, instituições, comunidade) e de uma equipe multidisciplinar (psiquiatras, assistentes sociais, psicólogos, terapeutas individuais e familiares).

Os principais beneficiários deste programa são os indivíduos em primeira crise psíquica e suas famílias que vivenciam manifestações psicológicas de profunda repercussão (afetiva, emocional, psicológica, relacional). A metodologia qualitativa é o eixo principal desta investigação e inicia-se pelo contato com o paciente, através das unidades de atendimento clínico e/ou psiquiátrico da rede de saúde de Brasília/DF. A seguir, apresentamos nossas posturas, conceitos, abordagens e procedimentos principais, procurando caracterizar esta proposta que, pode ser tomada como pioneira na oferta de serviços que superem a mera[1] reforma psiquiátrica no Brasil.

Conceitos centrais para a compreensão do fenômeno

Os principais conceitos utilizados pelo GIPSI fazem parte do questionamento e da crítica sobre os vigentes na área, segundo

---

[1] Chamo aqui de "mera reforma psiquiátrica" os efeitos limitados (ideológica e teoricamente) da proposta de reforma do atendimento psiquiátrico posto que o que tem a ser proposto (e não reformado) vai além da própria psiquiatria. Neste sentido, defendo que, para além da luta antimanicomial e da própria reforma psiquiátrica, temos que pensar e implantar uma política de saúde mental efetiva, embasada em novos paradigmas, como os que este trabalho propõe (articulação entre intervenção em crise, promoção da saúde, inserção das famílias, etc), envolvendo os mais diferentes profissionais da saúde mental, a comunidade, o estado e a sociedade. É, portanto, muito mais que reformar a psiquiatria ou seus serviços tradicionais; é propor algo que supere tais contradições.

os pressupostos da filosofia analítica, da linguagem ordinária, da pragmática, da psicologia crítica, da reforma psiquiátrica, da teoria sistêmica, da psicanálise, da teoria da complexidade e das posturas epistemológicas da pós-modernidade. Como anteriormente problematizamos (Costa, 1990, 2003a, 2003b, 2005), estes são nossos principais conceitos:

Família

Em artigo anterior (Costa, 2000), ao realizar uma análise histórica do conceito de família, apresentei sua ampla variação sob diferentes referenciais, relacionada às especificidades culturais e históricas assumidas pelos pesquisadores de diversas áreas de conhecimento ao longo do tempo. Neste sentido, ponderei que *"... não existe a família enquanto conceito único, universal, aplicável a todas as manifestações vinculares do tipo familiar"*, caracterizando-a como um fenômeno que presentifica a complexidade.

A partir disto, conclui que *"... família, seja em que nível de configuração vincular existir, abrange algumas características, a saber: repetição e continuidade, construção dos afetos e das emoções humanas (da saúde à patologia), sentimento de pertinência, de 'eu' e de existência, sentido de intimidade e diferenciação."* E complementei afirmando que *"está em curso uma diluição dos papéis clássicos da família em diferentes configurações relacionais humanas"*.

Por concisão, após essas considerações, elaborei uma delimitação conceitual possível sobre família a partir da teoria familiar sistêmica, como sendo *"um sistema aberto*, constituído de *subsistemas ou holons* (partículas ou partes), *caracterizado por um estado interno relativamente constante ou auto-equilibrado* que se mantém pela autorregulação (*homeostase*); composto por *hierarquias, fronteiras ou limites, regras, papéis e comunicação*, articulados em sua essência pelos *segredos e mitos*; além de *estar* sistemicamente *ligado aos macrosistemas* (social, econômico, político e universal)" (Costa, 1990).

Psicose / "Do tipo Psicótica"

Campbell (1986) define psicose, de modo geral, como qualquer perturbação mental (incluindo o que quer que se entenda pelos termos obsoletos *insanidade* e *loucura*), sendo o uso conflitante do termo, resultante do fato de não existir uma definição única e aceitável do que é a psicose. Em geral, porém, os distúrbios classificados como tais diferem dos outros em um ou mais dos seguintes aspectos: 1. *gravidade* (as psicoses são distúrbios "importantes", mais graves, intensos e desintegradores; tendem a afetar todas as áreas da vida do paciente); 2. *grau de retraimento* (o paciente está menos apto a manter as relações afetivas com o objeto); 3. *afetividade* (as emoções são, com frequência, qualitativamente diferentes do normal; são exageradas no aspecto quantitativo); 4. *intelecto* (linguagem e pensamento sofrem perturbações; capacidade de discernimento deficiente; podem aparecer alucinações e delírios); e 5. *regressão* (deterioração generalizada do funcionamento e um retorno a níveis primitivos de comportamento).

Segundo nosso entendimento, a psicose não é uma doença específica, embora seja conceituada classicamente como uma síndrome. Pode-se dizer que a característica central do que se chama psicose é a perda do teste de realidade, o que resulta em algum grau de prejuízo do julgamento desta. O estado psicótico, se assim podemos dizer, evidenciar-se-ia pela presença de distúrbios da percepção, como alucinações e distúrbios do pensamento, como pensamento desorganizado e delírios.

Mesmo antes de uma "fase produtiva" de sintomas característicos da psicose, uma pessoa pode demonstrar alguns distúrbios durante a fase "pré-psicótica" ou "fase prodrômica" (como delimitamos adiante). Algumas destas manifestações incluem:
1. Distúrbios perceptuais, tais como sentimentos de que as coisas em volta mudaram;
2. Distúrbios de humor, como ansiedade, depressão, alterações de humor, irritabilidade e raiva;

3. Distúrbios cognitivos, como pouca capacidade de atenção e concentração, dificuldades em pensar, desconfiança e crenças não usuais;
4. Distúrbios comportamentais, como mudanças nos padrões do sono e do apetite, retraimento social, perda de interesse pelas coisas, deterioração nas ocupações diárias e no funcionamento acadêmico.

Falando mais particularmente, a esquizofrenia, transtorno mental que corresponde ao exemplo de psicose mais comumente aceito, "... *afeta a capacidade da (sic) pessoa distinguir se as experiências vividas são ou não reais. Afeta ainda a capacidade de pensar logicamente, sentir emoções e sentimentos, e comportar-se em situações sociais*". Em geral, "... *tem início no fim da adolescência e começo da vida adulta (15 a 25 anos). Embora a frequência seja igual entre os sexos, pode começar mais tardiamente nas mulheres. Em torno de 1% da população mundial tem esquizofrenia*". (Shirakawa et al., 2001)

Ao delinear a evolução dos critérios diagnósticos da esquizofrenia, Shirakawa et al. (2001) admitem a complexidade em conceituá-la, uma vez que este transtorno é heterogêneo em sua apresentação clínica, etiologia e curso, admitindo também que, embora os critérios diagnósticos tenham se aprimorado quanto à sua objetivação e reprodutibilidade, a validade conceitual da esquizofrenia é controversa e permanece em aberto.

A dificuldade em identificá-la como uma entidade clínica única com marcadores patognomônicos e a gama heterogênea de sintomas e apresentações clínicas reforçam a hipótese de que a esquizofrenia é um transtorno heterogêneo.

Sobre isto, em trabalho anterior (Costa, 2003), baseado na crítica filosófica mundial (Bentall, 1990; Boyle, 1990, 1997; Der et al., 1990; Gonçalves e Gonçalves, 1993; Kety, 1985 & Szasz, 1972, 2000), defendi a inviabilidade científica do conceito de esquizofrenia do ponto de vista filosófico e concreto, concluindo, com Szasz (1978), que a mesma não existe. Parafraseando Szsaz, dizer que não existe a esquizofrenia não significa afirmar que não existem as pessoas chamadas de "esquizofrênicas". Nega-se, aqui, um conceito/constructo equivocado, impreciso e confuso cientificamente, carecendo de confiabilidade, validade de construto e validade preditiva (Boyle, 1990 & Costa, 2003a).

Na proposta de trabalho do GIPSI adotamos o termo "do tipo psicótica" para nos referirmos às características de uma fase prodrômica com o objetivo de apontar para, no mínimo, dois aspectos essenciais: 1) a vivência pode ser intensa, típica de um momento existencial, porém diferente do padrão da própria pessoa, que pode evoluir ou não para uma desorganização maior da atividade psíquica, e 2) neste momento específico ainda estão preservados os potenciais de retorno a uma atividade menos sofrida e, portanto, não necessariamente psicótica *a priori*.

Crise

O termo "crise", na área de saúde, pode ser definido como *"uma experiência durante a qual um indivíduo enfrenta um agente de estresse considerado intransponível, apesar do uso de abordagens características para a resolução de problemas"*. (Freeman e DiTomasso, in DiTomasso & Kovnat, 1995) Assim, as crises são acontecimentos da vida que atacam ou ameaçam o senso de segurança e controle da pessoa (Epperson-Sebour, 1990; Parad & Parad, 1990, in DiTomasso e Kovnat, 1995). Numa perspectiva estritamente psicológica, devemos considerar a crise como a manifestação súbita de uma ruptura de equilíbrio anterior.

Segundo Miermont (1994), na terapia familiar, a crise é essencialmente um processo subjetivo, ligado a um estado de consciência que comporta uma ameaça vital para o organismo, o qual apercebe-se do risco da sua própria desaparição, funcionando como a passagem possível de uma catástrofe física a uma catástrofe psíquica. No grupo familiar, ela deve ser apreciada, ao mesmo tempo, como um sinal de alarme do grupo, podendo ser previsível ou acidental, e como um "momento fecundo", cheio de possibilidades de ressignificações. Para Bloise (1995), a crise é um momento de ruptura, um corte, ou uma mudança de trajetória a um equilíbrio pré-estabelecido, ocasionando uma desarticulação psicossocial do indivíduo.

Especificamente em relação à esquizofrenia, observa-se na literatura que "crise" geralmente significa:
1. fase aguda em que se tornam perceptíveis os sintomas positivos (alucinações e delírios) do paciente esquizofrênico - primeira crise;
2. ocasião na qual tais sintomas sofrem um ressurgimento ou exacerbação - recaídas ou recidivas (Leff, Kuipers, Berkowitz e Sturgeon, 1985).

Entretanto, há que se ressaltar, como fazem Yung e McGorry (1996), que a formação dos sintomas psicóticos não se dá de maneira abrupta. Ao contrário, há um período prodrômico (ou pré-psicótico), ao longo do qual ocorrem modificações graduais no comportamento e no funcionamento psíquico pré-mórbido do indivíduo, até que estas cheguem a caracterizar sintomas nitidamente psicóticos.

Pródromos

São normalmente considerados como os primeiros sinais, embora ainda não caracterizados como sintomas, e que podem apontar para uma fase "pré-psicótica" ou prévia ao agravamento do sofrimento psíquico, podendo ou não evoluir para uma psicose. Na literatura (Keshavan e Schooler, 1992), as principais características prodrômicas mais comumente descritas no primeiro episódio psicótico são: atenção e concentração reduzidas, anergia, desejo e motivação reduzidos, humor depressivo, distúrbios do sono, ansiedade, retraimento social, desconfiança, deterioração no funcionamento de papéis e irritabilidade.

Para diferentes autores (Birchwood et al., 1989; Jackson et al., 1994; Keshavan e Schooler, 1992; McGorry et al., 1995; McGorry e Jackson, 1999 & Tarrier et al., 1991) ocorrem, inicialmente, mudanças específicas na atenção e na percepção. Algumas mudanças perceptuais também ocorrem secundariamente aos distúrbios da atenção. Mudanças perceptuais e de atenção conduzem para outras características específicas na fala, na mobilidade e no bloqueio do pensamento. Sintomas específicos antecedem a psicose e são acompanhados por sintomas reativos não específicos. Mudanças comportamentais podem resultar de sintomas prodrômicos específicos e não específicos a dos sintomas psicóticos em si.

Ressaltam, ainda, que os pacientes podem se mover dentro e fora de períodos sintomáticos, ambos de tipos não específicos e de psicose atenuada. Os dois podem anteceder a psicose e um ou outro ocorrer predominantemente. Sintomas reativos podem ocorrer em resposta aos pródromos e sintomas psicóticos, e as mudanças comportamentais podem ocorrer em resposta a qualquer um desses sintomas.

No entanto, vale ressaltar que a presença de tais sinais, se não seguidos de sintomas (positivos ou negativos), não caracterizam uma psicose como classicamente conhecemos. Porém, podem apontar para a necessidade de uma atenção diferenciada para o sofrimento (psíquico, físico ou relacional) presente. Dada a grande variedade de sintomas não específicos que ocorre na fase prodrômica e sua manifestação possível na população em geral, deve-se considerar, como Edwards e McGoory (2002) enfatizam, o risco de "falsos positivos" nas estratégias de intervenção individual, consideradas como de risco iminente de psicose.

Apresenta-se, a seguir, uma compilação dos principais estudos na área de pródromos para fins de fundamentação e visualização da variação normal-patológico inerente às primeiras crises, mesmo que elas possam se caracterizar depois como psicóticas (Yung e McGorry, 1996).

Estudos de sinais e sintomas prodrômicos na esquizofrenia

Sintomas e sinais no pródromo	Descrito por[2]
Sintomas "neuróticos"	
Ansiedade	Cameron, (1938); Meares, (1959); Bowers and Freedman, (1966); Chapman, (1966); Varsamis and Adamson, (1971); Donlon and Blacker, (1973)[1] ; Fish, (1976); Docherty et al., (1978)[1] ; Herz and Melville, (1980)[1]; Huber et al., (1980)[1]; Heinrichs and Carpenter, (1985)[1] ; Subotnik and Nuechterlein, (1988)[1]; Birchwood et al., (1989)[1;] Hafner et al., (1992) & Hambrecht et al., (1994).
Intranquilidade	Chapman, (1996); Fish, (1976); Birchwood et al., (1989)[1]; Hafner et al., (1992) & Hambrecht et al., (1994).
Raiva, irritabilidade	Bleuler, (1911/1950); Cameron, (1938); Chapman, (1966); Varsamis and Adamson, (1971); Docherty et al., (1978)[1]; Heinrichs and Carpenter, (1985)[1]; Hafner et al., (1992) & Hambrecht et al., (1994).
Sintomas relacionados ao humor	
Depressão	Cameron, (1938); Conrad, (1958); Chapman, (1966); Varsamis and Adamson, (1971); Donlon and Blacker, (1973)[1] ; Fish, (1976); Herz and Melville, (1980); Huber et al., (1980); Heinrichs and Carpenter, (1985); Subotnik and Nuechterlein, (1988); Birchwood et al, (1989); Hafner et al., (1992) & Hambrecht et al., (1994).
Anedonia	Chapman, (1966); Fish, (1976); Docherty et al., (1978)[1]; Huber et al., (1980); Hafner et al., (1992) & Hambrecht et al., (1994).
Culpa	Cameron, (1938); Subotnik and Nuechterlein, (1988)[1]; Hafner et al., (1992) & Hambrecht et al., (1994).
Idéias suicidas	Chapman, (1966); Hafner et al., (1992) & Hambrecht et al., (1994).

---

[2] As referências bibliográficas detalhadas desta síntese se encontram no artigo original.

Oscilações de humor	Cameron, (1938); Bowers and Freedman, (1966) & Bowers, (1968).
Mudança na volição	
Apatia, perda de desejo	Cameron, (1938); Chapman, (1966); Varsamis and Adamson, (1971); Docherty et al., (1978)[1]; Huber et al., (1980); Hafner et al., (1992) & Hambrecht et al., (1994).
Aborrecimento, perda de interesse	Cameron, (1938); Chapman, (1966); Varsamis and Adamson, (1971); Dockerty et al., (1978)[1]; Huber et al., (1980); Hafner et al., (1992) & Hambrecht et al., (1994).
Fadiga, perda de energia	Cameron, (1938); Docherty et al., (1978)[1]; Huber et al., (1980); Hafner et al., (1992a) & Hambrecht et al., (1994).
Mudanças cognitivas	
Distúrbios da atenção, dificuldade para concentração	Cameron, (1938); Chapman, (1966); Varsamis and Adamson, (1971); Donlon and Blacker, (1973)[1]; Fish, (1976); Herz and Melville, (1980)[1]; Huber et al., (1980); Heinrichs and Carpenter, (1985)[1]; Hafner et al., (1992) & Hambrecht et al., (1994).
Preocupação, devaneio	Cameron, (1938); Chapman, (1966); Herz and Melville, (1980)[1]; Hafner et al., (1992) & Hambrecht et al., (1994).
Bloqueio do pensamento	Bleuler, (1911/1950); Kraepelin, (1919/1921); Pious, (1961); Chapman, (1966).
Abstração reduzida	Meares, (1959).
Sintomas físicos	
Queixas somáticas	Bleuler, (1911/1950); Cameron, (1938); Meares, (1959); Offenkrantz, (1962); Chapman, (1966); Varsamis and Adamson, (1971); Donlon and Blacker, (1973)[1]; Fish, (1976); Herz and Melville, (1980)[1]; Huber et al., (1980); Heinrichs and Carpenter, (1985)[1]; Subotnik and Nuechterlein, (1988)[1]; Hafner et al., (1992) & Hambrecht et al., (1994).
Perda de peso	Birchwood et al., (1989)[1]
Perda do apetite	Cameron, (1938); Birchwood et al., (1989)[1]; Hafner et al., (1992) & Hambrecht et al., (1994).

Distúrbios do sono	Cameron, (1938); Bowers and Freedman, (1966); Bowers, (1968); Donlon and Blacker, (1973)[1]; Huber et al., (1980); Heinrichs and Carpenter, (1985,[1]; Birchwood et al.,(1989)[1]; Hafner et al., (1992) & Hambrecht et al., (1994).
Outros sintomas	
Manifestações obsessivo-compulsivas	Bleuler, (1911/1950); Pious, (1961); Chapman, (1966); Donlon and Blacker, (1973)[1]; Docherty et al., (1978)[1]; Hafner et al., (1992) & Hambrecht et al., (1994).
Manifestações dissociativas	Docherty et al., (1978)[1]
Sensibilidade interpessoal aumentada	Subotnik and Nuechterlein, (1988)[1]; Hafner et al., (1992) & Hambrecht et al., (1994).
Mudanças no sentido do eu, dos outros ou do mundo	Cameron, (1938); Meares, (1959); Bowers and Freedman, (1966); Chapman, (1966); Stein, (1967); Bowers, (1968); Huber et al., (1980); Hafner et al., (1992a) & Hambrecht et al., (1994).
Mudanças na mobilidade	Meares, (1959); Pious, (1961); Chapman, (1966); Donlon and Blacker, (1973); Hafner et al., (1992) & Hambrecht et al., (1994).
Anormalidades da fala	Chapman, (1966); Cutting, (1985); Hafner et al., (1992a) & Hambrecht et al., (1994).
Anormalidades perceptuais	Pious, (1961); Bowers and Freedman, (1966); Chapman, (1966); Bowers, (1968); Varsamis and Adamson, (1971); Huber et al., (1980); Cutting, (1985); Subotnik and Nuechterlein, (1988)[1]; Hafner et al., (1992) & Hambrecht et al., (1994).
Desconfiança	Conrad, (1958); Stein, (1967); Varsamis and Adamson, (1971); Heinrichs and Carpenter, (1985)[1]; Subotnik and Nuechterlein, (1988)[1]; Birchwood et al., (1989)[1]; Hafner et al., (1992a) & Hambrecht et al., (1994)
Mudança no afeto	Heares, (1959); Varsamis and Adamson, (1971).
Mudanças comportamentais	
Deterioração no funcionamento na escola, no trabalho ou em outros papéis	Bleuler, (1911/1950); Kraepelin, (1919/1921); Chapman, (1966); Varsamis and Adamson, (1971); Huber et al., (1980); Hafner et al., (1992) & Hambrecht et al., (1994).

Isolamento social	Cameron, (1938); Meares, (1959); Chapman, (1966); Donlon and Blacker, (1973)[1]; Docherty et al., (1978)[1]; Birchwood et al., (1989)[1] ; Hafner et al., (1992) & Hambrecht et al., (1994).
Impulsividade	Docherty et al., (1978)[1]
Comportamento estranho	Conrad, (1958); Meares, (1959); Birchwood et al., (1989)[1]
Agressividade, comportamento perturbador	Cameron, (1938); Meares, (1959); Varsamis and Adamson, (1971); Heinrichs and Carpenter, (1985)[1]; Subotnik and Nuechterlein, (1988)[1]; Birchwood et al., (1989)[1]; Hafner et al., (1992) & Hambrecht et al., (1994).
[1]Investigados somente em recaídas prodrômicas.	

Primeiro Episódio

Após fazer uma revisão bibliográfica em 53 artigos publicados sobre primeiro episódio psicótico, observando e sintetizando suas concepções, Keshavan e Schooler (1992) se referem à psicose como uma síndrome, devido ao fato de seus sintomas serem diversos e variarem durante o tempo, seu início não ser facilmente delimitado e o diagnóstico de indivíduos no primeiro episódio quase sempre requerer subsequentes revisões.

Propõem, então, a definição da síndrome psicótica como sendo o período que abrange todos os sintomas que a caracterizam (sintomas positivos e negativos), incluindo todos os episódios e sua relativa duração de sintomas (fases prodrômica e residual). Seu início é definido pela apresentação dos sinais ou sintomas continuados que duram por um determinado período de tempo. Os termos "fase prodrômica" e "fase residual" são definidos na relação temporal do primeiro episódio psicótico: prodrômica, como veremos a seguir, é a que antecede o episódio propriamente dito e a residual, a que se segue.

Dentro desta perspectiva, o primeiro episódio do tipo psicótico é considerado como um período, com um tempo específico de duração, durante o qual o indivíduo manifesta um número mínimo de sinais para satisfazer os critérios dados à categoria de desordem psicótica. O início do episódio é a apresentação dos sinais que definem a síndrome, enquanto o fim do episódio é definido como a remissão dos sinais durante um período de tempo específico. Essa remissão pode ser parcial, incluindo a persistência de alguns sinais residuais, ou completa, quando o sujeito não apresenta mais que sinais mínimos (Keshavan e Schooler, 1992). Em resumo, o curso evolutivo do primeiro episódio psicótico pode ser dividido em três etapas: a fase pré-psicótica ou prodrômica, a fase aguda, onde os sintomas se manifestam de forma mais acentuada e a de recuperação (McGorry e Edwards, 2002).

Ainda nesta revisão, Keshavan e Schooler (1992) encontraram também o uso de termos como *"psicose precoce"* e *"psicose de início recente"*. Estes termos podem ser distinguidos de termos como *"primeiro episódio"*, *"primeira crise"* e *"primeira admissão"*, porque os dois primeiros podem ou não abranger os outros e todos podem ter conotações diferentes, dependendo da definição dada ao "início do episódio". O uso do termo *"fase precoce"* como a fase crítica no curso da psicose serve como um conceito unificador para esse propósito.

Isso chama atenção para a necessidade de delimitações conceituais mais específicas possíveis, já que o uso de tantos termos na literatura pode levar a variabilidade nas amostras e, consequentemente, gerar dificuldade de comparações entre os resultados dos estudos. É importante definir que o termo *primeiro episódio* indica *estado,* enquanto o termo *precoce* indica o *estágio,* época ou início e o termo *primeira admissão* diz do tempo da *intervenção* (Keshavan e Schooler, 1992).

O mais importante para a definição do que é o primeiro episódio é o que será considerado como o início deste. No entanto, não há um consenso entre os pesquisadores com relação a sintomatologia, história familiar, disfunções cognitivas e ocupacionais e outras variáveis. Também não é consenso se o início deve ser datado pela presença dos primeiros sinais ou de todos os sinais vistos pela primeira vez, de acordo com os critérios utilizados. A distinção entre pródromos e episódio psicótico também não é precisa (alguns autores definem quais e quantos itens de determinado sistema diagnóstico irão considerar como definição). Sendo assim, Keshavan e Schooler (1992) consideram mais confiável utilizar como critérios a primeira admissão hospitalar e a apresentação dos considerados primeiros sinais psicóticos.

A partir de todas as definições acima referidas, os critérios para definir um primeiro episódio são: (1) a primeira admissão hospitalar, (2) a apresentação dos primeiros *sintomas negativos*[3] e (3) a apresentação de características prodrômicas. A presença de *sintomas positivos*[4] será considerada secundária para a caracterização da amostra, mas não funcionará como critério de exclusão. Essa delimitação leva em conta que o primeiro episódio pode continuar por vários anos e que a primeira admissão em um serviço psiquiátrico pode não ser necessariamente o primeiro episódio.

Sobre sofrimento psíquico grave

A partir de todas estas problematizações e críticas anteriores (Bentall, 1990; Boyle, 1997; Costa, 2003a, 2003b; Der et al., 1990; Gonçalves & Gonçalves, 1993; Kety, 1985 & Szasz, 1972, 2000), resolvi adotar o constructo *"sofrimento psíquico grave"* para

---

[3] De acordo com Kaplan e Sadock, (1997), os sintomas negativos incluem embotamento afetivo (expressão facial inalterável, movimentos espontâneos diminuídos, escassez de gestos expressivos, fraco contato visual, ausência de resposta afetiva e ausência de modulação vocal, por exemplo); alogia (pobreza do discurso e de seu conteúdo); avolição-apatia (perda de interesse no trabalho ou escola, anergia física); anedonia (associabilidade, retraimento social) e déficits cognitivos e de atenção.

[4] Os sintomas positivos incluem afrouxamento de associações (descarrilamento do pensamento, incoerência, ilogicidade, etc); alucinações (auditivas, táteis, olfativas e/ou visuais); delírios (persecutórios, grandiosos, religiosos e de referência, por exemplo), comportamentos bizarros(agressivo ou estereotipado, por exemplo) e fala aumentada (Kaplan e Sadock, 1997).

designar não só tudo aquilo que está sob o domínio da definição de psicose, mas para apontar para os seguintes desafios filosóficos:

1. buscar superar a classificação nosográfica, empiricista, categorial e sintomatológica das classificações psiquiátricas, que pretendem ser ateóricas (o que é um equívoco);
2. apontar mais para fenômenos existenciais, fenomenológicos, de cunho interno, relacional e dinâmico, que falam da angústia humana, das contradições da estruturação psíquica, do sofrimento (psíquico, afetivo, emocional, relacional), para além do sintoma;
3. tentar resgatar, portanto, a dimensão "normal", "natural", "inerente" de qualquer sofrimento humano, inclusive daqueles tidos como psicóticos;
4. neste sentido, o qualificativo "grave" se refere tão somente à intensidade do sofrimento e não a uma classificação específica, buscando resgatar a dimensão contígua de todo sofrimento humano, de um extremo ("suportável") a outro ("desorganizador").

A clínica winnicottiana, cuja matriz, enunciada pelo próprio Winnicott (1945) como sendo do "sofrimento psicótico", nos ajuda aqui, ao afirmar que tal sofrimento está ligado essencialmente à impossibilidade do indivíduo se sentir real:

> "... Já os pacientes psicóticos (e as pessoas normais do tipo psicótico), ao contrário, pouco se interessam por ganhar maior autoconsciência, preferindo viver os sentimentos e as experiências místicas, e suspeitando do autoconhecimento intelectual ou mesmo desprezando-o. Estes pacientes não esperam que a análise os torne mais conscientes, mas aos poucos eles podem vir a ter esperanças de que lhes seja possível sentir-se reais". (Winnicott, 1978, p. 77)

Segundo Vaisberg et al. (2004), também podemos pensar que, ao falar em *"indivíduos normais do tipo psicótico"*, Winnicott estava se referindo a angústias existenciais profundas, presentes em todos nós e que se manifestam de modo mais veemente nos assim chamados "psicóticos" que, desta forma, seriam emblemáticos de um sofrimento comum a toda a humanidade. Não se trataria mais de separar os indivíduos de acordo com estruturas de personalidade, mas de tratar de um tipo de sofrimento que compromete o viver, seja por resultar numa alienação da realidade, seja por se manifestar como uma adaptação submissa e reverente aos cânones por ela ditados.

Estas autoras afirmam, ainda, que foi a partir deste tipo de elaboração que Winnicott teorizou sobre falsos e verdadeiros selves, entendendo que, *"uma vida aparentemente normal pode ser mantida a partir do falso self, enquanto o indivíduo permanece ausente de si mesmo, excluído da própria vida. Naturalmente o falso self nada mais é de que uma defesa dissociativa que, embora impeça o viver autêntico, permite a sobrevivência do self verdadeiro, que permanece oculto"*. (retirado da internet, ver bibliografia)

Assim, entendemos sofrimento psíquico grave como um construto que nos dá liberdade para falar de crises intensas de cunho "normal" ou "psicótico" com a mesma consideração essencial, ou seja, a de que é um sofrimento humano, natural, com peculiaridades e contextos próprios, que pode ser manifesto em indivíduos ou relações. Fala, portanto, de um fenômeno existencial essencialmente humano: a angústia.

Intervenção precoce nas psicoses. Delimitação de uma possibilidade

Percorrendo estes questionamentos, cabem algumas diferenciações com o objetivo de buscar delimitar melhor o paradigma da intervenção precoce. São várias as interfaces entre as definições abaixo, porém, por questões de concisão, limitar-me-ei a apresentá-las, para permitir ao leitor compará-las, com vistas a uma aproximação conceitual que faço a seguir.

1) *intervenção em crise psiquiátrica*
É uma abordagem terapêutica breve que procura proporcionar melhora, e não cura, das emergências psiquiátricas agudas. Utilizada no contexto dos pronto-socorros de hospitais psiquiátricos ou gerais, ou na casa ou local de ocorrência da crise, esta abordagem focaliza os fatores interpessoais e intrapsíquicos e a modificação ambiental.

2) *intervenção precoce com crianças*
Intervenção precoce se aplica a crianças em idade escolar ou mais novas em que foram detectados riscos de desenvolver condição de deficiência ou outra condição especial, as quais podem afetar seu desenvolvimento. Intervenção precoce consiste no oferecimento de serviços para estas crianças e suas famílias, com o objetivo de diminuição dos efeitos da condição. Intervenção precoce pode ser remediativa ou preventiva em sua natureza: remediando problemas desenvolvimentais existentes ou prevenindo as suas ocorrências.

3) *intervenção em crise*
Segundo Marmor (1979), a intervenção em crise se situaria entre o atendimento de emergência psiquiátrica, que procuraria dar alívio imediato, e a psicoterapia breve, que visaria modificar a habilidade do paciente para lidar com o estresse.

Então: o que é intervenção precoce?

A intervenção precoce nas psicoses, segundo McGorry et al. (2002), tem como objetivo decidir se uma desordem psicótica iniciou e, com isso, oferecer tratamento efetivo o mais cedo possível, assegurando que a intervenção seja a melhor prática para este momento de manifestação, e não apenas transpor para estágios posteriores e persistentes dos subgrupos mórbidos da desordem, tratamentos padrões a *posteriori*.

Diante desta discussão, proponho que intervenção precoce refira-se a ações terapêuticas (medicamentosas, psicológicas e relacionais) imediatas, em primeiras crises de sofrimento psíquico grave, utilizadas o mais cedo possível, com o objetivo de diminuir os efeitos deletérios dos fatores processuais condicionantes, particularmente nos casos em que se detectam sinais ou sintomas de altos níveis de angústia, sejam eles da estrutura neurótica ou psicótica.

Neste sentido, entendemos considerar os elementos chaves do paradigma da intervenção precoce, conforme delimitado por McGorry et. al. (2002), a saber: detecção precoce da psicose, diminuição na demora do tratamento e intervenção e apoio no "período crítico" da ocorrência.

Segundo Falloon (1992), os pontos-chave a serem considerados durante a triagem inicial de um paciente apresentando uma possível psicose, incluem a natureza e a duração do distúrbio do comportamento, o humor e funcionamento cognitivo do paciente, a presença de delírios ou de alucinações, a relação possível de sintomas com um evento estressante importante, eventos importantes na vida atual, elementos de estresse do ambiente etc. A avaliação psicossocial deve incluir também os estilos de defesa predominantes, os conflitos atuais, os pontos fortes e recursos pessoais.

E por que intervir precocemente de forma diferenciada?

Na maioria dos casos, a demora entre o aparecimento dos sintomas psicóticos e o primeiro tratamento é impressionantemente longo. Em geral, a duração da psicose antes da primeira abordagem é de pelo menos dois anos (McGorry e Jackson, 1999). Quanto mais o indivíduo permanecer não tratado, maior serão os prejuízos físicos, sociais e legais. Na literatura internacional, aproximadamente

20 a 30% dos jovens, sem ajuda imediata, experienciam seus primeiros eventos psicóticos sendo perigosos para si próprios ou para outrem, incluindo as tentativas de suicídio (Lincoln e McGorry, 1999).

Sabe-se, por outro lado, que as dificuldades sociais e pessoais se desenvolvem agressivamente no "período crítico" durante os primeiros três anos. O empobrecimento da rede social e a perda de auto-estima podem se desenvolver intensamente durante este período crítico. Quanto mais demorar lidar com estas necessidades, maior será a dificuldade em abordá-las (Birchwood et al, 1998).

No que tange à medicação, tratamento precoce com medicação antipsicótica tem demonstrado aumentar o curso demorado da psicose. Longa duração da psicose antes do tratamento com medicação antipsicótica tem, consistentemente, demonstrado estar relacionado com um pobre resultado a longo prazo (Wyatt, 1991). Demoras no tratamento da psicose têm sido associadas aos custos substancialmente maiores no cuidado da saúde em pelo menos três anos depois do primeiro tratamento. Doença não tratada por muito tempo é associada com primeiras e segundas admissões no hospital (Wiersma et al, 1998), aumentado consideravelmente os custos do cuidado da saúde (McGorry e Jackson, 1999).

Isto posto, a literatura internacional (Birchwood, 1998; Birchwood, 1992; Harrow et al, 1985; Kulkarni, 1999; McGlashan, 1996a, 1996b; MCGorry et al., 1992 & McGorry e Edwards, 2002) aponta como benefícios potenciais da intervenção precoce:
- Menor incapacidade em médio prazo e menor risco de recidivas;
- Menor risco de suicídio (muitos pacientes tentam suicídio no período pré-tratamento);
- Menos complicações com a justiça;
- Menor prejuízo vocacional e/ou do desenvolvimento do indivíduo;

- Menor trauma durante a avaliação e o início do tratamento;
- Menores doses da medicação antipsicótica necessária;
- Menor necessidade de internação;
- Menores gastos com saúde a médio prazo;
- Menor estresse e menos problemas familiares;
- Melhor recuperação;
- Remissão mais rápida e completa;
- Melhores atitudes em relação ao tratamento;
- Níveis mais baixos de emoções expressas e sofrimento familiar;
- Menor resistência ao tratamento.

Já como consequências do tratamento tardio, pode-se citar (McGorry e Edwards, 2002): recuperação mais lenta e menos completa, pior prognóstico, risco aumentado de depressão e suicídio, interferência no desenvolvimento psicológico e social, enfraquecimento das relações interpessoais, perda dos apoios familiares e sociais, desestruturação das atividades maternais ou paternais do paciente (se tiver filhos), estresse e aumento dos problemas psicológicos na família do paciente, desestruturação das atividades escolares e profissionais, uso abusivo de substâncias, atos violentos e criminais, hospitalização desnecessária, perda da auto-estima e auto-confiança e aumento do custo do tratamento.

A intervenção precoce como uma proposta de promoção da saúde mental

Foi na I Conferência Internacional em Promoção da Saúde da OMS, no Canadá, que se consolidou, através da Carta de Ottawa (WHO, 1986), a concepção de promoção da saúde, inaugurando um novo conceito de saúde, tendo como pré-requisitos fundamentais *"a paz, a educação, a habitação, o poder aquisitivo, um ecossistema estável, a conservação dos recursos naturais e a equidade"*.

Nesta carta conceitua-se a promoção da saúde *"como o processo de capacitação da comunidade para atuar na melhoria da sua qualidade de vida e saúde, incluindo uma maior participação no controle deste processo". E acrescenta-se que "para atingir um estado de completo bem-estar físico, mental e social, os indivíduos e grupos devem saber identificar aspirações, satisfazer necessidades e modificar favoravelmente o meio ambiente."* (Ministério da Saúde, 1996a)

O mesmo documento afirma ser a saúde um conceito positivo (enfatiza recursos sociais, pessoais e capacidades físicas), um recurso para o desenvolvimento social, econômico e pessoal, assim como uma importante dimensão da qualidade de vida, atribuindo um papel de protagonista ao ser humano, considerado nas ações de promoção, como capaz de vir a controlar os fatores determinantes da sua saúde.

Depreende-se disto que a saúde é o resultado de ações intersetoriais, produzindo políticas públicas saudáveis e agindo nos determinantes sociais do bem-estar e da qualidade de vida. Cada setor (educação, geração de trabalho e renda, habitação, lazer e cultura, transportes, meio ambiente, assistência social, etc), deverá ter suas estratégias de atuação coordenadas por "políticas saudáveis". O setor saúde propriamente dito, deve reorientar-se indo além da simples provisão de serviços e apoiar indivíduos e comunidades para uma vida mais saudável, articulando-se com os demais setores (Ministério da Saúde, 2001).

Segundo o Ministério da Saúde (1996c, 2005), este foi *"um momento chave do Movimento da Reforma Sanitária Brasileira e da afirmação da indissociabilidade entre a garantia da saúde como direito social irrevogável e a garantia dos demais direitos humanos e de cidadania".* O relatório final da VIII Conferência Nacional de Saúde lançou os fundamentos do Sistema Único de Saúde (SUS), efetivado pela Constituição de 1988. Desta forma, a promoção da saúde tem cinco grandes estratégias para alcançar seus objetivos:

- criação de ambientes favoráveis a saúde: intervenções nas comunidades (ex.: lixo, saneamento, habitação, transporte, áreas de convívio e lazer), escolas, locais de trabalho;
- desenvolvimento de habilidades pessoais: aumentar o conhecimento, capacitar, promover a participação e fortalecer indivíduos para que busquem melhores condições de saúde;
- reorientação dos sistemas de saúde: um novo modelo assistencial que assuma atividades de prevenção, parcerias, humanização do atendimento e um vínculo de responsabilidade com a clientela;
- reforço da ação comunitária: fortalecimento da comunidade, gerando mobilização e participação no sentido de conquistar melhorias na saúde e mudanças nos determinantes sociais da saúde;
- construção de alianças entre governantes, organizações da sociedade civil e profissionais de saúde.

Portanto, a promoção da saúde orienta-se pelos princípios da equidade, justiça e solidariedade, busca a solução dos problemas na mobilização da sociedade, reforça o planejamento e trabalha com o princípio da autonomia dos indivíduos e das comunidades, objetivando o fortalecimento comunitário (OMS/OPAS, 2001).

Apenas para ilustrar, no GIPSI consideramos, a priori, a partir da teoria sistêmica, que em todos os processos de subjetivação e de manifestação das estruturas de funcionamento humano estão sempre presentes diversos fatores saudáveis, a despeito da presença de processos de adoecimento, as quais o indivíduo e suas relações ainda podem administrar da melhor forma possível. Neste sentido, prevenção ou tratamento sempre terão como princípios, mudanças e revelação de potencialidades de aspectos saudáveis ainda não devidamente explorados ou a explorar.

GIPSI: Um projeto de pesquisa e de ação voltado para a promoção da saúde

a) Das posturas básicas

Considerando que o GIPSI é um grupo multidisciplinar, que busca integrar estudo, pesquisa e intervenção no sofrimento psíquico grave, sucintamente, pode-se afirmar que seus principais pressupostos, dentre outros, são: questionar conceitos, práticas e pressupostos da área; resgatar o sentido da saúde, mesmo diante da doença; integrar diferentes experiências e saberes; ter a família como foco central do atendimento; prestar um serviço interdisciplinar integrado, do indivíduo à comunidade; integrar estudo, pesquisa e atendimento, visando a mudança de posturas; contribuir para a conscientização social sobre o tema; construir um modelo brasileiro de atendimento de primeira crise; prevenir recaídas; reabilitar o paciente, respeitando sua capacidade individual por meio de um planejamento de tratamento personalizado; contribuir para a eliminação do estigma da doença dita mental, da loucura, em especial as psicoses e as esquizofrenias; conscientizar e envolver a família e a rede relacional no e para o tratamento; evitar internações e/ou longas hospitalizações; promover a saúde possível em cada sistema (individual, familiar ou social) particular.

b) Perfil sucinto do paciente

Indivíduo (de qualquer sexo ou idade) em primeira crise psicológica grave, seja como primeiro episódio, seja como primeira internação (primeira intervenção), que revele manifestações psicológicas de profunda repercussão (afetiva, emocional, relacional) em si próprio, na família ou no seu contexto relacional imediato e que procura a rede hospitalar (psiquiátrica) em Brasília/DF.

c) Dos procedimentos

Além do atendimento individual de diferentes abordagens (fenomenológica, psicanalítica e comportamental), e tendo como foco central de aceitação para o programa a participação compromissada da família, o grupo também realiza atendimentos familiares de orientação sistêmica e/ou psicodinâmica.

A participação da família no tratamento do membro que apresenta sintomas esquizofrênicos é fundamental (Ackerman, 1986; Bateson et al., 1956, 1960; Berenstein, 1984; Bowen, 1960; Brown et al., 1972; Costa, 1990, 2003a; Haley, 1959; Mishler e Waxler, 1965, 1968; Melman, 2001 & Scazufca, 2000), tendo em vista que os familiares são os principais responsáveis por seus cuidados. Caso o indivíduo tenha sido internado, ao receber alta hospitalar, o apoio da família poderá mantê-lo na comunidade, incrementando a probabilidade de êxito do tratamento. E, seguindo o modelo antimanicomial de saúde mental, atualmente preconizado, os períodos de internação são cada vez menores.

A terapia familiar entende e procura abordar um problema em relação ao seu contexto, incluindo-se o grupo familiar e a relação deste com o grupo social. A família constitui-se no primeiro grupo que, por meio de seus múltiplos relacionamentos, promovem o desenvolvimento psicossocial do indivíduo e a sua noção de identidade.

Assim, distúrbios psicológicos emergem dentro de um campo relacional onde existem diferentes vínculos, papéis e contrapapéis, em um movimento contínuo de interação. A equipe terapêutica investiga em que pontos destas interações surgiram o adoecimento, o que este significa dentro daquele momento particular da família e quais relações foram estabelecidas com o adoecimento e o membro adoecido. Trabalha assim com a noção de causalidade circular, de recursividade, onde a ação de um membro da família gera contra-reações e estas geram novas ações sucessivamente, criando linguagens e significados particulares a cada grupo.

A terapia familiar sistêmica visa oferecer um espaço de conversação, onde a estrutura da família, as comunicações carentes de clareza e os significados inerentes às relações possam ser desvelados, assim como os diferentes caminhos que a família tem tomado para lidar com seus sofrimentos. Família e equipe terapêutica num trabalho de co-construção permitem a expressão de sentimentos, procuram novos significados ampliando a percepção da família em relação ao problema e criam novas formas de relacionamento. Modalidades funcionais de lidar com o problema são buscadas conjunta e continuadamente.

Como processo de amadurecimento, que o grupo já está organizando, objetiva-se também realizar uma abordagem psicoeducacional e o trabalho com redes, considerando-se que na esquizofrenia, ou nas psicoses em geral (ou nas crises com sofrimento psíquico grave), percebe-se claramente a necessidade de que um programa deste tipo proporcione também uma estrutura de informações e orientação para as famílias (psicoeducação) e trabalhe com a rede social e de apoio possível, conforme preconiza a literatura mundial (Anderson, Reiss e Hogarty, 1986; Falloon et al., in press; Falloon, 1985; Hogarty et al., 1987, Ministério da Saúde, 2004).

Quanto ao trabalho de rede, considerando que as fronteiras do indivíduo não estão determinadas somente por seus limites físicos em interação com o mundo, o construto "rede social pessoal" ou "rede significativa" leva em conta todos os níveis de interação do indivíduo com o meio ao qual o sujeito pertence (Lam, 1991; Leff et al., 1985; Mosher e Kety, 1979 & Sluzki, 1997). Considera-se rede não só a família nuclear ou extensa, mas também outros vínculos como amigos, relações de trabalho, vizinhos e pessoas ligadas a outros vínculos sociais.

Considerando-se a rede e a influência da família na formação do sujeito enquanto indivíduo social e na sua saúde, a mesma torna-se uma instância indispensável no trabalho clínico de saúde mental junto aos indivíduos, "pacientes identificados", e os que estão em interação com estes. As terapias de redes, com base na teoria das redes sociais, caracterizam-se, assim, por serem inclusivas no processo de compreensão e trabalho com os "pacientes identificados".

d) Das metodologias de registro e de pesquisa

Todas as etapas são filmadas e gravadas, após o devido consentimento livre e esclarecido, conforme estabelece a Resolução 196/96 do Ministério da Saúde (Ministério da Saúde, 1996b), e os dados resultantes são tratados de acordo com os diferentes projetos desenvolvidos no grupo (alunos de graduação, bacharelandos, PIBIC, mestrado ou doutorado). São privilegiados, particularmente, os estudos de caso, as análises de conteúdos/discursos, a pesquisa-ação, a análise da hermenêutica da profundidade, as análises de atos de fala e a pesquisa de base fenomenológica. As metodologias quantitativas (questionários, *surveys*, aplicação de escalas – *EFE, AdiRF, BPRS, PANSS, SIPS, SOPS, Calgary*, entrevistas estruturadas etc) são também francamente utilizadas.

No caso do registro sistemático de dados, o GIPSI, dependendo da área de avaliação, busca realizar avaliações (psiquiátrica, clínica geral, neurológica, por meio de anamneses, exames físico e psíquico, SCID, PANSS, Escalas e Protocolos) e intervenções médicas (medicação antipsicótica, internação e hospitalização, quando necessárias, além de exames laboratoriais e de aspectos físicos complementares), psicológica individual (através da realização de psicodiagnósticos, entrevistas, testagens e aplicação de escalas e psicoterapias – de abordagens psicanalítica, existencial, comportamental e sistêmica, a depender dos participantes do grupo), familiar (avaliação diagnóstica relacional familiar, estudo da estrutura e da dinâmica familiar, através da AdirF (Costa, 2006); genograma (McGoldrick, 1999), entrevista familiar estruturada (Féres-Carneiro, 2005), entrevista transgeracional (Costa, 1990), guia da entrevista familiar (Eiguer, 1985) e intervenções familiares de orientações sistêmica e psicodinâmica, por meio de equipe reflexiva e psicossocial (levantamento e mapeamento sócio-relacional familiar, visita domiciliar, mapeamento de rede, grupos multifamiliares e intervenções comunitárias).

Ressalta-se particularmente a complexidade desta proposta tendo em vista que não se trata apenas de um grupo de intervenção, mas, e principalmente, um grupo que busca a interação ensino-pesquisa-intervenção, significando dizer que a pesquisa é a mola mestra na produção de teorias e tecnologias específicas para esta realidade, ainda pouco exploradas no Brasil.

De conclusões possíveis

Até a presente data, o GIPSI atendeu mais de vinte casos de pessoas que apresentaram ou sinais (pródromos) ou sintomas relacionados ou correlacionados com a definição/classificação clássica da psicose ou esquizofrenia. Além da intervenção (avaliativa ou terapêutica), o grupo tem desenvolvido ações de pesquisa preventiva (junto a adolescentes em escolas, p.ex.) e de conscientização social sobre a crise psíquica nos níveis individual, profissional, familiar e social (por meio de palestras, grupos de debate e informações escritas, por meio de *folders,* por exemplo).

Constata-se uma enorme gama de sinais prodrômicos que podem significar tanto uma crise normal/natural de desenvolvimento emocional, quanto uma estruturação de um sofrimento psíquico mais fundamental no sentido de construção de uma psicose, seja ela de que tipo for. No entanto, a postura do grupo é de sempre considerar qualquer destas manifestações como sendo inerentes à condição humana e, portanto, vinculadas a contextos e significados específicos, sejam individuais, familiares ou sociais.

Casos típicos de estruturação de psicose como o de um rapaz de 23 anos que, após uma manifestação de sonambulismo, é acordado pela namorada com uma tapa e a partir deste refere "ter nascido", sai de casa, é espancado por outros rapazes na rua, deixado em frente à delegacia de polícia, que o confunde com um marginal em investigação, levado ao IML para identificação, tratado com medicação antipsicótica tradicional, e novamente devolvido à rua, pois não tem familiares disponíveis (pais separados em conflito), exemplificam bem a complexidade de fatores pessoais, físicos, emocionais, relacionais e sociais na construção de um sofrimento psíquico grave com consequências para um quadro nosográfico definitivo.

Por outro lado, casos como a de uma criança de sete anos, filha de uma mãe esquizofrênica e um pai alcoólatra, diagnosticada como tendo transtorno de personalidade, demonstram a necessidade de uma intervenção precoce, o mais cedo e o mais rápido possível, com vistas a uma não estruturação de sofrimentos mais graves, em especial psíquicos e relacionais.

A intervenção precoce, como preconizado pela proposta do GIPSI, objetiva não só tratar a crise imediata, mas também poder encaminhar e desenvolver potenciais individuais e relacionais com vistas à não cronificação de um sofrimento que pode ser desenvolvimental ou estrutural.A despeito das dificuldades inerentes a este tipo de proposta, sejam de preparação da equipe que, por excelência, é e deve ser multidisciplinar, sejam de conscientização e engajamento das famílias como precursoras de mudanças e diminuição do sofrimento, a proposta do GIPSI direciona-se para fomentar os aspectos saudáveis das estruturas (individuais, familiares ou sociais) envolvidas.

Como entendemos que estamos promovendo a saúde mental nesta proposta?

Em estreita consonância com a Carta de Ottawa, busca-se promover a educação em saúde para a população; proporcionar tratamento e a integração na atenção primária; dar atenção continuada e consequente, envolvendo as comunidades, as famílias e os usuários; perseguir o estabelecimento de políticas, programas e legislações específicas; formar recursos humanos, através da capacitação específica; monitorizar a saúde mental na comunidade; questionar e otimizar diagnósticos e intervenções; focalizar as necessidades de pessoas com transtornos mentais em seus diferentes aspectos; proporcionar condições psicoterápicas adequadas; auxiliar e influir na formulação de políticas de saúde mental; estabelecer uma base de informações, a partir dos levantamentos realizados; promover pesquisas e sua divulgação (epidemiológica, tratamentos, de promoção e prevenção em saúde, sobre políticas e serviços).

Para tanto, também em consonância com a Declaração de Jacarta (1997), procuramos aumentar a sensibilização sobre as mudanças dos determinantes da saúde mental; mobilizar recursos para a promoção da saúde; acumular conhecimentos sobre as melhores práticas terapêuticas, sejam elas individuais, familiares ou sociais; facilitar o aprendizado compartilhado, seja da equipe multidisciplinar, seja dos pacientes e seus familiares e suas redes sociais. Enfim, buscar promover a solidariedade em ação nestes casos particulares.

Isto significa afirmar que o GIPSI entende a saúde como processo global, da sua promoção à sua intervenção em situações de desequilíbrio ou sofrimento intenso em todos os contextos da vida e em sociedade, porém buscando sempre os aspectos saudáveis de toda conduta humana, promovendo-os em primeiro lugar.

REFERÊNCIAS BIBLIOGRÁFICAS

Ackerman, N.W. (1986). *Diagnóstico e tratamento das relações familiares*. Porto Alegre, Artes Médicas.
Amarante, P. (Org.). (1995). *Loucos pela Vida. A Trajetória da Reforma Psiquiátrica no Brasil*. Rio de Janeiro, Fiocruz.
Amarante, P. (1996). *O Homem e a Serpente. Outras Histórias para a Loucura e a Psiquiatria*. Rio de Janeiro, Fiocruz.
Amarante, P. (Org). (2003). *Archivos de Saúde Mental e Atenção Psicossocial*. Rio de Janeiro, Editora Nau.
Anderson, C., Reiss, D. & Hogarty, G. (1986). *Esquizofrenia y familia: guia práctica de Psicoeducación*. Buenos Aires, Amorrortu Editores.
Barreto, J. (2005). *O Umbigo da Reforma Psiquiátrica. Cidadania e Avaliação de Qualidade em Saúde Mental*. Juiz de Fora, Editora UFJF.
Bateson, G. (1960). Minimal Requirements for a Theory of Schizophrenia. *Archives General of Psychiatry*, 2, 477-49.
Bateson, G.; Jackson, D.D.; Haley, J. & Weakland, J.H. (1956). Toward a Theory of Schizophrenia. *Behavioral Science*, 1, 251-264.
Bentall, R.P. (1990). *Reconstructing schizophrenia*. London/New York, Routledge.
Berenstein, I. (1984). *Familia y enfermedad mental*. Buenos Aires, Paidós.
Bezerra, B. et al. (1992). *Psiquiatria sem Hospício*. Rio de Janeiro, Relume Dumará.
Birchwood, M. (1992). Early intervention in schizophrenia: Theoretical background and clinical strategies. *British Journal of Clinical Psychology*, 31, 257-278.

Birchwood, M.; Hallett, S. & Preston, M. (1998). *Schizophrenia: An integrated approach to research and treatment.* Harrow, Essex, Longman.

Birchwood, M.; Jackson, C. & Todd, P. (1998). The critical period hypothesis. *International Clinical Psychopharmacy,* 12, 27-38.

Birchwood, M.; Smith, J.; MacMillan, J.F.; Hogg, B.; Prasad, R.; Harvey, C. & Bering, S. (1989). Predicting relapse in schizophrenia: The development and implementation of an early signs monitoring system using patients and families as observers, a preliminary investigation. *Psychological Medicine,* 19, 649-656.

Bloise, P.V. (1995). Reflexões sobre a intervenção em crise. *Revista de Ciências Médicas,* 4(3), 133-136.

Bowen, M. (1960). A Family Concept of Schizophrenia. In: Jackson, D.D. (Ed). *The Etiology of Schizophrenia.* New York, Basic Books.

Boyle, M. (1990). *Schizophrenia. A scientific delusion?* London/ New York, Routledge.

Boyle, M. (1997). The non-discovery of schizophrenia? In: Bentall, R. P. (Ed). *Reconstructing Schizophrenia.* London/New York, Routledge.

Brown, G.W & Birley, J.L.T. (1968). Crises and life changes and the onset of schizophrenia. *Journal of Health and Social Behavior,* 9, 203-214.

Brown, G.W.; Birley, J.L.T. & Wing, J.K. (1972). Influence of family life on the course of schizophrenic disorders: a replication. *British Journal of Psychiatry,* 121, 241-258.

Campbell, R.J. (1986). *Dicionário de psiquiatria.* São Paulo, Martins Fontes.

Costa, I.I. (1990). *Família e esquizofrenia: um estudo transgeracional.* Dissertação de mestrado. Universidade de Brasília.

Costa, I.I. (1999). *Grammatical reflections on Schizophrenia.* Philosophical Essays. University of Warwick, England. (Trabalho não publicado).

Costa, I.I. (2000). *A família, a constituição do sujeito e o futuro da Humanidade.* Disponível em http://www.ufba.br/~conpsi/conpsi1999/F004.html.

Costa, I.I. (2003a). *Da fala ao sofrimento psíquico grave: ensaios acerca da linguagem ordinária e a clínica familiar da esquizofrenia*. Brasília: Editora e Gráfica Positiva/Abrafipp.

Costa, I.I. (2003b). Linguagem Ordinária, Atos de Fala e Esquizofrenia. In: *Ética, Linguagem e Sofrimento*. Trabalhos Completos da VI Conferência Internacional sobre Filosofia, Psiquiatria e Psicologia. Brasília, Gráfica e Editora Positiva/Abrafipp.

Costa, I.I. (2005). Uma crítica epistemológica da clínica e da pesquisa familiar da esquizofrenia. In: Feres-Carneiro, T. (Org). *Família e casal. Efeitos da contemporaneidade*. Rio de Janeiro, Editora da PUC.

Costa, I.I. (2006). *A avaliação diagnóstica relacional familiar*. Inédito. Brasília.

Costa, N.R. (1987). *Cidadania e Loucura. Política de Saúde Mental no Brasil*. Petrópolis, Vozes.

Declaração de Jacarta. (1997). *4ª. Conferência Internacional sobre Promoção da Saúde*, Disponível em http://www.saudeemmovimento.com.br/conteudos/conteudo_print. asp?cod_noticia=204

Der, G.; Gupta, G. & Murray, R.M. (1990). Is schizophrenia disappearing? *Lancet*, 335, 513-516.

Ditomasso, R.A. & Kovnat, K.D. (1995). Pacientes da clínica geral. In: Dattilio & Freeman. (Orgs). *Estratégias cognitivo-comportamentais para intervenção em crises*. Campinas, Editorial Psy.

Eiguer, A. (1985). *Um divã para a família*. Porto Alegre, Artmed.

Fadden, G. (1998). Family Intervention in psychosis. *Journal of Mental Health*, 7, 115-122.

Falloon, I.R.H. (1992). Early intervention for first episodes of schizophrenia: A preliminary exploration. *Psychiatry*, 55, 4-15.

Falloon, I.R.H.; Coverdale, J.H. & Brooker, C. Psychosocial interventions in schizophrenia: A review. *International Journal of Mental Health*, in press.

Falloon, I.R.H. & Lukoff, D. (1984). *Schizophrenia: Interview Strategies for Detecting Characteristic Symptoms*. New York, BMA Audio Cassettes.

Falloon, I.R.H. (1985). *Family Management of Schizophrenia*. Baltimore, Johns Hopkins University Press.

Féres-Carneiro, T. (2005). *Entrevista Familiar Estruturada. Um método clínico de avaliação das relações familiares*. São Paulo, Casa do Psicólogo.

Gonçalves, A. & Gonçalves, N.N.S. (1993). Esquizofrenia: um conceito e uma realidade controversos. *Jornal Brasileiro de Psiquiatria*, 32, 313-322.

Haley, J. (1959). The Family of the Schizophrenic: A Model System. *Journal of Nervous Mental Disease*, 129, 357-374.

Hardesty, J.; Falloon, I.R.H. & Shirin, K. (1985). The impact of life events, stress, and coping on the morbidity of schizophrenia. In Falloon, I. R. H. (Ed). *Family Management of Schizophrenia*. Baltimore, Johns Hopkins University Press.

Harrow, M.; Crone, B.J. & Westermeyer, J.F. (1985). The course of psychosis in early phases of schizophrenia. *American Journal of Psychiatry*, 142, 702-707.

Heinrichs, D.W.; Cohen, B.P. & Carpenter Jr., W.T. (1985). Early insight and the management of schizophrenic decompensation. *Journal of Nervous and Mental Disease*, 173, 133-137.

Herz, M.I. & Melville, C. (1980). Relapse in schizophrenia. *American Journal of Psychiatry*, 137, 801-805.

Hogarty, G.E.; Anderson, C.M. & Reiss, D.J. (1987). Family psychoeducation, social skills training, and medication in schizophrenia: The long and short of it. *Psychopharmacology Bulletin*, 23(1), 12-15.

Jackson, H.J.; McGorry, P.D. & McKenzie, D. (1994). The reliability of DSM-III prodromal symptoms in first-episode psychotic patients. *Acta Psychiatrica Scandinavica*, 90, 357-378.

Keshavan, M.S. & Schooler, N.R. (1992). First–episode Studies in Schizophrenia: Criteria and Caracterization. *Schizophrenia Bulletin*, 18, 491-513.

Kety, S.S. (1985). The Concept of schizophrenia. In: Albert, M. (Ed). *Controversis in schizophrenia: Changes and constancies*. New York/London, The Guilford Press.

Kulkarni, J. & Power, P. (1999). Initial treatment in first episode. In: McGorry, P. & Jackson, H. (Eds). *The recognition and management of early psychosis*. Cambridge University Press.

Lam, D.H. (1991). Psychosocial family intervention in schizophrenia: A review of empirical studies. *Psychological Medicine*, 21, 423-441.

Leff, J.; Kuipers, L.; Berkowitz, R. & Sturgeon, D. (1985). A controlled trial of social intervention in the families of schizophrenic patients: two year follow-up. *British Journal of Psychiatry*, 146, 594-600.

Lehman, A.F.; Carpenter Jr., W.T.; Goldman, H.H. & Steinwachs, D.M. (1995). Treatment outcomes in schizophrenia: Implications for practice, policy, and research. *Schizophrenia Bulletin*, 21(4), 669-675.

Loebel, A.D.; Lieberman, J.A.; Alvir, J.M.J.; Mayerhoff, D.I.; Geisler, S.H. & Szymanski, S.R. (1992). Duration of psychosis and outcome in first-episode schizophrenia. *American Journal of Psychiatry*, 149(9), 1183-1188.

Marmor, J. (1979). Short-term dynamic psychotherapy. *American Journal of Psychiatry*, 136(2), 149-155.

McGlashan, T.H. (1996a). Early detection and intervention in schizophrenia: Research. *Schizophrenia Bulletin*, 22(2), 327-345.

McGlashan, T.H. & Johannessen, J.O. (1996b). Early detection and intervention with schizophrenia: Rationale. *Schizophrenia Bulletin*, 22(2), 201-222

McGoldrick, M.; Gerson, R. & Shellenberger, S. *Genograms*. (1999). *Assessment and intervention*. New York/London, W.W. Norton & Company.

McGorry, P.D. & Edwards, J. (2002). *Intervenção Precoce nas Psicoses*. Melbourne, Janssen-Cilag farmacêutica.

McGorry P.D.; Edwards, J.; Mihalopoulos, C.; Harrigan, S.M. & Jackson, H.J. (1992). EPPIC: An evolving system of early detection and optimal management. *Schizophrenia Bulletin*, 22 (2), 305-326.

McGorry, P.D. & Jackson, H. (1999). *Recognition and management of Early psychosis. A preventative approach.* Cambridge University Press.

McGorry, P.D.; McFarlane, C.; Patton, G.C.; Bell, R.; Hibbert, M.E; Jackson, H.J. & Bowes, G. (1995). The prevalence of prodromal features of schizophrenia in adolescence: a preliminary survey. *Acta Psychiatrica Scandinavia,* 92(4), 241-9.

Melman, J. (2001). *Família e Doença Mental.* São Paulo, Escrituras.

Miermont, J. & Cols. (1994). *Dicionário das terapias familiares. Teoria e Prática.* Porto Alegre, Artmed.

Mishler, E.G. & Waxler, N.E. (1965). Family Interaction Processes and Schizophrenia: A Review of Current Theories. *Merrill-Palmer Quarterly,* 11, 169-215.

Mishler, E.G. (1968). Family Interaction and Schizophrenia: Alternative Frameworks of Interpretation. *Journal of Psychiatric Research,* 6, 213-222.

Ministério da Saúde. (1996a). *Carta de Ottawa, Declaração de Adelaide, Sundswall e Santa Fé de Bogotá.* Brasília.

Ministério da Saúde. (1996b). *Resolução 196/96.* Brasília.

Ministério da Saúde. (1996c). *VIII Conferência Nacional de Saúde.* Brasília.

Ministério da Saúde/OPAS. (2001). *Promoção da Saúde.* Brasília.

Ministério da Saúde. (2004). *Saúde Mental no SUS: Os Centros de Atenção Psicossocial.* Brasília.

Ministério da Saúde. *Política Nacional de Promoção da Saúde.* Brasília, 2005. Disponível em http://www.conasems.org.br/Doc_diversos/vigilancia/Anexo1_PNPS_AGENDA.pdf..

Mosher, L.R. & Keith, S.J. (1979). Research on the psychosocial treatment of schizophrenia: a summary report. *American Journal of Psychiatry,* 136, 623-631.

Nicácio, F. (Org). (1990). *Desinstitucionalização.* São Paulo, Hucitec.

Organização Mundial de Saúde/Organização Panamericana da Saúde. (2001). *Relatório Sobre a Saúde no Mundo.* "Saúde mental:

nova concepção, nova esperança". Disponível em www.psiqweb. med.br/acad/oms1.html

Pitta, A.M. (Org). *Reabilitação Psicossocial no Brasil.* São Paulo, Hucitec, s/d.

Prince, M. & Phelan, M. (1994). Invisible schizophrenia: A postal survey of the incidence and management of new cases of schizophrenia in primary care. *Journal of Mental Health*, 3, 91-98.

Scazufca, M. (2000). Abordagem familiar em esquizofrenia. *Revista Brasileira de Psiquiatria*, 22, 50-52.

Shirakawa, I.; Chaves, A.C. & Mari, J.J. (Eds). (2001). *O desafio da esquizofrenia.* São Paulo, Lemos Editorial.

Sluzki, C.E. (1997). *A Rede Social na Prática Sistêmica.* São Paulo, Casa do Psicólogo.

Syzmanski, S.R.; Cannon, T.D.; Gallacher, F.; Erwin, R.J. & Gur, R.E. (1996). Course of treatment response in first-episode and chronic schizophrenia. *American Journal of Psychiatry*, 153(4), 519-525.

Szasz, T.S. (1972). *The myth of mental illness.* London, Paladin.

Szasz, T.S. (1978). *Esquizofrenia: o símbolo sagrado da Psiquiatria.* Rio de Janeiro, Zahar.

Szasz, T.S. (2000). *Mental disorders are not diseases.* Disponível em http:// www. szasz.com/ ustoday.html.

Tarrier, N.; Barrowclough, C. & Bamrah, J.S. (1991). Prodromal signs of relapse in schizophrenia. *Social Psychiatry and Psychiatric Epidemiology*, 26, 157-161.

Tenório, F. (2001). *A Psicanálise e a Clínica da Reforma Psiquiátrica.* Rio de Janeiro, Rios Ambiciosos.

Tolbert, H.A. (1996). Psychoses in children and adolescents: a review. *Journal of Clinical Psych*iatry, 57, 4-8.

Vaisberg, T.M.J.A; Machado, M.C.L & Baptista, A.M. (2004). *Sofrimento Humano e Psicanálise Contemporânea.* Instituto de Psicologia da Universidade de São Paulo. Disponível na página http://www.serefazer.com.br/Tcongresso2003.htm

World Health Organization (WHO). *Carta de Ottawa. Saúde para Todos no Ano 2000*, 1986. Disponível em http://www.saudeemmovimento.com.br/conteudos/conteudo_frame.asp?cod_noticia=202.

Wiersma, D; Nienhuis, F.J; Sloof, C.J. & Giel, R. (1998). Natural course of schizophrenic disorders: A 15 year follow-up of a Dutch incidence cohort. *Schizophrenic Bulletin*, 24(1), 75-85.

Winnicott, D.W. (1971). *Playing and Reality*. New York, Basic Books.

Winnicott, D.W. (1945). O desenvolvimento emocional primitivo.In: *Da pediatria à psicanálise: textos selecionados*. Rio de Janeiro, Francisco Alves, 1978.

Wyatt, R.J. (1991). Neuroleptics and the natural course of schizophrenia. *Schizophrenia Bulletin*, 17(2), 325-351.

Yung, A. & McGorry, P.D. (1996). The prodromal phase of first-episode psychosis: Past and current conceptualization. *Schizophrenia Bulletin*, 22, 353-370.

A família na inserção das pessoas portadoras de deficiência no mercado de trabalho

Jacqueline de Oliveira Moreira
José Newton Garcia de Araújo
Roberta Carvalho Romagnoli
Pontifícia Universidade
Católica de Minas Gerais

Este texto é um recorte do projeto de pesquisa intitulado *"Relações de troca na inserção da pessoa portadora de deficiência (PPD) no programa de emprego protegido: antropofagia ou respeito à alteridade?"*, financiado pelo CNPq, de novembro de 2004 a novembro de 2005[1]. O referido projeto teve como objetivo investigar as modalidades de inserção das PPD no mercado formal de trabalho, no Brasil, a partir das novas exigências legais para sua contratação, enfatizando as percepções, os significados e as implicações subjetivas desse trabalho para estas pessoas.

Nesse sentido, insere-se na ótica das pesquisas qualitativas que, de acordo com González Rey (2002), persegue a elucidação de processos complexos, a busca de sentidos subjetivos e de processos de significação, a partir dos quais se dá a construção do conhecimento que, nessa perspectiva, emerge da combinação de processos de produção teórica e empírica, não em uma relação direta e linear, mas de maneira processual e singular.

---

[1] A equipe integrante da pesquisa foi composta pelos autores deste artigo e coordenada pelo Prof. Dr. José Newton Garcia de Araújo. Participaram ainda as alunas de graduação Marlene Antunes de Andrade e Pollyana Vieira e Sousa.

Do ponto de vista epistemológico, este estudo efetua uma articulação entre campos teóricos distintos, a saber, a psicanálise, a psicologia sistêmica e a psicossociologia. Conforme Vasconcelos (2002), a interdisciplinaridade propicia a reciprocidade e o enriquecimento mútuo, conduzindo a uma aprendizagem conjunta. É justamente através dela que tentamos abordar a complexidade das relações entre a deficiência e o mundo do trabalho.

A pesquisa foi realizada com alguns deficientes cadastrados no PROMETI (Projeto de Mercado de Trabalho Inclusivo), da Prefeitura Municipal de Belo Horizonte, inseridos no mercado de trabalho. Os sujeitos cadastrados nesse órgão que estão trabalhando são 468, de um total de 2.300. Nesse universo, realizamos sete entrevistas semi-estruturadas, com roteiro previamente estabelecido. A amostra foi não-probabilística por tipicidade e, portanto, não apresenta fundamentação matemática, sendo destituída de rigor estatístico. Esse tipo de amostragem *"(...) consiste em selecionar um subgrupo da população que, com base nas informações disponíveis, possa ser considerado representativo de toda a população."* (Gil, 1991, p. 97)

Dois significantes nortearam nossa escolha: trabalho e deficiência, sendo descartadas outras variáveis, como escolaridade, profissão e sexo. O que nos interessava eram as diferentes deficiências, e daí selecionamos os sujeitos em: deficientes auditivos, deficientes físicos, deficientes mentais, deficientes múltiplos e deficientes visuais, todos empregados e trabalhando. Essa seleção foi feita com base na lei, que reconhece tais classificações (Brasil, 1998). Optamos por escolher dois representantes de cada deficiência, com exceção dos deficientes auditivos, que foram entrevistados em número de três, e em conjunto, por opção deles mesmos.

A escolha dos entrevistados inicialmente foi realizada de maneira aleatória, da seguinte forma: os sujeitos foram listados por deficiência, e em seguida cada grupo foi dividido em dois; era selecionado o primeiro do primeiro subgrupo e o primeiro do segundo subgrupo. Não sendo possível a entrevista com esses sujeitos, passava-se para o segundo da lista, o terceiro e assim sucessivamente, até definir quem seria entrevistado. Entretanto, após a realização das quatro primeiras entrevistas, essa forma de escolha se mostrou ineficiente, tendo em vista que duas entrevistas não puderam ser utilizadas. Um dos sujeitos estava trabalhando, mas não ocupava a cota das PPD da empresa. O outro, deficiente visual, só poderia ser assim classificado por alteração no percentual de visão, de acordo com lei recente (Brasil, 2005).

Diante dessa situação, optamos por estabelecer como critério de grau de deficiência, na escolha do informante, aquele que possibilitasse sua contratação na cota das PPD. Nesse contexto, foram realizadas sete entrevistas, com três deficientes auditivos, dois deficientes físicos, dois deficientes mentais e dois deficientes visuais. Os deficientes múltiplos foram retirados da amostra, por não terem sido encontrados – havia apenas dois na lista do PROMETI.

Cabe ressaltar que, embora o projeto de pesquisa não visasse a articulação da temática com a família, esta emergiu, com destaque, na pesquisa de campo. Ao se levantar o significado do trabalho junto às PPD, levando em conta a dupla vertente de realização pessoal e de sofrimento, a intervenção da família se fez notar. Nas duas entrevistas realizadas com os deficientes mentais, P1 e P8, houve interferência direta da mãe; nas outras cinco, as famílias foram mencionadas pelos entrevistados. Por isso, julgamos oportuna uma reflexão acerca do papel da família, no que se refere à inclusão social.

As políticas públicas ligadas às questões sociais visam garantir, por lei, um espaço de melhores condições de vida para as parcelas da população desfavorecidas. Ao estudar as políticas públicas voltadas para as pessoas com deficiência (ou portadoras de deficiência), Pinheiro (2003), distingue três fases: a fase tradicional, ou caritativa, que pensa a pessoa com deficiência como alvo de caridade e se mistura com dimensões religiosas; a fase reabilitatória, que considera a deficiência como problema individual que deve ser tratado por um especialista; e a fase da autonomia pessoal e de vida, que, surgiu na década de 70 nos Estados Unidos.

Nesse sentido, acreditamos que a Lei n° 3.298 (Brasil, 1999), que prevê a inclusão de pessoas com deficiência no mercado de trabalho, através de reserva de vagas de emprego nas empresas, insere-se na fase da autonomia. Todavia, a efetivação da lei nem sempre responde aos propósitos nela projetados. Podemos ver, por exemplo, a partir do relato abaixo, de um entrevistado, que esse considera Deus como co-responsável por seu emprego. Essa descrição parece-nos mais próxima da fase caritativa.

> P1: *"Isso mesmo, mas é diferente também. Porque eu sempre rezo aqui, então eu pedi a Deus muitas vezes e consegui esse emprego que eu tanto queria. Que a minha família fica orgulhosa desse emprego pra mim. E eu gostaria de ajudar a família e eu tô melhorando cada vez mais".*

Assim, ainda que a lei vise a autonomia, existe um imaginário social em torno do emprego para a pessoa com deficiência, imaginário inclusive da própria pessoa, que coloca essa ação num campo diferente do esperado. Nesse sentido, pareceu-nos pertinente interrogar-nos sobre a inclusão da pessoa portadora de deficiência no mercado de trabalho, enfocando, em primeiro lugar, o significado do trabalho para ela, sob a dupla vertente de realização pessoal e de sofrimento. No momento em que, nas entrevistas, levantamos essa questão do significado do trabalho, um dos elementos que aparece associado ao tema, na fala de alguns entrevistados, é a categoria família.

Como fica claro no relato acima, a pessoa com deficiência aponta Deus como responsável pela oferta do emprego e diz que a motivação fundamental para a busca do trabalho é o desejo de ser reconhecido pela família como sujeito agente, e não como fardo. A PPD busca, através do trabalho, a possibilidade concreta de auxiliar financeiramente a família, mas busca também um lugar de respeito e de realização.

Sem dúvida, o trabalho, como categoria humana, apresenta forte conteúdo valorativo. As pessoas são avaliadas por sua inserção no mundo do trabalho. Assim, a inclusão de uma PPD no ambiente laboral pode significar um espaço de liberdade individual frente ao coletivo, às vezes indiferenciado, da família. O modo como a família irá atravessar as relações entre a PPD e seu trabalho dependerá de sua dinâmica de funcionamento e da forma como ela se relaciona com o quadro de deficiência. Com isso, uma questão preliminar se apresenta: Quais as possibilidades de vínculo entre o campo familiar e a realidade da deficiência, sendo esta uma marca que permanece tanto na vida do sujeito quanto na da família?

Trabalhando com crianças com grave comprometimento psíquico e mental, Mannoni (1985) enfatiza a relação inconsciente familiar que marca a inserção da criança no grupo, tanto pela maneira como ela é esperada, como pelo que ela vai representar para o pai e para a mãe, mediante a trajetória subjetiva de cada um. Nesse sentido, o discurso que se processa acerca da criança e de sua doença se ampara no mundo inconsciente dos pais, e também se constitui sobre os sintomas e as dificuldades apresentadas pela criança. No caso das PPD, guardadas as devidas distinções, podemos pensar que elas também funcionam como suporte familiar daquilo que os pais não podem enfrentar. No mundo imaginário da família, tece-se uma trama de feridas e fracassos, e o trabalho pode ter a função tanto de promover saúde quanto de manter o falo da mãe.

De acordo com a referida autora, que se baseia na psicanálise lacaniana, um membro doente no interior da família, pode sustentar a perpetuação da relação de co-dependência, sobretudo entre mãe e filho. A constituição do sujeito, na teoria lacaniana, ocorre na experiência edípica, na qual a função materna é fundamental, pois a criança é um pequeno ser desamparado que precisa do outro para ingressar no mundo humano. A criança não possui condições simbólicas nem concretas para manter sozinha sua vida e para fazer sua entrada na cultura humana.

Moreira (2002) revela que os pais compreendem a necessidade do *infans* porque a inclui nas questões do mundo humano. Ao oferecer à criança o objeto que responde à necessidade, o outro realiza um trabalho que ultrapassa a dimensão estritamente biológica. Segundo Moreira (2002), *"(...) o leite, objeto da necessidade, é elevado ao estatuto de uma alteridade, porque é oferecido junto com a mãe"* (p. 246) ou com quem exerce sua função. Além da oferta material, os pais possibilitam à criança a compreensão de seu corpo além da carnalidade, da realidade somática. Segundo esta autora (2002), pai e mãe, em um movimento especular, possibilitam o reconhecimento humano entre os sujeitos e instauram o corpo da criança em uma dimensão que ultrapassa a biológica: uma dimensão simbólica. Ressaltamos que essa relação da "pessoa experiente" com o *infans* produz vários resultados.

Primeiramente, nesse encontro é que se instaura a dimensão do desejo, através da busca do objeto primeiro de amor. A organização do corpo da criança como um corpo humano constitui mais uma conseqüência, que só se torna possível através da presença dos pais. Essa relação é vital para o sujeito, mas o preço é a alienação ao outro que o constituiu. Por isso, no processo de crescimento, esse filho rompe com os pais para construir seu caminho e suas escolhas.

Em um primeiro momento do complexo de Édipo, constitui-se uma célula narcísica. Essa denominação – célula – provém da hipótese de que, imaginariamente, não há separação entre a mãe fálica e a criança, ambos constituindo, fantasiosamente, uma completude. A maternidade é apresentada pela teoria psicanalítica, como uma resposta possível para a mulher, diante da verdade da angústia da castração. A mãe produz assim a equação menino-falo, em que a criança a faz sentir-se plena, perfeita, completa. Dessa forma, o filho e a mãe formam uma unidade narcísica em que cada qual possibilita no outro a ilusão de sua perfeição.

Caracteriza-se, assim, uma relação dual em que o desejo de um é ser o objeto de desejo do outro. O menino é o falo da mãe, e esta não se reconhece como castrada, e sim fálica. Essa é a função materna, que corresponde a narcisar e criar o falo imaginário. Todavia, quando um filho apresenta uma deficiência, nomeada como fragilidade, que desqualifica a posição de sujeito ativo, ele corre o risco de ocupar o lugar de falo imaginário e ali permanecer. Em outras palavras, enredado nas teias amorosas da trama familiar, o deficiente pode ser prisioneiro da família, da célula narcísica.

Ao longo de sua formação psíquica, a criança deve simbolizar, gradativamente, essa situação imaginária. Em sua relação com os pais, ela deve aprender a deixar essa situação dual, para introduzir-se em uma ordem ternária, percorrendo a estrutura edípica, o que é feito pela entrada na ordem da linguagem. Esse terceiro elemento, que introduz o corte, pode localizar-se na cultura. Nesse panorama, acreditamos que o trabalho, garantido por lei à pessoa portadora de deficiência, pode tanto atravessar esse lugar da criança como objeto da mãe e se apresentar como um corte, como pode incrementar essa relação, uma vez que pode ser mais um troféu para a mãe. Nesse sentido, a deficiência ocupa um lugar no imaginário familiar e remete à dimensão inconsciente, à luz do interjogo psíquico.

Por outro lado, temos, no âmbito de estudo das famílias, a visão sistêmica, perspectiva teórica que trabalha a família como um sistema. Um sistema é uma totalidade e possui um grau de complexidade maior que suas partes. O todo não corresponde à soma de seus componentes. É impossível, nesse raciocínio, reduzir a família a seus membros, já que é a relação que dá coesão ao sistema. A relação unifica partes e processos, dando liga e consistência a um circuito de interação que se auto-regula, que se controla de acordo com regras externas e internas criadas em um período de tempo. Essas regras se estabilizam e equilibram o sistema, sendo a busca da homeostase uma constante para todas as totalidades². Nessa busca, o sistema oferece resistência à mudança, mantendo sempre que possível, sua estabilidade. Nos sistemas sociais, seus membros são indivíduos e seus atributos são as condutas comunicacionais que sustentam o padrão de comunicação, de interação do grupo.

As mudanças, nesse contexto, são reversíveis e adaptativas, visando manter sempre a homeostase do sistema, propriedade fundamental para sua sobrevivência. Além disso, as mudanças sempre remetem ao próprio sistema. Essa visão questiona a concepção de sintoma como algo pertencente ao indivíduo, uma vez que, como a família é um sistema, o sintoma pertence sempre ao grupo. Cada membro se torna elemento do sistema familiar. Apesar de composto por cada um dos integrantes da família, o sistema paira sobre todos e determina modos de se relacionarem e de se organizarem como grupo em interação. Nesse raciocínio, jamais a "doença" diz respeito a um membro apenas; este é somente o paciente identificado de um arranjo familiar truncado. Nesse sentido, o sintoma é sempre uma disfunção que tem origem em alguma perturbação no sistema que ameaça a homeostase familiar. Tem sempre uma função estabilizadora de retorno ao equilíbrio da família.

Abordando a problemática "saúde *versus* doença" e "individual *versus* familiar", o Grupo de Buenos Aires, em seu livro *Somática Familiar* (Kornblitt, 1984), afirma que as posições sobre a doença e a saúde são concebidas como respostas a um contexto familiar e individual³, cuja delimitação dependerá do marco de variáveis que se leve em consideração. Nessa leitura, os conceitos

---

² O modelo aqui ainda é o dos sistemas próximos ao equilíbrio, no qual se considera que os sistemas, mesmo submetidos a um jogo de flutuações, são sempre reconduzidos ao estado inicial, sendo a homeostase seu princípio máximo. Em meados da década de 80, com a influência das idéias de Ilya Prigogine e de Isabelle Stengers, muda-se o modelo utilizado para o modelo dos sistemas em não-equilíbrio.
³ Kornblitt (1984) deixa de lado o contexto social, não por ignorá-lo, mas por questões de complexidade.

de saúde e doença adquirem dimensões, através dos vínculos interpessoais enquadrados em um sistema e perpassados pela informação.

Esses vínculos informam a respeito de como circulam as imagens de saúde e de doença entre os membros de determinada família, articulando contextos distintos: o orgânico e o familiar. O contexto familiar é portador de um jogo sistêmico, e o contexto individual é portador de um jogo orgânico. Esses jogos denunciam a batalha travada entre a transformação e a homeostase, seja na unidade familiar, seja na unidade somato-psíquica. Sendo assim, a doença adquire aqui um duplo sentido, que nos remete ora ao restabelecimento da homeostase, ora a denúncia do desequilíbrio.

É na relação entre esses dois contextos que devemos buscar o significado de doença e de saúde no sistema familiar. Vale lembrar que esta se dá entre dois sistemas qualitativamente diferentes: o corpo, por um lado, e a rede vincular familiar, por outro lado. Contudo, é necessário pontuar que o somático adquire significado em um contexto imaginário, que reconhece no indivíduo influência dos mitos e crenças familiares. Nesse sentido, cada sistema particular possui seu significado de "saúde" e de "doença", tanto no que se refere ao metasistema social quanto ao sistema familiar. Além disso, esses significados familiares atribuídos ao orgânico se vinculam a reacomodações da doença que, muitas vezes, são sua própria disfunção. Isso porque pode ocorrer a cristalização de padrões de interação do grupo e o campo de potencialidade ou de incapacidade é sustentado pelas relações, movimentos e estagnações que o compõem.

Parece-nos pertinente mencionar que as famílias podem produzir lugares rígidos para seus membros e que, no caso de um filho com deficiência, é tentador considerá-lo como dependente. Nesse sentido, a troca relacional fica comprometida em um circuito de interação no qual a pessoa com deficiência não teria nada a oferecer e os outros, ao contrário, seriam responsáveis por todos os intercâmbios. Dessa maneira, o *déficit* contido na palavra deficiente situa-se nas relações estabelecidas, e não na pessoa.

Quando na família eclode uma doença crônica, o grupo vive uma situação de crise, que corresponde ao grau de desorganização produzido pelo impacto da doença. Nesse contexto, é o sentido atribuído à doença que vai determinar o estilo da resposta familiar. O grau de desorganização é detectável a partir da demora ou da incapacidade da família em dar respostas adaptativas, não disfuncionais, com respeito ao doente e ao grupo. Isso porque, após a crise, há um processamento da doença, por parte da família, e esse processamento vai determinar como os vínculos serão construídos com o doente e entre os membros da família.

Kornblitt (1984) detectou dois padrões de resposta no grupo familiar: a centrípeta e a centrífuga. Na resposta centrífuga, presenciamos condutas evitativas em torno da situação da doença. Há grande dedicação de um membro da família ao doente. Esse membro se sente responsável e com o dever de assumir todas as questões referentes ao mesmo. Essa conduta, usualmente, produz no sistema o não-compromisso por parte dos outros membros. Essa resposta é usual em casais, quando um filho adoece: geralmente a mãe se ocupa do filho, e o pai se torna periférico.

Por outro lado, na resposta centrípeta, ocorre uma extrema coesão interna em torno da situação. Toda a família gira em torno do doente, que se transforma no centro das interações, absorvendo energia, monopolizando atenções do grupo familiar e interferindo no crescimento e desenvolvimento de cada um de seus integrantes. Essas respostas emergem da desorganização do grupo, no momento de crise, seguida de uma reorganização. Vale lembrar que a reorganização da família depende tanto do tipo e do grau da doença – no presente caso, o foco é a deficiência – quanto da dinâmica de funcionamento de cada grupo.

Examinando o abalo da deficiência na família como o mesmo abalo provocado pela eclosão de uma doença crônica, a partir de um referencial sistêmico, podemos observar que a resposta familiar a essa situação acompanha os mesmos padrões. É importante frisar que a deficiência não é uma doença crônica, mas seus efeitos no grupo familiar se assemelham, devido as características de cronicidade, necessidade de cuidados constantes e adaptação ao cotidiano. Apesar de a deficiência, em geral, não se associar à possibilidade de morte e de evolução, como na maioria das doenças crônicas, acreditamos que a convivência com a mesma, acarreta o tipo de respostas mencionadas acima. Devemos lembrar ainda que, no imaginário social, a deficiência emerge como sinônimo de doença e que, também nas leis, essa associação aparece, mesmo que indiretamente, ao se conceitualizar a deficiência como incapacidade (Araújo, 2005; Brasil, 1998).

Sendo a família um sistema aberto, em interação com o universo social que a rodeia, a eclosão da doença crônica em seu seio conduz a um afastamento das relações desse núcleo com o meio. Não raro, observamos que o indivíduo "doente" também tende a diminuir seus ritmos vitais de conexão com seu meio. Percebemos isso também na relação do deficiente com seu universo social; muitas vezes, a convivência se restringe à família, cujas relações são percebidas como essenciais:

> P8: *"O que eu acho mais importante dentro da minha vida é ter pessoas como minha mãe, minha mãe é uma, minha mãe pra mim é o, é o ar respirável pra mim, porque se não fosse ela, se eu não tivesse ela, o que seria pra mim viver sozinho? Quem sou eu? Ninguém. Se não fosse ela, ela é minha mão direita, minha vida".*

Uma possibilidade de quebra dessa redução da convivência ao núcleo familiar aparece na vida dos entrevistados com a entrada no mercado de trabalho; outro ambiente se forma, e novas possibilidades de relação se concretizam. Anteriormente à inserção laboral, a PPD convivia somente com a família, sendo o cotidiano percebido e vivenciado através desse grupo, sua única rede social. Vejamos uma fala:

Entrevistadora: *"Você percebe diferenças em você antes e depois do trabalho?*
P5: *Na família não houve diferença. A vida com a família é igual. No trabalho é diferente. É importante trabalhar, a gente precisa trabalhar".*

No entanto, o apego ao grupo familiar e a dificuldade de se relacionar com pessoas fora desse sistema, acabam negando essa mudança, em uma tentativa de se homogeneizarem as diferenças. A aparente permeabilidade das fronteiras do sistema familiar ao meio social e laboral denuncia uma confusão entre o trabalho e a família e uma insistência em tratar relações profissionais como relações familiares:

P8: *"Corresponde, eu nunca imaginei que ia me emocionar tanto quando comecei a trabalhar, eu tava praticamente querendo ajudar a minha mãe, minha tia, né? Aí, pai eu não tenho, simplesmente não tenho, dezoito anos que ficou ausente, e também um vizinho meu, eu adotei como meu pai, como um paizão, ele gosta de chamar de pai, ele viajou, foi lá pra França, pra Europa, né? Tá lá com a família dele lá, com os dois filhos dele e a esposa dele. Eu adotei ele como pai, um pai maravilhoso, ele é pessoa bondosa e saudável, gosto dele, gosto dele como se fosse meu verdadeiro pai, né?"*

Cabe aqui abrir parênteses para observar que as analogias entre família e empresa não são pertinentes, apesar de estarem implícitas na fala de alguns entrevistados. Sabemos que, por vezes, aparecem também nos discursos empresariais, com o objetivo de sugerir ao trabalhador que a empresa é um grupo regido por relações afetivas primárias e informais, em vez de uma organização regida por relações profissionais, detentoras de uma hierarquia própria, por diferenças de saber, de poder, de salários, de informação, e, sobretudo, pelo conflito estrutural entre trabalho e capital. A formação do grupo familiar, por sua natureza, diferentemente da empresa, está ancorada no fenômeno geracional, entre outros, nas relações de consaguinidade.

Na empresa, as pessoas estão próximas em função de um contrato de trabalho, da necessidade de um salário ou das competências profissionais. E ainda: na empresa, todo trabalhador é, potencialmente, "descartável" quando não é considerado produtivo, quando não adere à "cultura organizacional" ou quando adoece em função do trabalho. A família, bem ou mal, ajustada ou desajustada, costuma assumir o ônus de um membro "problemático". Na empresa, o trabalhador vende sua força de trabalho ao capitalista, que dela extrai a mais-valia, fenômeno excluído da estrutura familiar. Enfim, as diferenças entre empresa e família são muitas, e não é o caso de nos estendermos sobre elas neste texto.

No caso em questão, essas aproximações discursivas entre família e empresa surgiram, embora de maneira não-homogênea, dos próprios entrevistados e seus familiares, pois o emprego é tomado como fonte de ganhos materiais e simbólicos, bem como de abertura para novas redes relacionais: aumento da renda familiar, rompimento da relação simbiótica PPD-família, ocasião de reparação narcísica para o grupo familiar, dentre outras. Assim, os familiares colocam a empresa, imaginariamente, como importante parceiro, na tutela e na socialização de seu parente com deficiência.

Cabe observar, no entanto, que as relações amistosas com o trabalhador, seja ele portador ou não de deficiência, e a boa acolhida pelos colegas ou pelos chefes não reproduzem as relações familiares. Tratar o trabalhador com dignidade, ter com ele modos civilizados de convivência, ajuda a tornar menos tensas as relações de trabalho, e isso não é privilégio do grupo familiar. Da mesma maneira, a natureza das relações violentas na família tem origem em um contexto bem distinto da exploração do outro no contexto do trabalho. Em outras palavras, tanto os laços de solidariedade quanto as relações antropofágicas têm lugar na família e na empresa, mas estão fundadas em razões estruturalmente distintas.

No encontro com o trabalho e todas as conexões que este traz, pode ocorrer a necessidade de homogeneização e controle dos estranhamentos que o desconhecido provoca nas subjetividades das PPD. Com certeza, a vida possui uma dimensão inventiva e heterogênea, que se exerce nos afetamentos, na exterioridade de forças que nos afetam e que permite a afirmação de singularidades. Todavia, quando essa potência se encontra encapsulada em um circuito defensivo de repetição, pode ocorrer a produção de um sintoma na família (Romagnoli, 2004). A insistência em uma identidade fixa, no caso das PPD, em uma composição de idealização, proteção e segurança, no território familiar, impede a emergência de processos de subjetivação que se fundamentam na diferença.

A atividade da existência desvela um processo que gera tensão de novos universos que se acumulam, em que as desestabilizações são inevitáveis, sobretudo pelo contato com o que desconhecemos, pelos encontros que estabelecemos. Entrar em um novo ambiente, transitar por uma empresa, ter colegas de serviço, interagir com outras pessoas, isso corresponde a uma tensão para as PPD e para a família. Por um lado, temos as forças intensivas que se movimentam para o desconhecido, convidando a um outro modo de existência; por outro lado, temos as forças do estabelecido, tendendo a copiar o existente. Para Rolnik (1995), a insistência da referência identitária também conduz à formação de sintomas e corresponde a um sedativo contra o mal-estar vivido nesse movimento existencial.

O sintoma na família pode ser entendido como resultado desse embate, operando por insistência no conhecido, por culto à referência identitária prometida. No centro dessa tensão, não encontrando canal de existencialização, o que é diferente é temido pela família, provocando uma contra-reação na forma de um sintoma que ela insiste em extinguir, a despeito de utilizá-lo como proteção contra outra composição. Com a potência de experimentação debilitada, a família reproduz seu cotidiano, seus hábitos e até mesmo seus sintomas, defendendo-se do encontro com os novos universos que a afetam. Nesse processo, a heterogeneidade das relações no ambiente de trabalho é equiparada ao modo de se relacionar da família, em uma tentativa, como dissemos acima, de igualar o ambiente de trabalho ao do grupo:

> P1: *"Eu gosto muito de trabalhar, eu não gosto de ficar muito tempo parado, senão eu queria ajudar a minha família toda, todo mundo, e mais carinho, e ali na minha casa sempre tem e lá no serviço tem também".*

> P8: *"Sinto muito respeitado e muito valorizado também. Sinto respeitado por todos os meus colegas, por minha mãe, por todo mundo, a minha família. Eu consegui a minha segunda família... que é o pessoal da minha empresa, e a minha família atual que é minha mãe, minha canarinha belga que eu ganhei no ano passado, ano retrasado, Júlia, minha filha, minha menina. E sempre o que eu quis foi buscar a felicidade em mim".*

Nesse sentido, constatamos, nas entrevistas realizadas, que há uma articulação peculiar entre as famílias das PPD e o trabalho. Enquanto geralmente é o trabalho que sustenta a família, sobretudo na perspectiva financeira, em nosso universo de pesquisa acontece o contrário: é a família que sustenta o trabalho, fornecendo subsídios para que a PPD exerça suas funções. A família é vista não só como suporte afetivo, mas também como o que permite a conquista do trabalho:

> P8: *"Diferença é que quando eu não estava trabalhando eu ficava à toa, dentro de casa, não tinha computador e máquina e tudo, aí, nossa senhora, aí eu fiquei desesperado, porque eu precisava da ajuda da minha mãe prum emprego pra mim. Muitos*

anos depois, 2002, nem lembro que mês que era, minha mãe foi tentar resolver, tentar arrumar emprego pra mim em qualquer lugar, qualquer lugar, não achava, eu também ia atrás, não achava. Aí fiquei sabendo que existia a Prefeitura, né?, edifício J. F., na rua X, procurei a A. C., eu e minha mãe fomos atrás, olhou tudo, e um mês depois, passou, voltei lá de novo, no mesmo lugar, cê não acredita o que houve: empregado. Minha mãe abriu a boca, minha mãe abriu a boca de um lado, eu abri a boca do outro. Aí, quando eu fui pra empresa A., eu estava trabalhando, aí minha mãe e eu conversamos com o diretor, o antigo diretor que é o Dr. R. M., ele falou pra minha mãe o tanto que eu sou bom lá, pegou amizade comigo também, gostou muito de mim, me dava beijo, me abraçava, uma pessoa muito carinhosa, Dr. R. M. Um chorava do outro, um chorava de um lado, o diretor chorava do outro, foi choro pra lá, choro pra cá, de tanta emoção. Minha mãe emocionou todo mundo lá".

Dessa maneira, a identidade da família é montada com base em sua idealização. O grupo revela-se como harmônico e necessário, sendo compreendido como um núcleo que gera proteção e segurança:

P8: *"Minhas condições, assim, gostar mesmo, porque eu trabalho bem, me conformando, reclamo de nada, eu sempre tô querendo ir pra qualquer coisa, assim tô disponível pra qualquer coisa de trabalho, serviço de casa, serviço de casa pra minha mãe eu já ajudo. Olha pra você ver, além de ser filho bom, já fui neto bom, bisneto bom, tataraneto bom, já tive na minha vida assim tranqüilidade, mesmo eu morando com a minha mãe, é dois corações, é dois laços de amor um para o outro".*

Como podemos notar nos relatos analisados, há uma identidade familiar, partilhada pelos entrevistados, fundamentada na proteção e na dependência, seja por um membro só, seja por todos da família. Embora os entrevistados apresentem certa autonomia, possibilitada pelo trabalho, a insistência nessa identidade pode levar ao impedimento da construção de outra forma de conviver em família e dificultar a reorganização do grupo, comprometendo a inserção das PPD no mercado de trabalho. A identidade da PPD e de sua família deveriam se abrir ao encontro da perspectiva alteritária.

Parece-nos interessante dizer que existem várias possibilidades de encontro com o outro, oscilando entre os pólos de reconhecimento da diferença e devoração do outro. Segundo Moreira (2002), a relação mais comum entre o eu e o outro é o conflito mortal, em que o eu objetiva reduzir o outro ao mesmo, em uma devoração mortífera. O encontro dialógico é outra possibilidade, mas nesse caso é necessária uma tradução, um deciframento da realidade viva do outro, para possibilitar a comunicação. Sem essa tradução de códigos não seria possível o encontro intersubjetivo.

O outro deve ser convidado a sair do campo da pura diferença e aproximar-se de certa familiaridade, criando, pois, possibilidades de instauração do diálogo. Moreira revela que nessa "(...) *modalidade não há um aniquilamento radical, mas processa-se uma equiparação entre o eu e o outro, transformando este em ele ou tu, e instaurando, pois, a situação dialógica*". (Moreira, 2002, p. 24) Por fim, a autora apresenta uma terceira modalidade de relação em que o outro não pode ser decifrado tal como uma idéia, pois ela não se enquadra no campo da intencionalidade e, no entanto, é uma experiência eminente e imanente. Nesse caso, a diferença é respeitada.

Nessa perspectiva, cabe ressaltar que a maioria das pessoas com deficiência é lançada nas relações do primeiro e segundo tipos. De maneira geral, a PPD não é reconhecida em sua diferença, sendo vista socialmente e familiarmente como incapaz, como se não fosse sujeito de sua própria história. Essa atitude promove uma redução do outro, do diferente, ao mesmo. O que é diferente passa a ser não reconhecido para se tornar igual, idêntico. A outra possibilidade, a dialógica, também ocorre. Nesse caso, cria-se um código comum que permite o reconhecimento de ambas as partes, que se movimentam mutuamente em ganhos e perdas. Talvez esse movimento esteja ocorrendo em algumas famílias e empresas. Julgamos que, pelo menos idealmente, o que se deveria buscar é o reconhecimento da diferença pura, da alteridade, pois a sustentação dessa heterogeneidade nos parece o caminho mais viável para se promoverem ações de fato, inclusivas.

REFERÊNCIAS BIBLIOGRÁFICAS

Araújo, L.A.D. *Critérios para a conceituação de Pessoas Portadoras de Deficiência.* Disponível em: http://orbita.starmedia.com/~rhg72/2d43.htm. Acesso em 19 de maio de 2005.
Brasil. (1988). *Constituição da República Federativa do Brasil.* Brasília, Senado.
Brasil. Decreto n° 3.298, de 20 de dezembro de 1999. Regulamenta a Lei n° 7.853, de 24 de outubro de 1989, que dispõe sobre a Política Nacional para a Integração da Pessoa Portadora de Deficiência, consolida as normas de proteção e dá outras providências. *Diário Oficial,* Brasília, 29 de dez. de 1999.
Brasil. Decreto n° 5.296, de 2 de dezembro de 2004. Regulamenta as Leis n° 10.048, de 8 de novembro de 2000, que dá prioridade de atendimento às pessoas que especifica, e n° 10.098, de 19 de dezembro de 2000, que estabelece normas gerais e critérios básicos para a promoção da acessibilidade das pessoas portadoras de deficiência ou com mobilidade reduzida, e dá outras providências. *Diário Oficial,* Brasília, 25 de fev. de 2005.
Gil, A.C. (1991). *Métodos e técnicas de pesquisa social.* (3ª. ed.). São Paulo, Atlas.
González Rey, F.L. (2002) *Pesquisa qualitativa em Psicologia.* São Paulo, Pioneira Thomson Learning.
Kornblit, A. (1984). *Somatica familiar:* enfermedad orgánica y familia. Barcelona, Gedisa.
Mannoni, M. (1985). *A criança retardada e a mãe.* São Paulo, Martins Fontes.

Moreira, J.(2002) *Figuras de alteridade no pensamento freudiano.* Tese de Doutoramento. São Paulo, Pontifícia Universidade Católica de São Paulo, 262.

Pinheiro, H.L. (2003). As políticas públicas e as pessoas portadoras de deficiência. In: Silva, Shirley & Vizim, M. *Políticas Públicas:* educação, tecnologias e pessoas com deficiência. Campinas, Mercado das Letras/ALB, 101-123.

Rolnik, S. (1995) O mal-estar na diferença. *Psicanálise.* Rio de Janeiro, Relume-Dumará, 3, 97-103.

Romagnoli, R.C. (2004). O sintoma da família: excesso, sofrimento e defesa. *Interações.* São Paulo, IX, (18), 41-60, jul.-dez.

Vasconcelos, E.M. (2002) Complexidade e pesquisa interdisciplinar: epistemologia e metodologia operativa. Petrópolis, Vozes.

Família e emprego: conflitos e expectativas de mulheres executivas e de mulheres com um trabalho

Maria Lúcia Rocha-Coutinho
Universidade Federal do Rio de Janeiro

Introdução

Com a entrada de um número cada vez maior de mulheres de classe média no mercado de trabalho e com o processo de modernização pelo qual vem atravessando o país nas últimas décadas, o modelo de família formada pelo pai provedor e pela mãe dona de casa começou a passar por um processo de questionamento, pelo menos entre certos segmentos das classes médias urbanas brasileiras. Nestes segmentos – em sua maioria, compostos por homens e mulheres que habitam as grandes cidades, geralmente com grau universitário e defensores de valores individualistas, antiautoritários e igualitários – a família hierárquica, com papéis bem definidos quanto a gênero e geração, estaria dando lugar, sobretudo como ideal, a um tipo de família igualitária, em que os papéis e atribuições distintos de homens e mulheres, bem como as posições hierárquicas de pais e filhos na família estariam se diluindo.

Embora no discurso social, pelo menos em seu nível mais aparente, o casamento ideal seja descrito como aquele em que homem e mulher devem ser e se sentir igualmente responsáveis pelos cuidados com a casa, pela criação e educação dos filhos e pelo provimento emocional e financeiro de sua família, estudos por nós desenvolvidos (Rocha-Coutinho, 2001; 2003a; 2003b; 2003c) com mulheres cariocas desses segmentos da classe média, bem como trabalhos realizados em países os mais distintos (Elvin-Novak e Thomsson, 2001; Harris, 1979; Hoffnung, 1992 & Roland e Harris, 1979), continuam a apontar para o fato de que, tanto homens como mulheres, em níveis distintos de consciência, parecem ainda acreditar que a casa e, especialmente, os filhos são responsabilidade da mulher, enquanto o homem é visto como responsável pelo provimento financeiro da família. Parece, assim, que, a despeito de todas as mudanças, paralelamente a esse discurso supostamente mais moderno, continuamos a reproduzir o antigo discurso de que "mãe é mãe", de que ela é quem melhor sabe cuidar do(s) filho(s), e que, em última instância, identifica maternidade e feminilidade. Tal idéia é reforçada, em grande parte, inclusive, pela inscrição da maternidade no corpo feminino.

Estudos de historiadores sociais (Ariès, 1962; Faragher, 1979; Roland e Harris, 1979 & Zaretsky, 1976) realizados nas últimas décadas, no entanto, têm apontado para o fato de que nem sempre a mãe foi vista desta forma. Segundo eles, a glorificação da maternidade e o aumento de suas responsabilidades têm suas raízes no século XIX. Antes disso, a criação dos filhos estava integrada a outros afazeres das mulheres e não era nem mesmo considerada uma de suas principais tarefas. O cuidado das crianças, em grande parte, estava entregue a amas e aos irmãos mais velhos, e aquelas crianças que sobreviviam aos primeiros anos de vida logo tomavam seu lugar na vida social e econômica da família. Da mesma forma, o provimento das necessidades dos membros da família estava nas mãos tanto de homens como de mulheres. A necessidade de sobrevivência na economia pré-industrial requeria não apenas dos homens mas também das mulheres que o trabalho de produção fosse priorizado sobre as preocupações reprodutivas. Além disso, trabalho e lazer se davam no mesmo espaço, o da casa.

O processo de industrialização, simultaneamente, rompeu com a unidade casa-trabalho das sociedades antigas, diminuiu o poder patriarcal e desvalorizou o trabalho que, antes, era realizado pelas mulheres, juntamente com os homens, dentro da casa. A vida nas sociedades industriais caracteriza-se por pares de oposição: produção-reprodução, trabalho-lazer, adulto-criança, entre outros. As atividades realizadas fora de casa são remuneradas, enquanto que, dentro de casa, as atividades são realizadas, supostamente, por amor. O trabalho tem lugar nas fábricas ou escritórios, o lazer se dá dentro de casa. Os adultos trabalham, as crianças brincam. Com esse novo conjunto de valores, às mulheres foi designado o espaço considerado não produtivo da casa, enquanto que o trabalho produtivo remunerado passou a ser realizado, prioritariamente por homens, no mundo público das fábricas e escritórios. Com isso, a família assumiu um novo significado, centrada em torno da mulher-mãe. A ela cabia fornecer os cuidados necessários e o conforto físico e emocional para que seu marido e seu(s) filho(s) se recuperassem das pressões e dificuldades do trabalho e da escola.

A combinação dos cuidados com a casa e a criação e educação dos filhos, apesar de ser um trabalho em tempo integral, não rendia à mulher nenhum dos benefícios auferidos pelo trabalho fora de casa. Contudo, como assinala Hoffnung (1995), embora na época antiga, as tarefas reprodutivas exigissem mais do ponto de vista físico, elas não eram tão desligadas do trabalho produtivo da família nem tinham uma importância psicológica tão significativa. Assim, em contraste com o valor atribuído ao trabalho exercido pela mulher no passado, a devoção da mulher ao "trabalho de casa" a tornou dependente das pessoas de quem ela cuida, isto é, ela se tornou economicamente dependente do marido – um homem escolhido por amor – e psicologicamente dependente de seus filhos, produtos de sua maternagem.

Mudanças históricas ocorridas nas últimas décadas abriram novas possibilidades de escolha para as mulheres. Avanços tecnológicos e lutas políticas tornaram a contracepção relativamente segura e efetiva, separando a sexualidade da maternidade.

Com isso, a taxa de fertilidade caiu muito, especialmente nas camadas médias urbanas, como apontado pelas últimas pesquisas do IBGE, no caso brasileiro. Essa queda no número de filhos reflete, não apenas a eficácia dos métodos anticoncepcionais, como também um aumento no nível educacional e nas oportunidades ocupacionais abertas às mulheres, consequência de importantes mudanças econômicas e políticas. Estas últimas são, em grande parte, resultado da pressão de movimentos sociais, especialmente dos movimentos feministas. Como afirma Hoffnung (1995), *"coeducation, contraception, and the need for wage laborers have promoted the integration of women into the economic system; feminism has promoted the integration of women into the political system"*. (p. 164)

Assim, hoje em dia, apesar de algumas diferenças ainda persistirem, as mulheres brasileiras, pelo menos as das classes média e alta – são educadas, como os homens, para competir e crescer profissionalmente, para acreditar e buscar o seu sucesso pessoal – primeiro na escola e, posteriormente, no competitivo mercado de trabalho – e para valorizar a sua independência financeira. Ao mesmo tempo, as mulheres ainda são treinadas para ser o sustentáculo de suas famílias, como esposas e mães. Sua socialização inicial continua a encorajar o desenvolvimento de características essenciais para este papel – o que pode ser visto, inclusive, na permanência de certas brincadeiras tipicamente femininas, como a brincadeira de casinha, entre outras –, como é o caso do desenvolvimento de uma interdependência com relação às pessoas e que torna a atividade de cuidar das necessidades dos outros quase que vital para seu bem-estar[1]. Parece, portanto, como assinala

---

[1] Tal fato, juntamente com outros traços tributários à antiga identidade feminina, pode ser observado no discurso das mulheres executivas por nós entrevistadas em estudo já aqui mencionado. Ao assinalar diferenças nas formas femininas e masculinas de trabalho, elas apontaram o fato de que as mulheres, em geral, têm maior cuidado, tato e atenção para com as necessidades das pessoas ao lidar com os membros de uma equipe.

Hoffnung (1995), que "a noção em vigor no século XIX de que '*o lugar da mulher é em casa*' persiste, tendo sido apenas alterada para '*o lugar essencial da mulher é em sua casa*'". (p. 164)

Podemos observar, deste modo, a coexistência de dois tipos de expectativa com relação às mulheres: de um lado, aquelas que se tornaram possíveis com o processo de industrialização – individualidade, sucesso e realização pessoal e profissional, igualdade entre os sexos, por exemplo – e, de outro, aquelas expectativas tributárias à antiga tradição patriarcal – o domínio público pertence aos homens, o provimento das necessidades financeiras da família é atribuição dos mesmos, as mulheres são responsáveis pelo cuidado com os filhos e pela vida familiar harmoniosa, entre outras. Embora estas expectativas sejam conflitantes, este nem sempre é percebido como tal e/ou sentido de forma forte pelas mulheres. A maioria delas aprende, desde criança, a compartimentalizar, a manter separadas a esfera de realização profissional e a doméstica, como pudemos observar no discurso das executivas e das profissionais bem-sucedidas, por nós entrevistadas. A separação das duas esferas de atuação, a casa e o trabalho, parece ser, assim, uma estratégia empregada pelas mulheres para lidar com essas expectativas contraditórias[2].

A própria estrutura da vida moderna faz com que essa distinção acabe por parecer "natural". As meninas são encorajadas a ter sucesso na escola e a se preparar bem para um trabalho futuro, mas também se espera delas que, mais tarde, se tornem mães. Ao longo de suas vidas, as mulheres de classe média podem, em alguns momentos, se dar conta dessas expectativas contraditórias, sentindo-se descontentes e aborrecidas com a discriminação sexual no trabalho, com as responsabilidades desiguais pelos cuidados com a casa e o(s) filho(s), ou se sentido culpadas por não estarem

---

[2] Como assinalamos anteriormente, uma das estratégias apontadas por nossos entrevistados para conciliar casa e trabalho foi manter estas esferas separadas, não levar problemas e preocupações para casa.

conseguindo dar conta, com o nível de excelência por elas almejado, destas suas duas esferas de atuação. Contudo, de maneira geral, como pudemos observar em nossos estudos anteriores, as mulheres acabam conseguindo encontrar uma forma – geralmente esta é uma solução individual, como afirmaram nossas entrevistadas – de dar conta das expectativas provenientes desses dois mundos por onde circulam, o doméstico e o público.

Apesar da discriminação – mesmo que mais sutil do que a aberta do passado – ainda sofrida pelas mulheres no espaço público[3], acreditamos que é no espaço doméstico que vão se situar os maiores impasses para a mulher contemporânea. Em nossos trabalhos anteriores com mulheres executivas e com mulheres profissionalmente bem-sucedidas, observamos que, apesar da importância por elas atribuída à carreira, com a chegada da maternidade, as responsabilidades com a família geralmente passam a ter prioridade sobre a carreira profissional[4]. Além disso, todas elas tiveram que fazer ajustes em suas vidas para poder conseguir conciliar família e carreira profissional. Tais resultados parecem não se aplicar apenas ao caso brasileiro. Em trabalho realizado com mulheres americanas de classe média, Hoffnung (1995) observou que, apesar da maioria das entrevistadas querer trabalhar, as responsabilidades com a família vieram em primeiro lugar para a maior parte delas e, com a chegada da maternidade, tiveram que buscar algum tipo de flexibilidade no trabalho: alteraram os horários de trabalho, mudaram de emprego, ou diminuíram seu investimento na carreira para atender agora não só às demandas do trabalho como às de seus filhos.

---

[3] As mulheres continuam a receber salários mais baixos do que os homens para exercer a mesma função e, na maioria das vezes, ocupam cargos de menor poder e prestígio social, como assinalamos em trabalho anterior (Rocha-Coutinho, 2003a).

[4] Esta mudança de prioridades pode ser observada na fala a seguir, de uma das profissionais bem-sucedidas por nós entrevistadas: *"A minha vida profissional sempre foi muito importante e **neste** momento a minha vida profissional é importante, mas ela ficou em segundo plano, pra mim essa criança é mais importante que a minha vida profissional, coisa que não era anteriormente"* (PZ2).

Tanto o trabalho quanto a família exigem tempo, energia e investimento emocional e muitas pressões, internas e externas, levam a mulher a dirigir boa parte de sua energia para a família. Como resultado, as mulheres frequentemente se afastam das carreiras de maior prestígio e poder[5]. O cuidado com as crianças é um trabalho que consome 24 horas por dia. Assim, para as mulheres que já trabalhavam antes da criança nascer, e que estavam sujeitas a um horário de trabalho mais ou menos fixo, estas constantes e intensas demandas infantis associadas à maternidade podem ser bastante estressantes e podem envolver intensas mudanças em seu estilo de vida anterior. Não é à toa que, para muitas mulheres, o nascimento de um filho pode ser acompanhado de muita tensão, depressão e/ou sofrimento psíquico. A depressão pós-parto pode ser vista como um dos sinais dessa dificuldade.

Para as executivas e as profissionais bem-sucedidas por nós entrevistadas, no entanto, sua carreira, além de um alto retorno financeiro, traz também um sentimento de satisfação e realização pessoal que é percebido como um aspecto importante, mesmo essencial, em suas vidas. Ademais, como seu comprometimento profissional é semelhante ao de seus companheiros, isto pode acarretar uma divisão de tarefas e responsabilidades dentro de casa, menos tradicional e mais igualitária, especialmente no que diz respeito aos filhos (ver Jablonski, 1998). Acresce-se a isso, o fato de que, como seus salários são bastante elevados, elas podem montar em casa uma estrutura de apoio (cozinheiras, faxineiras, babás, motoristas) que as auxilie bastante na árdua tarefa de atender às intensas

---

[5] Como afirmou uma de nossas entrevistadas, *"Se você realmente quer ser presidente da empresa, realmente você vai ter dificuldade em, em, na maternidade, em ser mãe, no seu papel de mãe, porque ninguém é dois e o dia tem vinte e quatro horas, porque o nível de exigência é muito alto, né?, então eu acho que a questão de que ter claro consigo mesma é ter uma noção daquilo que você quer em termos profissionais e em termos pessoais, entendeu? . . . Então, se você é uma pessoa que realmente tem uma ambição ;;; é ... assim ... uma ambição profissional tal que você vai trabalhar quinze, dezesseis horas por dia, você não vai ter tempo de ser mãe"*. (PZ1).

demandas de um filho pequeno. Finalmente, é possível que, para as executivas e as mulheres bem-sucedidas profissionalmente, o alto grau de investimento na carreira possa vir a minimizar as dificuldades encontradas no retorno ao trabalho após o período de licença maternidade, entre elas, a conciliação das demandas do cargo que exercem com os muitos encargos e solicitações decorrentes da maternidade.

Assim, algumas questões se levantam quando se trata, não de executivas ou profissionais bem-sucedidas, mas de mulheres que exercem uma atividade remunerada fora de casa, que não têm um plano de carreira bem definido e que não têm um alto grau de investimento em sua formação e no crescimento em sua atividade profissional:

Quais os significados da maternidade e do trabalho na vida cotidiana desses dois grupos de mulheres? Será que estas duas esferas de atuação são percebidas de forma igualmente gratificante por mulheres com um trabalho e por profissionais bem-sucedidas? Como ambas encaixam a maternidade em suas vidas? Quais os caminhos e soluções por elas buscados e alcançados para exercer a maternidade, de modo a que esta seja mais prazerosa, gratificante e atenda melhor às suas necessidades e às de seu(s) filho(s)? Como se dá a divisão das tarefas domésticas com seu companheiro, especialmente no que diz respeito aos cuidados com as crianças, para esses dois grupos de mulheres? Como ambas tentam conciliar a maternidade com o trabalho e que concessões estão abertas a fazer em uma ou outra área, para melhor lidar com seu duplo papel? Numa tentativa de buscar respostas para algumas destas questões, estamos desenvolvendo um estudo comparativo com mulheres da classe média carioca com uma carreira profissional bem-sucedida e com um emprego.

Como a pesquisa ainda se encontra em andamento, apresentamos os resultados parciais obtidos a partir das entrevistas já realizadas.

Metodologia

Participantes

Em nosso estudo serão entrevistadas ao todo, vinte mulheres de classe média, moradoras da cidade do Rio de Janeiro, sendo dez mulheres com uma carreira profissional bem-sucedida – isto é, que desenvolvem uma atividade remunerada fora de casa de grande importância pessoal, com um plano de carreira, um grau elevado de comprometimento pessoal e um tempo longo de formação – e dez mulheres com um emprego – isto é, que exercem uma atividade remunerada fora de casa, sem um plano de carreira bem definido e com um baixo grau de investimento em sua formação e desenvolvimento profissional. Todas elas devem estar vivendo com seu companheiro e ter filhos entre seis meses e quatro anos de idade. Nosso objetivo aqui é, entre outros, melhor entender, através de uma análise de seus discursos:

Qual o significado da maternidade e como a encaixaram/estão encaixando em sua vida cotidiana? Quais os caminhos e soluções por elas buscados e alcançados para exercer a maternidade, de modo a que esta seja mais prazerosa, gratificante e atenda melhor às suas necessidades e às de seus filhos? Como se dá a divisão de tarefas em casa com seu marido/companheiro, especialmente no que diz respeito aos cuidados com as crianças? Qual o significado do trabalho remunerado que exercem e que gratificação pessoal ou financeira alcançam através dele? Como tentam conciliar maternidade-trabalho e que concessões estão abertas a fazer, em uma ou outra área, para melhor lidar com este seu duplo papel?

Optamos por entrevistar mulheres que vivem com seu companheiro, porque pretendemos observar se e como são compartilhadas as atividades exercidas dentro de casa, especialmente no que diz respeito aos cuidados com os filhos, bem como se há diferença nesta divisão de tarefas, pelo fato de haver maior investimento por parte da mulher em sua carreira profissional, o que tornaria as atividades de ambos os cônjuges, no espaço público, semelhantes. Quanto à idade dos filhos, acreditamos que, como são muito pequenos e demandam ainda grande atenção e cuidados, isto pode constituir um elemento complicador na tentativa das mulheres de conciliar maternidade e trabalho.

Procedimento e análise dos dados

As mulheres estão sendo entrevistadas em separado, nos locais e horários de sua conveniência. As entrevistas têm uma estruturação invisível, ou seja, apesar de os tópicos abordados terem sido por nós estruturados *a priori*, nenhum roteiro escrito foi utilizado e a ordem de emergência destes tópicos foi, em grande parte, determinada pelo próprio fluxo da conversa. Todavia, quando a entrevistada não aborda espontaneamente algum destes tópicos, o entrevistador interfere, formulando perguntas a ele relacionadas; desta forma, todos os sujeitos devem tratar de todos os temas fundamentais para a análise das questões centrais da pesquisa. Estes referem-se aos pontos principais de nosso estudo, conforme especificado em nossos objetivos. Cabe acrescentar, aqui, que as questões levantadas para as entrevistadas incluem, não apenas o modo como elas próprias se vêem ou se sentem sobre esses pontos, mas também como acreditam que as mulheres, de modo geral, vêem e se sentem a esse respeito (Rocha-Coutinho 2001).

Todas as entrevistas estão sendo gravadas e transcritas na íntegra, preservando-se o mais fiel possível, o que foi dito (como erros gramaticais, uso de expressões coloquiais, gírias e palavrões, pausas, hesitações e ênfases, entre outras coisas). Além disso, sempre que importantes para nossos objetivos, são inseridos comentários acerca do que ocorreu nas situações de entrevista, como risos, tosse, nervosismo na fala, gesticulação exagerada, entre outros.

Os textos resultantes da transcrição das entrevistas estão sendo submetidos a uma análise do discurso a partir de categorias, em grande parte, estabelecidas a partir da própria fala dos entrevistados. Assim, apesar de termos em mente algumas questões a serem observadas, as categorias interpretativas utilizadas emergiram dos próprios textos das entrevistadas, isto é, das transcrições das entrevistas, o que foi se tornando mais claro à medida que eles eram por nós ouvidos e lidos repetidas vezes.

Tal fato liga-se à nossa postura básica em análise do discurso, que vê o texto sempre como ponto central de toda análise e, assim, qualquer interpretação é, em grande parte, norteada por ele. Deste modo, embora nossa interpretação seja, sem dúvida, influenciada e direcionada por nossas posições teóricas e ideológicas, procuramos ler e analisar os discursos de dentro, a partir dos significados codificados na própria fala, para só então nos expandirmos para fora dela. Assim, em nossa análise, tentamos inferir, a partir dos discursos das entrevistadas, comportamentos esperados e/ou desejados e os sistemas ideológicos subjacentes a estes comportamentos (Rocha-Coutinho, 1998).

Resultados

Até o momento foram entrevistadas seis mulheres com um emprego. Destas, três entrevistas já foram transcritas e, apesar de não termos ainda nenhum resultado conclusivo, vamos apresentar os primeiros dados e apontar algumas questões recorrentes na fala dessas mulheres – C1, professora em uma escola particular; C2, dentista com consultório próprio; e C3, pedagoga que trabalha com treinamento no setor de RH de uma empresa –, relacionando-as com os nossos dados relativos a mulheres executivas (Rocha-Coutinho, 2003a; 2003b).

No que diz respeito à maternidade, do mesmo modo que para as executivas por nós entrevistadas anteriormente (Rocha-Coutinho, 2003), foi vista por essas três mulheres como algo maravilhoso, extremamente gratificante, que preenche a vida de uma mulher:

> "É uma coisa MARAVILHOSA! Até primeiro porque é muito gratificante em saber que um bebê é tão querido, né?, saber que a gente é tão capaz de ter filho, é muito gratificante". (C2)

> "AAAH! É muito bom, né? ... Foi uma felicidade que eu tive, eu não imaginava o quanto... Então a gente só consegue ter essa noção, da grandiosidade, quando ela realmente nasce, quando ela preenche tua vida. Então, hoje em dia, ela é até prioridade na minha vida". (C3)

> "Pra mim ser mãe é maravilhoso, assim, é um sentimento indescritível, que só, eu acho assim, só depois que você é mãe, que consegue entender o que é ser mãe, disponibilizar TUDO de você é ser mãe. É isso!!!" (C1)

Cabe apontar aqui que, como assinalaram as três entrevistadas acima, a maternidade foi vista como um ato de disponibilidade incondicional, de entrega total ao filho.

Quanto à melhor época para se ter filhos, as falas a esse respeito foram bastante confusas e contraditórias, ainda que do mesmo modo que as executivas, nossas entrevistadas tenham se referido à necessidade de uma independência financeira e/ou equilíbrio emocional. Enquanto que C2 e C3 afirmaram, a princípio, não existir um momento certo para ser mãe *("Um momento certo, não, acho que é um momento da vida dela"* C3; *"Eu acho que não [existe momento certo]"* C2), C1 afirmou que o melhor momento é quando ela está razoavelmente bem estabelecida profissional e financeiramente, bem como quando tem maturidade e um marido com quem dividir as responsabilidades:

> "Acho que você tem que tá, éééé, profissionalmente, razoavelmente, assim, estabelecida, financeiramente também, acho que você já tem que ter um nível de maturidade, éééé... E acho que tá casada também é uma coisa importante... até em função da

participação do pai, que eu falei, que é MUITA ... acho que é interessante, você ter a figura paterna também".

Cabe assinalar aqui, que, em outro momento de suas falas, quando se referem ao que pesou na sua decisão de ter filho, tanto C3 quanto C2 afirmam:

"Ah! Eu já tava numa posição legal profissional, eu já tinha condições de cuidar de uma outra pessoa, né? A minha relação também tava num momento bom, de se ter, de querer mais uma pessoa na família". (C3)

"Foi quando eu me vi formada, eu me vi,... trabalhando, independente e me vi financeiramente estruturada ... Teve partes que pesaram muito na decisão na minha vida, foi em termos, de minha situação financeira, porque eu teria que ter estabilidade". (C2)

C2, assim como C3, se referiu mais adiante em sua fala à necessidade da mulher estar psicologicamente preparada para a maternidade, já que isso acarreta muitas mudanças em sua vida:

"Eu acho que preparo da mulher, eu acho que ela tem que tá preparada psicologicamente pra ela saber a hora que ela realmente quer ser mãe. Porque assim a mulher tem que tá, porque isso é uma coisa que muda, dá uma volta muito grande na vida da pessoa, não do homem, mas sim da mulher".

Também como nossas executivas, essas três entrevistadas acreditam que a chegada de um filho implica em mudanças na vida da mulher, tanto no plano pessoal, quanto em termos de prioridades e de ajustes na vida profissional:

"Tudo. Desde coisas como horários, alimentação, né?, daquilo que se faz no dia a dia, até a visão que a gente tem do MUUUNDO, a PREOCUPAÇÃO que a gente tem com ela, com a nossa saúde, até pra poder saber cuidar bem dela, né?" (C3)

"Tudo. Tudo hoje que eu vá fazer, eu vou pensar primeiro na minha filha, tudo. Ééeé, do meu casamento até minha vida pessoal, mudou tudo. Hoje eu abro mão de TUDO por causa da minha filha, eu abro mão de um passeio, eu abro mão de uma viagem, abro mão ... de ter que sair par algum lugar ..." (C2)

"Ah, muito! Filho, ééé, ocupa muito espaço na nossa vida, é a maior alegria da minha vida agora. Mudou. Como eu te falei no início, assim, ééé, a minha rotina se desfez um pouco em função dela. Eu refiz o meu horário, o meu cotidiano, em função, ééeé, de ficar mais tempo com ela, ééeé, eu acabo tendo menos tempo, acho que essa é a grande ..., tempo assim, pra mim, pra casa, porque de alguma forma, além de trabalhar eu administro a casa ... Então acaba sobrando menos tempo pra mim mesmo, como mulher e como profissional". (C1)

Essas mudanças, contudo, não incluíam para nenhuma das três entrevistadas, abrir mão do trabalho. Contudo, ao contrário das executivas que mencionaram apenas pequenos ajustes em suas vidas, para conciliar a maternidade com o trabalho, as três afirmaram ter diminuído a carga horária e uma delas até abriu mão de um emprego melhor para se dedicar mais aos filhos. C2, por exemplo, mencionou que fez ajustes em seu horário de trabalho para melhor se dedicar à filha que, segundo ela, precisava de mais cuidados. Contudo, ela afirma, mais adiante, que quando ela crescer um pouco, pretende voltar a trabalhar mais e até investir em outras áreas, como se pode observar na fala abaixo:

"Abri [mão do meu trabalho], assim, trabalhava menos quando ela era muito pequenininha, aí precisava mais cuidados... Não, abrir mão não. Quando a Carolina crescer um pouco, eu posso voltar a trabalhar mais, mas abrir mão da família não, trabalhar mais ... Trabalhar mais, na área de RH, depois eu vou trocar, porque na minha formação e no trabalho eu vejo muita coisa de Psicologia... Então, talvez mais pro futuro eu faça alguma coisa assim mais de consultório. Assim, como uma segunda faculdade, mais pro futuro..."

Do mesmo modo, C1 também afirma que não abriria mão totalmente do trabalho, mas diminuiu seu ritmo quando a filha nasceu, o que a deixa, por vezes, um pouco angustiada:

"Isso. Abri mão de trabalhar mais um turno ... Não, eu não me arrependo não. Eu tenho assim, eu vivo, ééé, a angústia de saber que, a Carolina cresce um pouquinho e aí será que vai dar tudo certo, eu vou ter as mesmas oportunidades? Eu fico um pouco ANGUSTIADA, mas arrependida, não. Eu acho que eu faço a coisa certa. Trabalhar um turno, administrar a casa e cuidar da Carol, não é fácil, acho que eu acabo trabalhando bastante, mas abrir mão totalmente do meu trabalho, não ia dar não..."

Cabe assinalar aqui que C1, em fala anterior, ao se referir à importância da maternidade, afirmou:

"A maternidade é fundamental, a presença materna é fundamental pra criança. Então, assim, ééééé, eu abri mão de algumas coisas na minha vida, PRA, ser mãe, pra estar mais presente na vida da minha filha. Abri mão de ganhar mais, é, de ter um emprego melhor que me foi proposto, enfim, pra poder ficar mais horas do dia dedicado à minha filha".

Finalmente, também C2 diz a esse respeito:

"Eu queria ser aquela mãe de PARTICIPAR, tanto que eu só comecei realmente a TRABALHAR, trabalhar como eu faço hoje ... depois que a minha filha possuiu uma idade de poder falar, de andar... assim, trabalhava menos quando ela era muito pequenininha, aí precisava de mais cuidados".

Mais adiante, C2 afirma que *"a única coisa que eu gostaria de mudar [na minha vida], se eu tivesse que, se eu pudesse, trabalhar menos"*, ainda que no momento não esteja *"financeiramente, estruturalmente, ééé, podendo PARAR um pouco de trabalhar, diminuir esse ritmo de trabalho".*

Para nossas três entrevistadas o trabalho foi visto como importante em suas vidas, como algo que lhes traz gratificação e realização pessoal. Apenas C2 associou a importância do trabalho em sua vida principalmente em relação a questão econômica e aos benefícios financeiros trazidos para a família:

"[O trabalho é importante] pelas condições que o dinheiro proporciona, como eu falei, poder pagar uma boa escola pra minha filha, poder comprar um carro com o meu dinheiro. Então esse é um lado benefício do trabalho pra minha vida . . Porque hoje eu tenho condições de pagar uma boa escola pra minha filha, certas coisas, né? O trabalho traz esses benefícios, né? Esse lado banefício pra mim, pra minha filha, pro meu esposo, esse lado financeiro".

Em outro momento, quando perguntada sobre qual a maior satisfação que o trabalho traz para sua vida, C2 afirma que é a gratificação, ainda que o termo, em sua fala, pareça carregar as duas conotações, tanto a de gratificação pessoal quanto financeira:

"É muito gratificante você receber elogios sobre seu trabalho. É muito GRATIFICANTE saber que eu posso, que eu tenho. Tipo

eu construí esse "império todo" [risos]! Então tudo pra mim é muito gratificante. Nada do que eu tenho hoje foi marido que me deu; foi tudo eu que construí. Carro fui eu que me dei, se eu tenho roupa, eu que me dei, se eu tenho um consultório, eu que me dei".

As outras duas entrevistadas, no entanto, foram enfáticas ao afirmar que os benefícios do trabalho fora de casa vão além das questões financeiras:

"[O trabalho] é uma oportunidade que a gente tem na ... de ter contato com outras pessoas, de também ter uma realizaçããoooo, né? De fazer amizades, é muito bom trabalhar ... [O trabalho traz] o reconhecimento, o poder entender as pessoas, fazer com que elas cresçam e se desenvolvam". (C3)

"[A importância do trabalho] assim, é ENORME. Eu fui educada, éé, lá na minha família todo mundo sempre deu valor IMENSO, independente da situação financeira... Tipo, não era só trabalho por ter que alimentar, por ter que trabalhar, mas todo mundo sempre deu maior importância, assim... [E trabalho] acho que é porque eu gosto de trabalhar, acho que é porque o fato de trabalhar ENGRANDECE uma pessoa, você conhece coisas, você muda sua cabeça e você ganha um dinheiro pra se sustentar". (C1)

Para conciliar trabalho e família, nossas entrevistadas contam com o auxílio de uma empregada doméstica que, no caso de C3 trabalha apenas três vezes por semana; contudo, elas afirmam que a supervisão de tudo cabe a elas. Além disso, elas contam também com a ajuda de familiares, especialmente a mãe e, no caso de C3 também a irmã – já que a mãe dela também trabalha – e de C2, a avó, que foi quem a criou.

A conciliação trabalho-família, contudo, é vista por todas como difícil e extremamente cansativa:

> *"[Eu concilio trabalho, família e os outros afazeres] assim, desse jeito, cansando, pois é ... Por mais que eu não faça o trabalho em casa, eu tô sempre, pensando..."* (C1)

> *"É realmente muito difícil, entendeu? Você chega em casa ESTRESSADA, aí eu tenho que fingir, assim, não tenho nada, entendeu? Eu tenho que deixar meu problema do lado de fora do portão e chegar outra pessoa... Chegar em casa de bem com a vida. É CLARO que é um pouco, MUITO, MUITO DIFÍCIL você chegar bem, bem, bem".* (C2)

No que diz respeito à divisão de tarefas em casa com seus companheiros, as falas de nossas entrevistadas não divergiram muito das de nossas executivas, ainda que, como estas últimas, elas não "deleguem" tarefas ao marido, apenas "peçam" quando necessário. As três entrevistadas se sentem responsáveis pelos cuidados com os filhos e pelos afazeres domésticos, ainda que possam contar com o auxílio do marido, de empregadas e de membros da família. Apesar de, inicialmente, afirmarem que o marido participa de tudo, uma observação mais atenta do discurso dessas mulheres aponta para o fato de que a participação do marido nos afazeres domésticos e nos cuidados com a criança quase sempre se dá em termos de ajuda e, ainda assim, com relação aos filhos, e geralmente mais ligada a atividades de lazer, como se pode observar no seguinte trecho de fala de C3:

> *"Participa, assim, ele não fica muito tempo em casa e no tempo que ele fica com a Carolina, mais nos finais de semana, ele cuida dela... Ele leva ao médico, leva pra dar vacina, brinca com ela, passeia com a gente... Quando eu não posso [levar a filha ao médico], eu falo pra ele e ele vai e tal, mas eu também tenho mais facilidade por questão de horário também... [Com relação aos cuidados com a casa], por ele trabalhar a semana toda em horário integral e às vezes ter que viajar, então em*

algumas atividades eu não consigo a presença dele. Mas o que ele pode fazer nos finais de semana ele faz e também quando ele pode chegar cedo, aí ele faz... Ééé, varrer uma casa, lavar louça, arrumar a casa, assim, ele não gosta de fazer não, mas faz. É, eu também não gosto mas tenho que fazer mesmo, né?" [risos]

Cabe observar na fala de C3, o uso da expressão *"tenho que fazer mesmo"*, denotando uma obrigação sua, uma responsabilidade sua pelas tarefas domésticas que têm que ser realizadas por alguém, ainda que ela, como o marido – que simplesmente "faz" quando solicitado – , não goste de fazer.

Para C1, a mulher ficaria com a maior carga em relação aos cuidados da casa, porque o homem não teria sido "biologicamente, culturalmente" preparado. Ela acrescenta, ainda, que o marido **até** tem boa vontade para ajudar, mas, como ele não sabe fazer, *"acaba que eu tenho que fazer a minha parte e ainda SUPERVISIONAR a dele, porque senão vira um caos"*. Assim, ela *"acaba pegando mesmo"*. Argumento semelhante aparece também na fala de C2:

"Ele também não faz muita coisa que presta dentro de casa não, não faz não, nada não. Quando ele faz é tudo errado, aí dá raiva ter que fazer de novo. Então é melhor não fazer nada não... Ele é bonzinho, não é ruim não, mas faz tudo errado". [risos]

Finalmente, no que diz respeito à divisão de despesas, talvez porque nossas entrevistadas, geralmente ganhem bem menos do que seus companheiros, não tenham afirmado, como as executivas o fizeram num primeiro momento – ainda que uma leitura mais cuidadosa de seus textos tenha apontado para o fato de que o seu salário serve como complemento, como ajuda no orçamento doméstico –, que as contas são divididas entre os dois, mas, sim, que eles são os encarregados do pagamento de quase tudo, exceto de suas despesas pessoais e de algumas despesas extras:

"As despesas, na maioria, É TUDO DELE. Eu pago tipo meus cartões, despesas que eu tenho que fazer, mas a maioria é tudo dele... Eu pago só a minha despesa e a despesa da Samara, essas coisas assim, coisa extra, um passeio que eu queira fazer e ele de repente não tenha dinheiro, aí eu entro". (C2)

"Assim a maior parte [das despesas] ele paga, até por questão de salário, realmente, ééé, vou dar um exemplo, assim, eu pago minhas contas, pouca coisa de casa e alguma coisa da minha filha. Ele paga o restante, assim contas, despesas da Carolina, ééé, é mais ou menos assim... [Em relação ao lazer] às vezes a gente divide, um paga, outro paga, mas ele paga a maior parte das vezes". (C3)

Apenas C1 se refere a alguns pagamentos fixos mensais efetuados por ela, ainda que o marido pague a maior parte:

"O meu salário atualmente equivale à METADE do que ele ganha, entendeu? Então, o que a gente faz é assim. Como o meu salário entra fixo todo dia 5 e o dele entra "espalhadinho", eu pago o condomínio, eu pago a empregada e pago o plano de saúde...e a natação da Carolina. Eu tenho esses custos fixos. Ele paga o resto, assim, o cartão de crédito e as contas, assim, gás, luz, que aí vencem no meio do mês. A gente bota esses vencimentos meio espalhado, aí ele vai pagando".

Considerações finais

Certamente, não podemos fazer generalizações a partir dos nossos dados que, inclusive, ainda são parciais. Contudo, podemos tecer algumas considerações e apontar possíveis semelhanças e diferenças entre mulheres trabalhadoras casadas e com filhos que investem no sucesso de uma carreira profissional e mulheres com um emprego sem este alto grau de investimento.

Podemos dizer que nossas entrevistadas, assim como as executivas, atribuem grande importância à maternidade, apontando também, de modo geral, a estabilidade emocional e uma situação financeira estável como pré-requisitos para a constituição de uma família. Também para ambos os grupos, a chegada de uma criança acarreta grandes mudanças na vida da mulher, alterando, inclusive, suas prioridades, uma vez que sua vida passa a se voltar, em grande parte, para a criança.

Essas mudanças, contudo, não incluíam abrir mão de seu trabalho fora de casa, ainda que as três entrevistadas tenham diminuído seu ritmo de trabalho – uma delas, inclusive, chegou a abrir mão de um emprego melhor, com um salário mais elevado – quando os filhos eram muito pequenos e, segundo elas, precisavam de maiores cuidados por parte da mãe. As executivas por nós entrevistadas, apesar de também acreditarem nisso e até terem pensado, durante o período de licença-maternidade, em trabalhar menos e, até mesmo, em mudar de trabalho, acabaram por não agir assim.

Nossas três entrevistadas, como as executivas, percebem o trabalho como algo fundamental em suas vidas, por trazer gratificação e realização pessoal. Apenas para C2 a importância do trabalho está especialmente ligada à questão econômica, aos benefícios financeiros que ele pode trazer. Quanto à conciliação família-trabalho, esta é vista pelas três, como difícil e extremamente cansativa. E, para levar isso a cabo, contam com a ajuda de uma empregada e de membros da família, inclusive do marido.

Quanto à divisão de tarefas com o companheiro dentro de casa, do mesmo modo que as executivas, esta ainda se dá de forma tradicional. Enquanto que as executivas afirmam delegar tarefas a seus companheiros, a visão destas três entrevistadas acerca dos homens parece ser ainda bastante tradicional, isto é, os homens não estão preparados e não sabem fazer as coisas dentro de casa, o que as leva a preferir que eles não façam para não terem que refazer tudo.

Finalmente, no que diz respeito à divisão de despesas, do mesmo modo que a participação do homem no espaço doméstico é visto como uma "ajuda", o homem continua a ser considerado o principal provedor da família e, mesmo no caso das executivas, que, muitas vezes, ganham o mesmo ou mais que seus companheiros, o salário da mulher é percebido como complementar, como uma "ajuda" no orçamento doméstico.

Para concluir, podemos afirmar que, a despeito das inúmeras mudanças ocorridas no papel e na posição da mulher de classe média na sociedade, estas se fazem sentir de forma bem mais marcante no espaço público do que no doméstico. No primeiro, apesar da discriminação, ainda que mais velada, sofrida pela mulher no mundo do trabalho – seus salários ainda são bem mais baixos do que o de homens que exercem as mesmas funções e os homens ainda ocuparem, geralmente, posições de maior poder e prestígio – ela hoje já goza de muito mais liberdade e oportunidades para investir em seu aprimoramento profissional e galgar posições de maior destaque na sociedade.

No espaço doméstico, contudo, parece que pouca coisa mudou. As mulheres continuam a acreditar que o homem é o principal responsável pelo provimento econômico da família e, a mulher, pelos cuidados da casa e dos filhos, resquícios da antiga divisão de trabalho e responsabilidades de homens e mulheres. Também a identidade feminina permanece, em grande parte, associada à maternidade, algo que supostamente completaria a mulher e daria sentido à sua vida, vestígios do antigo discurso que identificava maternidade e feminilidade e que reforçava a idéia de que "mãe é mãe". Parece, portanto, que, a despeito dos inúmeros avanços nos papéis e posições da mulher na sociedade, antigos discursos continuam a se fazer presentes, ainda que assumam, por vezes, novas roupagens. E, nesse sentido, não parece haver muita diferença entre mulheres com um alto grau de investimento em uma carreira profissional e aquelas que se dedicam a uma atividade fora de casa sem um plano de carreira bem definido e sem maiores investimentos em uma formação e desenvolvimento profissional.

REFERÊNCIAS BIBLIOGRÁFICAS

Ariès, P. (1962). *Centuries of childhood*. New York, Knopf.
Elvin-Novak, Y & Thomsson, H. (2001). Motherhood as idea and practice: a discursive understanding of employed mothers in Sweden. Cópia cedida pelas autoras, aceita para publicação em *Gender & Society*.
Faragher, J.M. (1979). *Women and men on the overland trail*. New Haven, Conn., Yale Univ. Press.
Harris, B. (1979). Careers, conflict, and children: the legacy of the cult of domesticity. In Alan Roland and Barbara Harris (eds.). *Career and motherhood: struggles for a new identity*. New York, Human Sciences Press.
Hoffnung, M. (1992). *What's mother to do? Conversations on work and family*. Pasadena, Cal, Trilogy Books.
Hoffnung, M. (1995). Motherhood: contemporary conflict for women. In Jo Freeman (ed). *Women: a Feminist perspective*. Mountain View, Cal, Mayfield Pub. Co.
Jablonski, B. (1998). Paternidade hoje: uma metanálise. In Paulo Silveira (Org.). *Exercício da paternidade*. Porto Alegre, Artes Médicas, 121-129.
Rocha-Coutinho, M.L. (1998). A análise do discurso em psicologia: algumas questões, problemas e limites. In: de Souza, L; Quintal de Freitas, M.F. & Rodrigues, M.M.P. (Orgs.). *Psicologia: reflexões (im)pertinentes*. São Paulo, Casa do Psicólogo.
Rocha-Coutinho, M.L. (2001). Dos contos de fadas aos super-heróis: mulheres e homens brasileiros reconfiguram identidades. *Psicologia Clínica*, 12 (2), 65-82.

Rocha-Coutinho, M.L. (2003a). Quando o executivo é uma "dama": a mulher, a carreira e as relações familiares. In Terezinha Feres-Carneiro (Org.). *Família e casal: arranjos e demandas contemporâneas*. Rio de Janeiro, Ed. PUC-Rio. São Paulo, Loyola, 57-77.

Rocha-Coutinho, M.L. (2003b). Divididas e multiplicadas: a maternidade para mulheres executives cariocas. In Maria Inácia D'Ávila & Rosa Pedro (Orgs.). *Tecendo o desenvolvimento: saberes, gênero, ecologia social*. Rio de Janeiro, Bapera Editora, 107-125.

Rocha-Coutinho, M.L. (2003c). New options, old dilemmas: close relationships and marriage in Brazil. In Anna Laura Comunian & Uwe P. Gielen (eds.). *It's all about relationships*. Lengerich, Alemanha, Pabst Science Publishers, 111-119.

Roland, A. & Harris, B. (eds.) (1979). *Career and motherhood: struggles for a new identity*. New York, Human Sciences Press.

Zaretsky, E. (1976). *Capitalism, the family, and personal life*. New York, Harper Colophon.

Famílias confrontadas com o trabalho futuro dos filhos – um projeto de pesquisa

Teresa Cristina Carreteiro
Universidade Federal Fluminense

Este texto apresenta a parte teórica e metodológica de uma pesquisa que estamos iniciando sobre a temática juventude, trabalho e famílias. Trata-se de uma investigação que se apóia em uma pesquisa-ação. Nosso propósito, em pesquisa anterior, no que tange a relação familiar, foi identificar, em um contexto social de baixa renda, os projetos de educação e de trabalho dos pais para os filhos. Neste momento nossa pesquisa se amplia e se volta para dois contextos sociais diferentes: de baixa e de alta renda. Investigaremos a temática do trabalho através do discurso dos filhos, destacando a representação dos jovens e dos pais.

Trabalho e Sociedade

O trabalho na cena contemporânea apresenta-se de modo bastante crítico. Fala-se da crise da civilização do trabalho (Antunes, 2000; Billiard, 1997; Castel, 1998 & L'huilier, 2004). Esta situação tem muitos paradoxos, pois somos capazes de produzir cada vez mais com menos trabalho humano. Existe também um divórcio entre a produção e o lucro (Freire, 1999; Harvey, 2000; Larangeira, 1999; Meda, 1995 & Sennet, 2004;). Há algumas décadas, o mercado econômico é um dos principais gestores da economia; isto se traduz pela substituição progressiva de um capitalismo industrial pelo financeiro. Assim, os ganhos advindos do capital financeiro ocorrem em detrimento da produção de bens e de serviços. Por outro lado, a invenção constante de novos produtos, a extensão globalizada dos mercados e a extrema concorrência entre eles, exigem que as qualificações sejam cada vez mais intensas e diversificadas pelo conjunto dos trabalhadores (Freire, 1999 & Larangeira, 1999). Os mercados de trabalho demandam hoje profissionais que tenham competências precisas, mas que sejam também flexíveis e que saibam se adaptar a diferentes situações, adquirindo sempre novas competências. Criam-se regularmente formações técnicas e universitárias e o mercado passa a demandá-las (Demo, 1999). A juventude que ingressa no campo profissional se encontra hoje, em face de um quadro bastante diversificado de exigências.

A obrigação de qualificação crescente faz com que certos jovens tenham que viver de subempregos durante toda a vida, impossibilitados de alcançar as novas exigências. Outros se lançam na busca de formações diversas para fazer face ao contexto. É neste quadro geral que as juventudes forjam seu imaginário e projetos.

Cada grupo social irá se confrontar com a problemática do trabalho a partir dos suportes sociais que lhes são disponíveis. Nessa perspectiva, as referências teóricas de R. Castel (2001) são importantes para examinar o peso dos componentes sociais. Há, para o autor: o "por falta" e o "por excesso". Os que compõem o primeiro grupo contam com poucos suportes objetivos (econômicos, institucionais) e, portanto, têm menores chances de desenvolver estratégias individuais para conduzirem suas vidas, escapando da dependência; encontram-se, pois mais vulneráveis às pessoas, grupos e programas de auxílios sociais. No Brasil, esta situação é flagrante. A literatura tem apontado os laços afetivos como uma das únicas bases de sustentação de alguns grupos economicamente pobres, quando partilham os problemas e as dificuldades da vida cotidiana (Bastos, 1998; Carreteiro, 1999 & Rizzini, 1993). Os "indivíduos por excesso", diferentemente dos primeiros, têm suportes objetivos suficientes sobre os quais se apoiam, o que lhes assegura uma maior independência.

Expandimos as teorizações de Castel para pensar a transmissão de valores em famílias de contextos marcados pela "falta" ou pelo "excesso", pois as mesmas vão desenvolver estratégias, de acordo com os respectivos suportes sociais a que têm acesso.

Transmissões Familiares e Contexto Social

Sabemos com a psicanálise que as transmissões familiares vão ser atravessadas pela singularidade de cada família, pelos desejos, contradições e ambiguidades presentes nos pais ou outras pessoas significantes (Gaulejac, 1999). A perspectiva psicossociológica nos aponta que o campo psico-afetivo familiar se articula com as condições concretas de existência, influenciando nas transmissões e na construção de ideais projetivos para os filhos (Bordet, 1998).

Toda família se vê confrontada a uma questão: Como fazer que os filhos possam, por um lado, corresponder à imagem idealizada, muitas vezes inconsciente que ela forja para eles, antes e depois do nascimento, - Serge Leclaire (1984), denomina "filho maravilhoso" - sendo ao mesmo tempo igual e diferente dela e, por outro lado, que os filhos se adaptem à nova sociedade na qual ingressam, conquistando um lugar?(A.Girard, 1967). As famílias se encontram entre estes dois movimentos: de manter um processo de idealização e de adotar uma atitude realista. O ideal educativo vai mediar o encontro entre estes dois movimentos familiares. Elas esperam que a educação possa ser intercessora na futura integração dos filhos no campo do trabalho futuro. No entanto, elas têm atitudes bastante diferentes.

A crise atual do trabalho atravessa também as famílias. Elas vivem nos seus campos profissionais, a mudança das concepções e dos valores laborais. Estão conscientes da instabilidade, das rápidas mudanças que cercam a categoria trabalho e do acentuado desemprego (Sana, 2001).

As famílias que são mais bem estabelecidas socialmente tentam capacitar os filhos com instrumentos educacionais diversos, fora a educação básica, lhes ajudando a fazer face, futuramente, ao mercado de trabalho. Este aspecto é denominado por Wagner (2003), instrumentalização sofisticada dos filhos. Nossa hipótese é que estas famílias associam uma dupla exigência: prover os filhos de capacitações máximas educacionais e, ao mesmo tempo, referir-se a um ideário de prazer e bem-estar. Estas duas perspectivas nem sempre se articulam sem contradições; visto que o investimento no estudo (e em outras obrigações artísticas ou esportivas), muitas vezes, não se coaduna com as perspectivas de prazer e bem-estar. Há uma redução do tempo de lazer e uma organização constante do cotidiano. As famílias passam a funcionar como gestoras da educação dos filhos (Gaulejac, 2005).

Já as famílias de baixa renda percebem-se pouco equipadas sócio-economicamente para prover os filhos com as exigências educacionais, fora a educação formal obrigatória. Nossa hipótese é que elas transmitem aos filhos, igualmente como as primeiras, o valor do estudo como promotor de inserção social. Mas, ao mesmo tempo, vão ter como cenário a ser evitado, a influência de atividades consideradas ilícitas sobre os filhos homens, e o receio que as filhas mulheres se aproximem de jovens vinculados a estas ocupações. Isto as faz ter grande insistência sobre os valores morais. Nossa hipótese é que estes funcionam como um "capital de integridade" (honestidade, responsabilidade, dignidade)[1] a ser legado aos filhos. O lado sombrio com o qual as famílias lutam é a falta de qualificações suficientes dos filhos, levando a uma inserção insatisfatória ou a não inserção no mercado de trabalho. Há

---

[1] Sabemos que a questão da juventude como podendo representar um perigo tem uma construção sócio-histórica. A este respeito: Donzelot, J (1993); Passetti, E. (1999) & Rizzini, I. (1993).

outros aspectos ainda mais dramáticos, as estatísticas mostram que os jovens de sexo masculino, entre 15-24 anos, moradores de vilas, favelas ou periferias das metrópoles são os que mais morrem (Zaluar, 2004). As famílias, nas suas localidades de moradia, convivem cotidianamente com estas situações de violência e querem evitar que seus filhos tenham este futuro.

O conjunto destas questões nos leva a indagar se a categoria família pode ser apresentada no singular ou se ela deve ser descrita no plural. Numerosos pesquisadores, estudando famílias, têm assumido esta segunda perspectiva (Neder, 1994 & Ribeiro e Torres Ribeiro, 1994), dado a diversidade das famílias brasileiras, as diferenças sociohistóricas e as diversas configurações que apresentam. Afiliamos-nos a este ponto de vista.

Questões de pesquisa: Como as diversas famílias dos jovens pesquisados se posicionam face a formação futura dos filhos? Com que suportes sociais contam (Castel, 1998)? Quais transmissões legam aos filhos sobre o trabalho? Como se referem aos projetos profissionais? Como habilitam os filhos para o futuro? Estas são questões que objetivamos investigar.

População Pesquisada

Jovens de ambos os sexos, cuja idade se situa entre 15-17 anos, oriundos de duas populações que vivem em espaços sociais diferentes[2], duas localidades do estado do Rio de Janeiro. Consideramos que a localidade de habitação tem influencia nas formas de socialização, na transmissão dos valores parentais sobre o trabalho e na construção dos projetos juvenis.

Pesquisaremos, no discurso de jovens de ambos os sexos, as representações de suas famílias sobre o trabalho e suas formas de transmissão.

---

[2] Estamos considerando baixa renda o rendimento familiar até 3 SM e de renda média superior maior de 20 SM.

A faixa etária pesquisada está diretamente sensibilizada pelas questões sobre o futuro, pois se aproxima do momento de escolher uma formação profissional, ou se preocupar com o trabalho devido à necessidade de sobrevivência. Os jovens são alunos de dois colégios: um público, na baixada fluminense e outro particular, na zona sul. A seleção dos contextos de análise considera a pesquisa que lista os diversos bairros desta cidade em escala decrescente de "Índice de Desenvolvimento Humano" (IDH)[3]. As localidades pesquisadas devem integrar os extremos opostos da lista.

Hipóteses de Trabalho

Dividiremos as hipóteses em dois grupos:

1 - Em contextos de IDH baixo

Os pais destes contextos transmitem aos filhos:
- a representação do estudo como um meio de aceder a um trabalho (atual ou futuro) podendo suprir as necessidades de sobrevivência;
- "um capital moral": buscam capacitá-los com valores morais (honestidade, lealdade, respeito, dignidade), como modo de evitar ocupações marginais.

---

[3] Criado pelos economistas Mahbub ul Haq e Amartya Sen, o Índice de Desenvolvimento Humano (IDH) mede a qualidade de vida por outros indicadores que não apenas o Produto Interno Bruto (PIB, conjunto das riquezas produzidas no país). Leva em conta renda (PIB per capita), saúde (expectativa de vida ao nascer) e educação (taxa de alfabetização de adultos e matrículas no ensino fundamental, médio e superior). O Índice de Desenvolvimento Humano (IDH) dos bairros do Rio de Janeiro foi apresentado em 2001, no primeiro Relatório de Desenvolvimento Humano do Rio, elaborado em conjunto pelo Programa das Nações Unidas para o Desenvolvimento (Pnud), Instituto de Pesquisa Humana Aplicada (Ipea) e a Prefeitura da Cidade.

2 - Em contextos de IDH alto

Os pais transmitem aos filhos:
- a representação do estudo como meio de aceder a profissões que garantam condições de bem-estar futuro, permitindo atenuar realização pessoal e posições sociais estabelecidas;
- a importância de se adquirir um "capital contínuo de formação". Posicionam-se como verdadeiros gestores da educação dos filhos, buscam ajudá-los a adquirir o máximo de qualificações (linguísticas, culturais, informáticas, de lazer) para fazer face ao futuro. Neste contexto a segurança é transmitida como um valor, que deve ser conquistado pela formação contínua.

Método

A metodologia do projeto é qualitativa, tendo como abordagem teórica a psicossociologia e como método de investigação a pesquisa-ação, apoiada no registro audiovisual, na análise de conteúdo (Bardin, 1995) e na edição de vídeos.

A psicossociologia considera o grupo um lócus privilegiado de trabalho no interior de qualquer organização (Mendel e Prades, 2002). A investigação grupal oferece condições de fazer emergir o contexto social estudado, assim como a complexidade que o envolve. A pesquisa-ação é uma das principais metodologias da psicossociologia (Amado e Levy, 2001)[4]. Ela não só enfatiza o processo grupal, mas concebe os sujeitos da pesquisa como ativos, participando de modo espontâneo e reagindo ou transformando as formulações analíticas elaboradas pela equipe de pesquisadores ao longo do processo.

A pesquisa atual investiga nos discursos juvenis suas representações sobre o trabalho e projetos futuros destacando as

---

[4] Sobre pesquisa ação em psicossociologia: Amado, G e Levy, A (org.) La recherche-action, Revue Internationale de psychosociologie. Ed. ESKA, 16-17.

influências familiares[5]. Ocorrerá, dois grupos de jovens de dois estabelecimentos escolares (uma escola pública, Acari, e uma escola privada, na zona sul). Em um primeiro momento, a pesquisa se fará em cada um dos contextos. Realizada esta primeira parte, estabeleceremos uma comparação entre os resultados alcançados nos dois grupos. Na última etapa, formaremos um terceiro grupo com parte dos jovens que compuseram os dois anteriormente pesquisados, mantendo o número de participantes dos grupos anteriores e a paridade entre os sexos.

As seguintes etapas ocorrerão anteriormente à formação dos grupos: negociação com os dirigentes das escolas (esta já começou a ser empreendida), com os professores e com os alunos. Uma vez feita a negociação nos dois primeiros segmentos, passaremos a expor aos alunos o objeto de estudo e os procedimentos que realizaremos. O segundo momento será o de seleção dos alunos interessados, através de um questionário. Este busca averiguar: os níveis econômico e de instrução dos pais e, também, as profissões. O objetivo é equalizar os grupos. Isto feito, asseguraremos o interesse dos participantes à pesquisa, através da assinatura de um termo de livre consentimento, o qual deve ser igualmente referendado pelos pais.

A pesquisa em cada um dos contextos será composta por 12 jovens, de ambos os sexos, com faixa etária compreendida entre 15 e 17 anos. Estas idades são mais sensíveis à problemática investigada. Os jovens nos vários contextos experimentam diferentemente as questões pesquisadas: ou pela pressão familiar ou necessidade financeira de contribuir com as despesas ou devido à idade próxima de fazer escolhas profissionais.

A pesquisa se sustenta em diferentes procedimentos metodológicos: em cada contexto serão feitos grupos focais que

---

[5] Na pesquisa mais geral discutiremos outros eixos, tais como ; as influências da instituição escolar, os novos valores sociais e a influência de grupo de pares. Mas no quadro do presente texto só estamos nos referindo ao relativo ao contexto familiar.

serão filmados e transcritos; análise do conteúdo do material; edição de vídeos em cada um dos contextos e comparação dos resultados analíticos dos dois contextos.

Discurso dos jovens sobre os projetos parentais referentes ao trabalho

Neste item, as análises ressaltam quatro fatores primordiais:
- profissão dos pais;
- construção das idéias e ideais dos pais sobre o trabalho, valores que explicitam ou veiculam através de suas atitudes;
- possíveis projetos profissionais explicitados para os filhos;
- levantamento de situações cotidianas onde o trabalho é abordado e os possíveis valores que lhe são veiculados.

Todo o processo grupal será filmado em vídeo. Cada grupo será composto por cinco componentes da equipe de pesquisa:

Dois co-coordenadores de grupo: Eles implementarão as discussões buscando debater o conjunto dos eixos estabelecidos e estarão atentos à dinâmica grupal. Este tipo de trabalho estabelece uma tensão constante entre os dois termos que delimitam a pesquisa-ação, e esta é o desafio presente em todo o processo, sendo central para o bom desenvolvimento do projeto. Os co-coordenadores não devem perder o foco da temática pesquisada, incentivando constantemente os membros do grupo a ter uma atitude de implicação e de reflexão no exercício da tarefa grupal. Eles buscam focalizar e aprofundar a discussão, encorajando o exercício da palavra mostrando não haver respostas certas (Minayo, 1999).

Dois coordenadores de vídeo: Um filmará todo o processo grupal, mantendo a câmera fixa e o outro registrará o conjunto do processo grupal, mas terá a câmera móvel. A câmera fixa, com plano aberto, funciona unicamente registrando o plano geral dos encontros, sem que se escolha focalizar uma ou outra imagem. Ela é posicionada em um local que permita visualizar os membros do grupo. A câmera móvel, diferentemente da primeira, pode ser considerada a metáfora da escuta do pesquisador. Aquele que a opera intervém, a partir do "olhar-escuta". Ele enquadra imagens relativas ao que está sendo debatido, a dinâmica grupal e mantém uma atenção na gestualidade dos membros do grupo. Este procedimento baseia-se na idéia de uma posição adotada que não se apóie na complexidade da imagem e da palavra do outro; não está apta a ver "os silêncios, tropeços, ritmos, inflexões, retomadas do discurso e gestos (franzir de lábios, de sobrancelhas, olhares, respirações, mexer de ombros, etc)" (Coutinho, 1992, 48).

Um observador participante: Este não será responsável pela condução do grupo, mas anotará a dinâmica grupal, sem perder de vista a sua relação com a tarefa. Fará ocasionalmente observações que julgue pertinentes. Este é o elemento da equipe que está mais livre durante o processo grupal, pois não tem a responsabilidade de sua condução.

Procedimentos analíticos:

A) Primeiro dispositivo grupal: realização de grupos nas instituições escolares

Após o término de cada grupo focal, todo o material será visualizado pela equipe. A visualização e discussão conjunta têm vários propósitos:

- averiguar se o mapeamento temático que traçamos está sendo cumprido; se estão surgindo outros temas; como está ocorrendo a dinâmica grupal (os conflitos, as tensões e situações ou intervenções que possam levar a avançar o processo grupal);

- fazer um primeiro levantamento do significado das temáticas investigadas;
- apreciar as imagens registradas pelas duas câmeras;
- preparar o próximo grupo atentando para o projeto.

A equipe da pesquisa-ação, como nos lembra René Barbier (1990) deve estar atenta para efetuar permanentemente um trabalho sobre sua implicação. Este autor propõe levarmos em conta continuamente o 'éthos' e o 'habitus' (referindo-se a Bourdieu), de nossas categoriais sociais de origem. O trabalho de implicação ajuda a não projetar, sobre aqueles com quem estamos trabalhando, nossos ideais, valores e esteriótipos. Neste aspecto, poder acolher o outro em uma perspectiva de pesquisa é poder criar modos de abertura para as suas diferenças.

O processo dos grupos focais se dividirá em dois momentos distintos:

Nos dois primeiros grupos objetivamos que o conjunto temático tenha sido discutido. Concluída esta etapa, daremos início à investigação de categorias. Todo o material já terá sido transcrito. Procederemos a várias visualizações, acompanhadas da transcrição. Posteriormente serão mapeadas categorias, através da análise de conteúdo (Bardin, 1995) sobre: cada um dos eixos analisados, categorias que perpassem o conjunto dos eixos, categorias que lhes sejam especificas e/ou comuns. A investigação estará atenta à problemática de gênero.

Feito isto, retomamos o vídeo para investigar cenários discursivos e audiovisuais sobre as categorias analisadas. Neste ponto, estaremos atentos não só as modalidades de linguagem, mas também as modalidades posturais e interativas entre os componentes dos grupos (é neste sentido que vemos a importância da câmera móvel e do observador participante).

Uma vez feita esta categorização, faremos um terceiro grupo no qual submeteremos as categorias levantadas aos jovens, através de um relatório escrito em uma linguagem que lhes seja acessível, com a projeção de imagens. Um dos objetivos da pesquisa-ação é criar uma participação ativa dos sujeitos na produção do material investigado. O propósito de discutir-se com os jovens estas categorias, visa lhes permitir, enquanto sujeitos ativos, participar da elaboração das mesmas, apontando os sentidos que lhes atribuem, construindo assim, um processo de apropriação. Ao final deste grupo, estabeleceremos um cronograma de mais quatro reuniões (este número pode sofrer uma pequena variação, dependendo do que será analisado e de situações intrínsecas ao próprio grupo). Em cada reunião será aprofundada uma ou mais categorias mapeadas pela análise inicial. A junção de categorias em um mesmo encontro dependerá dos elos de interseção existente entre elas. Esta discussão tem o propósito de realizar uma pesquisa mais aprofundada sobre os diversos sentidos que têm as categorias pesquisadas.

Entre os quatro encontros acima descritos e os dois últimos ocorrerá um processo de análise, pela equipe, do conjunto do material. Este será submetido ao mesmo procedimento analítico descrito acima: transcrição e análise das categorias analíticas, sendo esta apresentada aos jovens, através de um relatório escrito, em linguagem que lhes seja compreensível e apropriada. Utilizaremos também, para esta devolução, a seleção de imagens representativas das categorias. Esta análise estará atenta à problemática investigada, buscando diferenciar e articular os eixos de investigação e manter uma atenção à problemática de gênero. Estaremos sensíveis aos pontos de articulação entre as categorias, as controvérsias e as contradições que lhes atravessam.

B) Segundo dispositivo: Realização de vídeo

A última etapa do processo, dentro de cada um dos estabelecimentos escolares, refere-se à produção de um vídeo, destacando as questões analisadas e debatidas ao longo do processo grupal. O vídeo além de sintetizar os eixos referentes as análises de conteúdo realizadas, visa potencializar aspectos importantes da dinâmica grupal. A montagem do vídeo será feita em duas etapas. As imagens que o comporão serão aquelas extraídas do conjunto do material filmado; elas serão escolhidas juntamente com os adolescentes, respeitando-se a análise efetuada e discutida. O formato final da edição será produzido conjuntamente com os jovens. Na etapa da edição seria ideal que os jovens estivessem presentes. Buscaremos alcançar esta condição, mas estamos cientes do alto custo da ilha de edição, o que inviabiliza que seja realizada em um tempo longo.

C) Terceiro dispositivo: Grupo interinstitucional

O processo que descrevemos acima será feito em cada um dos estabelecimentos escolares. Apresentaremos, em cada escola, o vídeo realizado pelo outro grupo. Esta proposta tem por objetivo criar uma aproximação que inclua as temáticas abordadas, os sujeitos que participaram dos grupos e os vídeos realizados. Proporemos, em seguida, a formação de um terceiro grupo, integrado por jovens de ambas as instituições. Em cada encontro haverá dois participantes-relatores, expondo as categorias pesquisadas e os diversos significados atribuídos às mesmas. Este procedimento requererá um trabalho prévio com a equipe de pesquisa em cada um dos contextos pesquisados. O trabalho que se seguirá durante, aproximadamente, quatro encontros terá por foco debater os pontos de disjunção, de sinergia e suas significações, ou seja, o resultado da análise realizada em cada um dos contextos. O objetivo é potencializar as trocas entre jovens de estratos sociais diferentes no que se refere a temática trabalho.

Concluído este tempo, a equipe de pesquisa efetuará o mesmo procedimento de análise de conteúdo. As análises serão submetidas por escrito ao grupo com extratos de cenas. Nossa hipótese é que neste momento as questões sociais terão um grande destaque. Se esta hipótese se confirmar, a análise deverá estar bastante atenta às diferenças sociais, buscando estabelecer vinculações com as categorias analíticas.

D) Quarto dispositivo: Realização de um último vídeo

Os procedimentos metodológicos abordados na confecção do vídeo anterior serão também considerados na construção deste último dispositivo. Somos sabedores que toda pesquisa-ação deve ser sensível à perspectiva clínica, isto nos levará a manter uma atenção constante à singularidade dos grupos, podendo necessitar pequenas reordenações metodológicas.

O propósito deste último procedimento de pesquisa atende a vários fatores:

- fazer interagir em uma pesquisa-ação grupos sociais diferentes, sabendo-se da forte estratificação social brasileira. As classes que se situam mais nas pontas da pirâmide social têm pouco intercâmbio na vida cotidiana. Quando este ocorre, é envolto em ações de subalternidade, onde habitualmente uma categoria exerce uma ação servil em relação à outra. Estas categorias se conhecem também pela mídia, quando os lugares sociais de habitação são noticiados, forjando estigmas fortes (Freire, 2005) em relação à população jovem. Por outro lado, as categorias superiores são representadas de forma bastante idealizada.
- fazer uma análise das categorias grupais a partir da análise de conteúdo, seguindo o mesmo procedimento anteriormente mencionado: levantamento das categorias, relatório ao grupo, discussão grupal.
- fazer interagir grupos sociais diferentes na realização de um trabalho coletivo, o vídeo.

Ao elaborarmos esta metodologia, desejamos considerar dois aspectos: a experiência é vivida e analisada em um primeiro momento e, posteriormente, ela se transforma em matéria-prima (sensível) a ser trabalhada na criação de vídeos. Neste ponto recorremos à idéia de experiência "Erlebnis", evocada por W. Benjamin (1994), que surge da necessidade de garantir uma memória e uma palavra comum. A produção final do vídeo representa uma nova forma de narrativa da experiência grupal. O vídeo poderá também ter um forte poder de intervenção, na medida em que a comunicação puder ser entendida como produtora de liberação (Morin, 1962), os jovens poderão fazer trocas sobre os sentidos do trabalho, as oportunidades que têm e as formas de alcançar seus propósitos. Espera-se, neste sentido, que o conjunto da pesquisa possa ter efeitos transformadores para os jovens.

Os vídeos poderão também constituir material multiplicador e instrumento de intervenção junto a outros horizontes juvenis, por abordar problemáticas transversais a diversos grupos.

REFERÊNCIAS BIBLIOGRÁFICAS

Amado, G & Levy, A (Org.). (2001). La recherche-action. *Revue Internationale de psychosociologie*. Ed. ESKA, 16-17.

Amado, G. (1999). Groupes operationnels et processus inconscients. In: *Revue Française de Psychalalyse*, 3 Paris, PUF.

Antunes, R. (2000). *Adeus ao proletariado? Ensaio sobre as metamorfoses e a centralidade do mundo do trabalho*. São Paulo, Cortez.

Antunes, R. (1999). *Os sentidos do trabalho: ensaio sobre a afirmação e a negação do trabalho*. (2a. ed.). São Paulo, Boitempo Editorial.

Arendt, H. (1972). *Le système totalitaire*. Paris, Éditions du Seuil.

Barbier, R. (1990). *Pesquisa-ação na instituição educativa*. Rio de Janeiro, Jorge Zahar Ed.

Bardin, L. (1995). *Análise de conteúdo*. Lisboa, Ed. 70.

Barel, Y. (1987). *La Marginalité Sociale*. Paris, PUF.

Barel, Y. (1985), *La Societé du vide*. Paris, Seuil.

Becker, G. (1985). *Outsiders*. Paris, Ed. Métaillé.

Benjamin, W. (1994). *Magia e técnica, arte e política*. São Paulo, Ed. Brasiliense.

Billiard. I. (1997). « Le grand intégrateur »: crise du travail, crise de sens et crise du lien social. In: Appay, B & Thebaud-Mony, A. *Precarisation sociale, travail et santé*. Paris, CNRS, INSERM.

Birman, J. (1999). *Mal-estar na atualidade - A psicanálise e as novas formas de subjetivação*. Rio de Janeiro, Civilização Brasileira.

Bordet, J. (1998). *Les jeunes de la cite*. Paris, Presses Universitaires de France.

Bucci, E.E.Kehl, M.R. (2004). *Videologias*. São Paulo, Ed. Boitempo.

Carreteiro, T.C. (2005). Perspectivas da clínica ampliada face a uma morte anunciada. In: Féres-Carneiro, T. (Org.). *Família e Casal: efeitos da contemporaneidade*. Rio de Janeiro, Ed. PUC-Rio, 294-303.

Carreteiro, T.C. (2003). *Le corps sur investi: pathologie narcissiques contemporaine*, 213-222. Trabalho publicado nos anais do Congresso L'individu Hypermoderne. Paris, ESPC.

Carreteiro, T.C. (2002). Tráfico de drogas, sociedade e juventude. In: Plastino, C.A. (Org.). *Transgressões*. Rio de Janeiro, Contra Capa Livraria.

Carreteiro, T.C. & Farah, B.L. (2002). Reality–shows, exclusão social e instantaneidade: o risco do esquecimento. In: *Psicologia em Revista*, 8 (12), dezembro de 2002, PUC Minas, 24-31.

Carreteiro, T.C. (1999). "Effort de survie et habitat précaire". In: Exclusions, Précarités: Témoignages Cliniques. *Revue Psychologie Clinique*, 7. Paris, Ed. L'harmattan, 121-131.

Castel, R. (2003). *L'insécurité sociale : Qu´est-ce qu´être protégé?* Paris, Seil/ La République des Idées.

Castel, R. & Haroche, C. (2001). *Propieté sociale, Proprieté privée, Proprieté de soi*. Paris, Fayard.

Castel, R. (1997). A dinâmica dos processos de marginalização: da vulnerabilidade à "desfiliação". Cadernos CRH, 26/27, 19-40, jan. /dez. Salvador.Castel, R. (1996) As armadilhas da exclusão. In: *Lien Social et Politiques,* RIAC, CA, 34, out. Montreal.

Castel, R. (1996). "Les marginaux dans l'historie". In: Paugam (Org.) *L'exclusion l'état de savoir*. Paris, Ed. Decouverttes.

Castel, R. (1995b). "Que significa estar protegido?" In: Dabas, E. & Najmmanovich, D. (Org.) *Redes el lenguage de los vínculos*. Buenos Aires.

Castel, R. (1995a), *Les metamorphoses de la question sociale*. Paris, Fayard.

Ceccarelli, P.R. (2004). Sexualidade e consumo na tv. In: Mídia, tecnologia e subjetividade. *Revista Psicologia Clínica*, 16.(2). Rio de Janeiro, PUC, 59-68.

Cifali, M. (1994). *Le lien éducatif: contre-jour psychanalytique*. Paris, PUF.

Coutinho, E. (1992). "Un cinéma de dialogue rejeté par la télévision". *Catalogue du cinema du réel*. Paris, Centre Georges Pompidou.

Demo, P. (1999). Educação profissional – mito e realidade. In: Kuyumjian, M. de M.M. Ser Social – Trabalho e Cidadania. *Revista do Programa de Pós-Graduação em Política Social do Dep. de Serviço Social da UnB*, 5. Brasília, 123-158.

Donzelot, J. (Org.). (1993). *Face à l'exclusion. Lê modele français*. Paris, Ed. Espirit.

Enriquez, E. (1999). Perda de trabalho, perda de identidade. In: Nabuco, M.R. & Neto, A.C.. *Relações de trabalho contemporâneas*. Minas, Belo Horizonte, IRT/PUC.

Freire, L.L. (2005). *Tecendo as redes do programa favela bairro em Acari*. Dissertação de mestrado. Rio de Janeiro, UERJ, Psicologia Social.

Freire, L.M.B. (1999). Reestruturação produtiva e desestruturação social do trabalho no Brasil no limiar do século XXI. In: Kuyumjian, M. de M.M. Ser Social – Trabalho e Cidadania. *Revista do Programa de Pós-Graduação em Política Social do Dep. de Serviço Social da UnB*, 5. Brasília, 45-64.

Freud, S. (1921). Psicologia das Massas e Análise do Ego. In: *Obras Completas de Sigmund Freud*, vol. XVIII. Rio de Janeiro, Ed. Imago.

Gaulejac, V. (2005). *La société malade de la gestion: Idéologie gestionnaire, pouvoir managérial et harcèlement social*. Paris, Éditions du Seuil.

Gaulejac, V. (1999). *L'histoire en héritage – Roman familial et trajectoire sociale*.Paris, Desclée de Browwer.

Girard, A. (1967). *La réussite sociale*. Paris, Hachettes.

Girard, R. (1980). *La violence etle sacré*. Paris, Grasset.
Guimarães, E. (2003). *Escolas, Galeras e Narcotráfico*. Rio de Janeiro, Editora UFRJ.
Harvey, D. (2000). *Condição pós moderna: uma pesquisa sobre as origens da mudança cultural*. São Paulo,Ed. Loyola.Horta, C.R. (1999). Desemprego e Cultura: uma leitura política da desconstrução da cidadania do trabalhador. In: Kuyumjian, M. de M.M. Ser Social – Trabalho e Cidadania. *Revista do Programa de Pós-Graduação em Política Social do Dep. de Serviço Social da UnB*, 5. Brasília, 111-122.
Leclaire, S. (1984). *On tue un enfant*. Paris, Seuil.
L'Huilier, D. (2004). Harcèlement: Inflation imaginaire, déficience du symbolique et déni du réel. *Revue Internationale de Psychosociologie*, 23. Paris, Eska.
Lautier, B. (1999). *Trabalho ou labor? Dimensões históricas e culturais*. In: Kuyumjian, M. de M.M. Ser Social – Trabalho e Cidadania. *Revista do Programa de Pós-Graduação em Política Social do Dep. de Serviço Social da UnB*, 5. Brasília, 09-22.
Larangeira, S.M.G. (1999). Realidade do trabalho ao final do século XX. In: Kuyumjian, M. de M.M. Ser Social – Trabalho e Cidadania. *Revista do Programa de Pós-Graduação em Política Social do Dep. de Serviço Social da UnB*, 5. Brasília, 23-44.
Meda, D. (1995). *Le Travail: une valeur en voie de disparition*. Paris, Ed. Aubier.
Mendel, G. & Prades, L. (2002). *Les méthodes d´intervention psychosociologique*. Paris, ed. Decouvertes.
Milani, F.M. (1999). Adolescência e Violência: mais uma forma de exclusão. *Educar em Revista*, 15 (1).
Minayo, M.C. (1999). *O desafio do conhecimento*. Rio de Janeiro, Hucitec-Abrasco.
Montero, M. (1991). Consecuencias ideologicas de la definicion de familia para la politica social. *Revista Interamericana de Psicología/Interamerican Journal of Psychology*, 21(1), 107-110.
Morin, E. (1962). *Chronique d'un été*. Paris, Domaine Cinema.

Neder, G. (1994). Ajustando o foco das lentes: um novo olhar sobre a organização das famílias no Brasil. In: Kaloustian, S.M. (Org). *Família Brasileira, a base de tudo*. São Paulo, Cortez, 26-46.

Oliveira, M.C. & Bastos, A.C. (2000). Práticas de atenção à saúde no contexto familiar: um estudo comparativo de casos. In: *Psicologia Reflexão e Crítica*, 13 (1). Porto Alegre.

Passeti, E. (1999). Crianças carentes e políticas públicas. In: Del Priore, M. (Org.) *História das Crianças no Brasil*. São Paulo, Ed. Contexto.

Rabelo De Castro, L. (2004). *A aventura urbana: crianças e jovens no Rio de Janeiro*. Rio de Janeiro, Editora 7 Letras.

Ribeiro, I. & Torres Ribeiro, A. (1994). *Família e desafio na sociedade brasileira*. São Paulo, Edições Loyola.

Rizzini, Irene (1997). *O século perdido. Raízes históricas para as políticas públicas para a Infância no Brasil*. Rio de Janeiro, Ed. Universitária Santa Ursula.

Rizzini, Irma (1993). *Assistência à infância no Brasil, uma análise de sua construção*. Rio de Janeiro, Ed. Universitária Santa Úrsula.

Sana, J.J.B. (2001). Formas de inserção no trabalho numa sociedade que está liquidando empregos. In: Borges, L.H.; Moulin, M. das G.B. & Araújo, M.D. de. *Organização do Trabalho e Saúde: múltiplas relações*. Vitória, EDUFES.

Sarti, C.A. (1996). *A família como espelho*. São Paulo, Autores Associados.

Sarriera, J.C. & Camara, S.C. (2001). Critérios para seleção para o trabalho de adolescentes - Jovens: perspectivas dos empregadores. In: *Psicologia em Estudo*, 06 (1). Maringá.

Sarriera, J. (2000). Adolescentes e classes populares à procura de trabalho: dificuldades e expectativas. In: *Revista Psicologia Argumento*, Ano XVIII, abril.

Sarriera, J.; Meira, P.B.; Berlim, C.S.; Bem, L.A. de & Câmara, S.G. (1999). *Treinamento em habilidades sociais na orientação de jovens à procura de emprego*. Porto Alegre.

Sarriera, J.; Sá, S.D. & Teixeira, G.R. (1997). *Valores, Atribuições e Estratégias de Procura de Emprego: Um Estudo Transcultural.* Porto Alegre.

Sarriera, J.C., Camara, S. C.; Schwarcz, C.; De Bem, L. & Garandilhas, M. (1996). *Bem estar Psicológico dos jovens*. Porto Alegre.

Sennett, R. (2004). *A corrosão do caráter: conseqüências pessoais do trabalho no novo capitalismo*. Rio de Janeiro, Record.

Severiano, F. (2004). Cultura de consumo segmentada: a marca da diversidade/ desigualdade social. In: Vasconcellos, F., Barros & R. (Orgs.) *Diversidade cultural e desigualdade: dinâmicas identitárias em jogo*. Fortaleza, Editora UFC, 158-178.

Subrack, M.F.O. (2003). Da obrigação à demanda, do risco à proteção e da dependência á liberdade. In: Subrack, M.F.O.; Conceição, M.I.G.; Seild, E.M.F. & Silva, M.T. (Orgs.). *Adolescentes e drogas no contexto da justiça*. Brasília, Editora Plano, 47-79.

Wagner, A. (2003). "A família e a tarefa de educar". In: Féres-Carneiro, T. (Org.). *Família e Casal: arranjos e demandas contemporâneas*. Rio de Janeiro, Loyola.

Tarde, G. (1979). *Les lois de l'imitation,.* Paris-Genéve, Slatkine.

Virillio, P. (1996). *Velocidade e política*. Estação Liberdade.

Zaluar, A. (2004). *Integração Perversa: pobreza e tráfico de drogas*. Rio de Janeiro, Editora FGV.

Zaluar, A. (1994). *A máquina e a revolta – As organizações populares e o significado da pobreza*, (2a. ed.). São Paulo, Editora Brasiliense.

O cotidiano do casamento contemporâneo: a difícil e conflitiva divisão de tarefas e responsabilidades entre homens e mulheres[1]

Bernardo Jablonski
Pontifícia Universidade Católica
do Rio de Janeiro

O presente trabalho se insere no conjunto de pesquisas que temos desenvolvido sobre atitudes e expectativas acerca do casamento e da separação em camadas médias da população carioca.

Nossos estudos tiveram início em 1988, quando efetuamos uma sondagem de atitudes entre homens e mulheres de classe média do Rio de Janeiro – solteiros, separados e casados de distintas faixas etárias – sobre diversos tópicos relativos ao casamento: vantagens e desvantagens da vida de casado, importância do amor e da sexualidade, impedimentos para uma possível separação e papéis exercidos por homens e mulheres, entre outros fatores (Jablonski, 1988).

Em 1993 procuramos, mais especificamente, captar como jovens socializados basicamente com visões de mundo ligadas à constituição de um modelo de família e casamento tradicionais, ao deparar-se secundariamente com formas alternativas de constituição familiar decorrentes da chamada crise do casamento

---
[1] Projeto de pesquisa em andamento, CNPq 2004 - 2007, desenvolvido com a colaboração da equipe de pesquisa composta por: Viviane Richarson, Mariana Cotrim (FAPERJ), Thais Graeff, Maria Elisa Grijó de Almeida (PIBIC), Thays Assis (CNPq), Aline Zeque Moutinho (FAPERJ), Kessia da Rocha Mattos Coelho (FAPERJ), Carolina Passos Telles Ribeiro, Renata C. Cavour, Alberto Carneiro B. de Souza (Mestrando), Adriana Nunan (Doutoranda)

contemporâneo, resolveriam o conflito provocado por estas visões, em muitos aspectos divergentes (Jablonski, 1996).

Já em 2002, optamos – com uma amostra algo maior – por aprofundar estas questões, procurando cotejar as respostas dadas pelos jovens nas três distintas pesquisas. Buscamos identificar de que forma a passagem do tempo (dezessete anos) refletiu-se nas expectativas e atitudes dos sujeitos entrevistados (Jablonski, 2003) acerca de possíveis mudanças na concepção ideal de casamento e na composição familiar, decorrentes da evolução do movimento de emancipação feminina (tendo como uma de suas principais consequências uma nova divisão de papéis no lar) e de questionamentos a respeito da sexualidade, face ao ainda pervasivo "duplo padrão" moral, que preconiza atitudes e comportamentos distintos para homens e mulheres no que se refere à sexualidade (Jablonski, 2003). Os resultados então obtidos apontaram para uma repetição dos principais resultados das pesquisas anteriores, o que nos permitiu avançar nas suposições levantadas, desde a primeira sondagem. Assim, apesar da "crise do casamento", os jovens parecem mesmo dispostos a se casar. Embora conscientes das dificuldades envolvidas, traduzidas pelo crescente número de divórcios, não parecem preocupados de antemão com a busca de soluções, parecendo continuar acreditando que com eles "será diferente".

No que diz respeito à sexualidade, os mesmos resultados obtidos tanto em 1986 quanto em 1993, que apontavam para um número significativo de virgens do sexo feminino, repetiram-se em 2003. Apesar de os meios de comunicação de massa refletirem uma imagem bastante liberada de nossa juventude, o que pudemos constatar é que esta só em parte corresponde à realidade, dependendo – de forma ainda a ser mais precisamente avaliada – do local de moradia, do grau de escolaridade e do curso frequentado pelas jovens respondentes. Curiosamente, não conseguimos demonstrar a influência da religiosidade no fato de ser ou na intenção de permanecer virgem, exceto quando os respondentes são protestantes do sexo feminino (neo-pentecostais). Ainda no que se refere à sexualidade, em que pese seu idealismo e suas idéias igualitárias, pudemos observar em nossas amostras a permanência de uma "dupla moral", com distintas cobranças e/ou "liberdades", dependendo do sexo.

Pensamos ter atestado igualmente o espírito de individualismo ora reinante, através das respostas referentes à "perda da liberdade e da privacidade" como os principais aspectos ruins ou desvantajosos do casamento. Os jovens priorizam a realização individual acima dos ditames normalmente cultivados pela vida em família, o que faz prever o aumento de conflitos em suas futuras uniões, caso mantenham tais perspectivas de vida, ligadas ao elogio da autonomia, da independência e da satisfação pessoal.

A grande quantidade de louvores à importância do amor, obtida nas três análises, pode estar indicando a persistência de um processo de idealização por parte dos jovens, em lugar da adequação em bases mais realistas; existem outros fatores importantes no processo de construção de um casamento nos dias de hoje.

Finalmente, cabe citar a influência que a separação dos pais é capaz de provocar. A exemplo de outras pesquisas (Glenn e Kramer, 1987; Keith e Finlaly, 1988 & Amato e Keith, 1991), nossos sujeitos provenientes de lares desfeitos se vêem mais propensos aos divórcios, que os filhos de pais que permanecem casados.

Família e casamento hoje

A idéia de prosseguir pesquisando nesta área decorre do fato de que a atual família nuclear urbana e a instituição do casamento passam, inequivocamente, por momentos difíceis. Daí a necessidade da investigação contínua das expectativas e percepções acerca da instituição do casamento, procurando coletar subsídios para a busca de soluções que amenizem as consequências advindas dessa situação de crise. De fato, profundas mudanças de ordem socioeconômica e cultural vêm trazendo o casamento contemporâneo a um estado caracterizado como de crise, principalmente dado o aumento do número de separações, a tal ponto que, aproximadamente, cinquenta por cento das uniões, nos dias de hoje, tendem à ruptura em até dez anos (Coontz, 1997; Epstein, 2002). Embora estes números refiram-se especialmente à cultura norte-americana, pesquisas realizadas nos grandes centros urbanos ocidentais de modo geral, indicam a mesma tendência, variando apenas a magnitude da taxa em questão (Jablonski, 1998).

No Brasil, tomados os dados relativos aos anos 90, o número de divórcios triplicou, enquanto o de casamentos de papel passado diminuiu 12% (IBGE, censo demográfico de 2000). Além disso, evidências anedóticas relativas às populações de classes carentes, que residem nas cidades grandes ou em sua periferia, sugerem que a crise do casamento não se atém apenas a determinado tipo de cultura/classe social (Jablonski, 1998).

Some-se a isso a observação de que, ainda nos Estados Unidos, um quarto das crianças de hoje estarão sendo criadas, ao menos temporariamente, por apenas uma figura parental, e que aproximadamente 20% dos nascituros estão vindo ao mundo fora do esquema tradicional. Dados compilados pela Universidade da Califórnia, Berkeley, mostram que, em 1993, apenas um quarto das famílias americanas podia ser considerada "tradicional": pais casados com uma ou mais crianças presentes (Woods, 1998). Além disso, dois terços de todas as mulheres americanas casadas com filhos já participam efetivamente da força de trabalho, o dobro das taxas referentes aos anos 60 (Coontz, 1997). No Brasil, 38% de toda a mão-de-obra é feminina (dados do IBGE, censo de 2000).

Esses números revelam, a nosso ver, mudanças significativas no âmbito da família e do casamento. Duas das mais antigas instituições sociais da humanidade, que já enfrentaram ao longo dos tempos toda sorte de desafios, parecem estar vivendo uma época delicada que merece, no mínimo, cuidados – e estudos – especiais.

De certa forma, a própria definição de família está em questão, já que o modelo familiar, herdado dos anos 50, no qual o pai sai para trabalhar e a mulher fica em casa, dedicada ao lar e aos filhos, parece estar, como vimos acima, em vias de extinção.

Em todos os grandes centros urbanos ocidentais encontram-se, em maior ou menor número, famílias: (a) nas quais pai e mãe trabalham fora, (b) compostas por pais e/ou mães em seus segundos casamentos, (c) de mães solteiras que assumiram – por opção ou não – a maternidade e passaram à condição de "famílias uniparentais", (d) formadas por casais sem filhos – por opção ou não – (e) por casais que moram juntos sem "oficializar" suas uniões, e (f) por casais homossexuais. Todas as formas alternativas se contrapõem ao modelo tradicional, e vão redefinindo na prática o conceito de família ou as expectativas quanto ao casamento tradicional. Ainda segundo o IBGE (2000), em 47% dos domicílios pelo menos um dos pais está ausente.

Nas pesquisas realizadas anteriormente, como já citamos na introdução do presente trabalho, pudemos observar, em nossas amostras mais jovens, algumas atitudes e percepções dignas de nota (Jablonski, 1998, 2003): o desejo de casar-se da maioria, apesar da crise; a importância dada à virgindade feminina, em que pese a imagem divulgada pela mídia; alguns quesitos ligados à emancipação feminina, avaliados distintamente por homens e mulheres; a idealização do "amor romântico" como salvaguarda e "cura de todos os males"; a persistência de dupla moral em questões relativas à sexualidade e uma ambivalência com relação à monogamia (atitudes favoráveis, comportamentos nem tanto). Os jovens também manifestaram críticas à união de seus pais, girando em torno da excessiva submissão da mãe, da rotina dominando a relação, da falta de diálogo no casal e da existência de doses substanciais de conflitos.

Entre as propostas igualitárias e as práticas tradicionais

No presente estudo mudamos um pouco o foco, retomando, em parte, nossa pesquisa de 1988 e tendo como proposta pesquisar o funcionamento da vida cotidiana dos casais sob a ótica da divisão das tarefas domésticas e dos cuidados com os filhos, face às consequências do movimento de emancipação feminina.

Acreditamos, em consonância com a vasta literatura a respeito (Artis e Pavalko, 2003; Diniz, 1996; Féres-Carneiro, 1998; Goldenberg, 2000, Rocha Coutinho, 2003 e 2004; & Vaitsman, 1994), que este movimento veio transformar profundamente as relações de gênero, em função da entrada maciça da mulher no mercado de trabalho e de suas consequências – casamentos mais tardios, diminuição no número de filhos, maior autonomia e independência por parte das mulheres e um aumento de conflitos gerado pela busca da igualdade de direitos.

O fato é que o ingresso substancial das mulheres no mercado de trabalho provocou uma profunda alteração nos papéis tradicionalmente desempenhados no casamento. O homem provedor e a mulher encarregada da organização da casa e da educação dos filhos deram lugar a dois trabalhadores remunerados, mesmo que, eventualmente, as atividades profissionais sejam realizadas dentro do lar. Parecem cada vez menos frequentes os arranjos matrimoniais em que apenas um dos parceiros encarrega-se do sustento da família. As mulheres voltam-se, mais e mais, para o trabalho fora de casa, não só porque possibilita atingir um padrão de vida melhor para a família, como porque o sucesso profissional passou a ser encarado como uma forma de realização pessoal e social (Goldenberg, 2000 & Rocha-Coutinho, 2003). Em consequência, o número de horas despendido nas tarefas realizadas em casa diminuiu sensivelmente nos Estados Unidos, no Canadá e na Europa (Jacobs e Gerson, 1998). Some-se a isso uma escalada perceptível do número de horas dedicadas ao trabalho fora de casa, por pessoas na faixa etária compreendida entre 25 e 45 anos – normalmente, pais com filhos pequenos (Daly, 2001).

No Brasil, babás e empregadas domésticas "fazem uma diferença", no sentido de suprir, em parte, a ausência das mães que se dedicam mais substancialmente ao trabalho fora de casa, ainda que haja dúvidas acerca do número real de lares que incluam a presença de empregadas domésticas. Para Araújo e Scalon (2005), por exemplo, apenas 7,5% dos domicílios brasileiros contariam com a presença de uma empregada doméstica, morando ou não na residência, e para o IBGE (2000), como veremos adiante, nem isso. Sendo estes dados reais ou não, é preciso, sem dúvida, contextualizar os resultados das pesquisas e estudos feitos nas culturas onde não há este tipo de mão-de-obra disponível, ao contrário do Brasil e de outros países da América Latina.

A par das diferenças culturais, na contrapartida deste movimento já firmemente consolidado, parece persistir uma visão conservadora dos papéis dos cônjuges no que se refere às tarefas domésticas e à responsabilidade pelo cuidado e educação dos filhos. Assim, para Russel e Radojevic (1992), menos de dois por cento dos pais compartilham das tarefas de cuidar das crianças em condições de igualdade com as mães, e a proporção de homens "altamente envolvidos" neste tipo de tarefas não chega a 10%. Em 2000, segundo pesquisa levada a cabo pela CNSR (reportada no jornal francês *Le Monde*), 80% dos pais, apesar do discurso igualitário, na prática, não participam em quase nada, no que diz respeito à educação e aos cuidados infantis e muito menos dos afazeres domésticos. A pesquisa em questão, após entrevistas com mil pais, confirma a noção de que, entre as bem intencionadas atitudes igualitárias e a prática do dia-a-dia, a distribuição de tarefas dentro de um lar ainda é bastante marcada pela divisão sexual, com as mulheres arcando com a maior parte delas.

Araújo e Scalon (2005) chegaram a mesma conclusão, ao constatar que a divisão sexual do trabalho doméstico ainda continua sendo, majoritariamente, uma atribuição feminina. Assim, para estas autoras, o ingresso das mulheres no mercado de trabalho não implicou uma divisão mais igualitária dos trabalhos domésticos, ainda que haja indícios de uma maior participação masculina, em relação ao cuidado com os filhos (mas não nas tarefas domésticas).

Rocha-Coutinho (2003, 2004, 2005) aponta igualmente em suas pesquisas que, a par de um discurso social igualitário, tanto homens como mulheres cariocas parecem endossar o ponto de vista (com diferentes níveis de consciência) de que a casa e os filhos são ainda responsabilidade maior da mulher, cabendo ao homem a responsabilidade pelo provimento financeiro. Artis e Pavalko (2003) lembram que ao aumento da taxa de mulheres na força de trabalho, deveria corresponder uma queda em seus níveis de atividade dentro do lar, correspondente a uma divisão de trabalhos intra lar mais equilibrada entre homens e mulheres Mas as mudanças neste sentido têm se mostrado muito pequenas e insatisfatórias, do ponto de vista feminino, em que pese a observação de que nas gerações mais jovens estaria havendo uma distribuição mais igualitária de afazeres e responsabilidades domésticas, coerentes a concepções de vida ideologicamente alinhadas com uma visão de papéis de gênero mais igualitária.

Coltrane (2000) concluiu, a partir de suas pesquisas, que apesar das contribuições masculinas nos afazeres dentro do lar estarem aumentando, as mulheres ainda trabalham pelo menos duas vezes mais que os homens cumprindo as tarefas rotineiras do lar: cuidar das crianças, lavar e passar roupa, fazer compras no supermercado, limpar a casa, etc. Para este autor, a consequência dessa divisão associa-se, frequentemente, a sentimentos de injustiça, sintomas de depressão e de insatisfação com o casamento, por parte das mulheres. Da mesma forma, uma maior participação masculina nestas tarefas seria um excelente desencadeador de satisfação marital. A percepção de que estaria havendo uma injusta divisão de tarefas levaria, pois, a um sensível aumento de conflitos e à diminuição da satisfação marital (Blair, 1988; Greenstein, 1996; Kluver, Heesink e Van de Vliert, 1996 & Lavee e Katz, 2002).

Em nossos estudos, notamos igualmente (Brasileiro, Jablonski e Féres-Carneiro, 2002 & Jablonski, 1988, 1996, 2001, 2003), no que diz respeito às atitudes, um crescente interesse dos homens em participar, cada vez mais, da educação e dos cuidados com os filhos. Porém, ao passarmos para o campo dos comportamentos, ou seja, da ação propriamente dita, a divisão de tarefas torna-se utópica, como se houvesse uma promessa de mudança que não é cumprida, circunstância capaz de gerar frustração nas mulheres. Pleck (1997) confirma, em suas pesquisas, que a mulher tem convocado – ou pelo menos tentado convocar – cada vez mais seu companheiro a participar, ao menos, dos cuidados destinados aos filhos. O autor encontrou fatores que podem ajudar ou atrapalhar o envolvimento do pai, como, por exemplo, a idade (filhos pequenos sensibilizam mais do que adolescentes), o sexo dos filhos (meninos também parecem receber mais atenção dos pais) e o dia da semana (fins de semana parecem o momento mais apropriado para que o pai exerça a sua função). Mas, de acordo com Russell e Radojevic (1992), Greenstein (1996) e Milkie e Peltola (1999), em consonância com a maior parte dos estudos realizados, as mulheres continuam responsáveis pela grande maioria dos cuidados infantis.

Entre os motivos para a manutenção deste *status quo* estariam a maior disponibilidade de tempo por parte das mulheres – muitas também trabalham fora de casa – a questão dos recursos relativos, pelos quais a alocação de trabalhos domésticos refletiria as (desiguais) relações de poder entre homens e mulheres, e finalmente, a questão de gênero, fortemente embasada por um viés ideológico que atribui à mulher boa (má...) parte dos serviços domésticos como um todo (Bianchi, Milkie, Sayer e Robinson, 2000).

Esta situação de disparidade de papéis é vivenciada pelas mulheres, aparentemente, de forma bastante dolorosa, uma vez que há uma promessa de igualdade de funções, alimentada por atitudes dos próprios homens, ocasionando uma expressiva fonte adicional de conflitos dentro de uma área já suficientemente carregada de problemas. Diante deste quadro, muitas mulheres sentem-se traídas e sobrecarregadas, visto que a divisão igualitária dos papéis, que é belíssima na teoria mas que não acontece na prática, contribui para que a mulher sinta-se cada vez mais solitária em suas funções diárias (Jablonski, 1998). Por outro lado, no entanto, Araújo e Scalon (2005), em seu estudo com pessoas predominantemente de baixa renda, já citado por nós anteriormente, reportaram baixos índices de conflito ocasionado pela discrepância entre o que homens fazem em casa e o que as mulheres esperam que eles façam. As autoras aventam a possibilidade da existência de tensões significativas que, no entanto, não se traduzem em conflitos explícitos entre homens e mulheres.

Outros pesquisadores reforçam com seus dados a diferença entre opiniões e ações. Coverman e Sheley (1986) observaram, em seus estudos sobre a década de 60, que os homens despendiam apenas quinze minutos diários nos cuidados dos filhos. Demo (1992) confere uma nota de alento ao verificar que, de lá para cá, a participação masculina tornou-se mais efetiva, principalmente entre os pais com menos de 30 anos de idade ou aqueles com filhos em idade pré-escolar. No entanto, o próprio autor reconhece que as mudanças não têm sido as esperadas, embora a participação dos pais – ao contrário do que é indicado pelos trabalhos levados a cabo por Pleck (1997) – tenda a aumentar à medida que os filhos crescem, com adolescentes recebendo mais atenção do que bebês, uma vez que pais não amamentam e nem mães costumam acompanhar os filhos a jogos de futebol.

Para Jacobs (2004), um modelo mais igualitário, excelente na teoria, tem trazido na prática inúmeros problemas, em função de expectativas e responsabilidades ainda sob forte influência de papéis de gênero pré-determinados. Desta forma, papéis mais tradicionais estariam sempre competindo com as escolhas mais contemporâneas, o que levaria a uma confusão acerca de que paradigmas seguir. Isto levaria os membros dos casais à formulação de expectativas irrealizáveis, bem como a sentimentos mútuos de incompreensão, de ressentimento e, finalmente, de rejeição.

Assim, o que um significativo conjunto de estudos tem demonstrado é que inúmeros aspectos da vida cotidiana parecem continuar imputados à responsabilidade feminina. Em consequência, os casais parecem vivenciar um conflito entre as propostas igualitárias modernas e as práticas hierárquicas tradicionais. Para Henriques (2003), o individualismo e o igualitarismo de hoje em dia, ao conviver com as diferenças ainda existentes entre os sexos, podem provocar um alto nível de conflitos entre os membros de um casal.

A presente pesquisa pretende, pois, debruçar-se justamente sobre estes aspectos da vida em comum, investigando como a alteração de papéis resultante da emancipação da mulher vem se refletindo na organização interna dos lares, averiguando até onde as mudanças de atitudes e idéias acerca do papel feminino concretizam-se numa efetiva divisão das tarefas domésticas (discurso x prática), se existe ou não a denominada "tripla jornada de trabalho da mulher" (incluído os gastos em tempo e energia na esfera dos cuidados em torno da beleza) e ainda, em que medida esta nova realidade vem acrescentando pontos de atrito à vida conjugal.

Em complemento, ainda com o foco no *background* social, alguns outros tópicos vão ser igualmente sondados, na medida em que a urbanização e as demandas do que entendemos por uma sociedade pós-moderna também desempenham papéis de peso. A ênfase no individualismo, o aumento da longevidade (que permite que hoje em dia até três gerações convivam por um período maior de tempo, expandindo a influência proporcionada pelos segmentos mais idosos da população sobre os mais jovens, no que diz respeito à transmissão de valores, regras morais e pautas de atuação) e a percepção do casamento como uma *instituição em transformação* são fatores que, ao interagirem, provocam alterações igualmente significativas na avaliação do casamento e da família e na vivência dos papéis sexuais.

Da mesma forma, os avanços na tecnologia também não podem ser desprezados no que diz respeito à avaliação dos tópicos que nos concernem, pois em diversas áreas as inovações concorrem para alterar de várias formas as relações familiares. Assim, a pílula anticoncepcional, o aparelho de microondas, a internet, o celular, TVs a cabo, VCRs e DVDs modificaram, em menor ou maior grau, uma gama de atividades ligadas à sexualidade, à diminuição das tarefas dentro do lar (e consequente maior disponibilidade para a execução de tarefas fora do lar) e à comunicação (facilitando ou dificultando o processo de interação entre casais). A tecnologia também pode acirrar as contradições entre tarefas do lar e demandas do mundo do trabalho, à medida que pagers, celulares e o acesso à internet tanto reforçam vínculos familiares quanto se prestam a intromissão do trabalho, colocando as pessoas acessíveis a demandas de patrões ou de colegas de trabalho, tornando mais difusos os limites entre os mundos da casa e do trabalho (Daly, 2003).

Resta saber como todas estas variáveis são percebidas e avaliadas por nossos sujeitos, a elas expostos e por elas envolvidos. Assim, acreditamos que uma retomada do tema possa render outras considerações e apontar para novas percepções e atitudes com relação ao casamento contemporâneo e aos valores que lhe são agregados, bem como aos conflitos que vêm surgindo em função dos novos arranjos econômicos e sociais que permeiam nossa sociedade. Além disso, procuraremos no presente estudo confirmar os achados que vimos desenvolvendo em nossas pesquisas ou ainda detectar possíveis alterações ocorridas em torno dos tópicos por nós abordados.

Objetivos

O presente trabalho tem como principal objetivo pesquisar o cotidiano do casamento de jovens casais que se dividem entre a vida familiar e a profissional. Desejamos investigar como, na contemporaneidade, se dá entre os membros de casais urbanos de classe média a negociação de tarefas dentro do lar, face às novas demandas impostas pelo desenvolvimento do movimento de emancipação feminina. Assim, face a uma dupla jornada de trabalho e às dificuldades demonstradas pelos homens em compartilhar de forma mais igualitária as tarefas ditas domésticas (cuidar da casa e das crianças, fazer compras, arrumar, lavar e passar, entre outras atividades), observa-se um aumento considerável de conflitos dentro dos casamentos de hoje. A existência (e em que grau) de atritos, e a forma como os cônjuges lidam com estas demandas antagônicas – fruto da herança de papéis de gênero tradicionais em conflito com as perspectivas contemporâneas mais igualitárias – é o foco principal do presente estudo.

Metodologia

Para atingirmos os objetivos propostos, utilizamos uma metodologia qualitativa para avaliar as expectativas – e os comportamentos – de membros de casais, acerca de uma série de tópicos relativos ao cotidiano da vida em comum.

Sujeitos

Vinte membros de casais heterossexuais de classe média, com idades entre 30 e 45 anos (com, no mínimo, cinco anos de união) e com a condição de terem ao menos um filho. Outro critério para a seleção dos sujeitos é que ambos trabalhem fora de casa. No momento da feitura do presente relatório, oito casais já haviam sido entrevistados.

Instrumentos e procedimentos

Utilizamos para a obtenção dos dados, uma entrevista com um roteiro semi-estruturado, buscando sondar temas relacionados à educação dos filhos, lazer (isolado ou em família), tempo gasto nas atividades dentro e fora do lar, natureza das tarefas realizadas por homens e mulheres e demais atividades relativas à manutenção da casa e ao cuidado dos filhos, e como são divididas entre homens e mulheres, bem como o grau de satisfação e de equidade percebidos em tal partilha.

Os temas sondados, especificamente, giram em torno de itens como: concepções e motivações para o casamento; lugar do casamento no projeto de vida; vantagens e desvantagens da vida em comum; aproveitamento do tempo disponível, tanto para o lazer quanto para o exercício de atividades necessárias à manutenção da casa e aos cuidados com o(s) filho(s); papéis de gênero e o casamento; avaliação do casamento dos pais (erros e acertos); casamento e relação amorosa; entre outros.

Análise dos dados

Para a devida avaliação do material obtido através das entrevistas, procedemos análise do conteúdo, como proposto por Bardin (1979), entre outros autores. Assim, as categorias de análise foram estabelecidas a partir dos dados logrados nas entrevistas, embora a própria seleção de temas (mencionados acima) tenha contribuído para a constituição das categorias.

Resultados preliminares

Entrevistamos, até o momento, dezesseis pessoas (oito casais), seguindo o roteiro (v. anexo), com os seguintes resultados parciais:

As idades dos entrevistados variam de 30 a 45 anos e todos os casais têm, pelo menos, um filho em idade escolar vivendo em sua companhia. As profissões são as mais variadas, sendo predominante o exercício do trabalho fora de casa, com jornada pré-fixada, normalmente de oito horas diárias (v. anexo 2).

Opinando sobre **o que faz durar um casamento,** os entrevistados referiram-se a *respeito* (em primeiro lugar), *companheirismo,* *tolerância, valores semelhantes* e também *amor*. Entre as **vantagens de estar casado**, aparece frequentemente – entre os homens mais que entre as mulheres – *o desejo de constituir família*. O casamento também é visto, por ambos os sexos, como *um antídoto contra a solidão* e uma forma *de partilhar bons e maus momentos, dividindo responsabilidades com a educação dos filhos e despesas com a manutenção do lar*.

Na indagação acerca das **desvantagens do casamento**, notamos algumas diferenças de percepção entre homens e mulheres. Para os primeiros a *perda da liberdade* é a desvantagem mais importante. Entre as mulheres não há uma resposta preponderante, mas uma referência à *perda da individualidade e da liberdade* para tomar decisões que envolvam a vida profissional.

Aparece ainda no discurso de homens e mulheres a convicção de que o casamento, na verdade, não apresenta muitas desvantagens. É uma "questão de acréscimo", segundo o discurso de um deles, reproduzido, em outras palavras, por quase todos os entrevistados.

Perguntados sobre o que fariam diferente do casamento de seus pais, alguns entrevistados, notadamente os que são oriundos de famílias nas quais o casamento se desfez, manifestam um desejo acentuado de não repetir o mesmo modelo.

Quanto ao lazer, os hábitos relatados pelos entrevistados são muitíssimo variados e as diferenças podem, em grande parte, ser creditadas à existência, ou não, de uma estrutura de apoio (babá, avós, empregada) no cuidado com as crianças. Em todos os casos, casais com filhos pequenos costumam direcionar sua programação de lazer para atividades que possam ser compartilhadas pelas crianças, embora seja comum a menção a atividades exclusivas do casal, nas hipóteses em que o apoio antes referido se faz presente, ainda que em menor freqüência, comparados aos programas realizados em família.

O lazer individual independente do companheiro e da família é muito mais frequente entre os homens que entre as mulheres. O "futebol" e o "chopinho" com os amigos estão mais presentes no universo dos entrevistados do sexo masculino, sem correspondente entre as mulheres. Aqui pudemos notar uma certa dose de insatisfação por parte das entrevistadas, na medida em que percebem uma desigualdade nas possibilidades de lazer individual entre os sexos – embora, nada manifestado de modo realmente enfático.

A maioria dos entrevistados conta com ajuda profissional para a realização das tarefas domésticas (empregada, diarista, folguista), bem como com o auxílio de familiares, no que se refere ao cuidado com as crianças. Segundo a pesquisa realizada por Araújo e Scalon (2005), já citada anteriormente, em apenas 7,5% dos lares há o apoio efetivo de uma empregada doméstica (morando ou não na residência). Já para o IBGE (2000), menos de 1% dos lares brasileiros contaria, oficialmente, com este tipo de ajuda. Se confirmados, estes dados sinalizam que são bem poucos os casais que podem arcar com os custos do auxílio de outras pessoas na lida doméstica. Nesse sentido, nossa amostra – composta por sujeitos de classe média alta – difere substancialmente da maior parte da população brasileira.

Quanto à divisão das tarefas domésticas, embora se note que os homens relatem uma participação efetiva, na verdade, cotejando as informações prestadas por homens e mulheres, verifica-se que aqueles têm uma função coadjuvante, colaborativa ou periférica: sua participação é definida pelas mulheres quase sempre como uma "ajuda". Embora esta situação pareça injusta, já que muitas vezes a mulher tem igual ou maior carga de trabalho fora de casa, no discurso feminino nem sempre aparece um sinal claro de inconformidade com tal situação. A se confirmar esta tendência nas entrevistas que ainda faltam, teremos no mínimo, de refazer o título de nossa pesquisa, retirando do mesmo os termos "difícil" e conflitiva". Anos de socialização distinta parecem ter inculcado, mesmo em mulheres de alto nível de escolaridade, de classe média e ligadas aos discursos da pós-modernidade, a noção mais tradicional de que tarefas domésticas não se prestam mesmo a serem divididas igualitariamente entre os sexos.

Em relação ao cuidado com os filhos, a participação masculina é, de fato, maior do que a relatada nas demais tarefas domésticas. Não obstante, persiste sua característica de subsidiariedade. A atuação masculina é predominantemente complementar à da mulher, salvo naqueles casos, pouco comuns, em que o homem tem horários de trabalho flexíveis e a mulher, não.

Quanto à apreciação pessoal sobre a divisão de tarefas, revela-se uma discrepância nos discursos dos entrevistados. Os homens referem-se à sua própria participação como mais intensa e relevante do que aquela percebida pelas mulheres. Elas, por sua vez, se vêem fazendo mais do que eles e algumas ressentem-se desta situação manifestando o desejo de dispor de mais tempo para si mesmas. O princípio teórico do fenômeno de atribuição de causalidade também parece dar conta destas diferenças percebidas entre homens e mulheres quando julgam a si mesmos ou ao outro, atribuindo responsabilidades distintas nas tarefas realizadas, ora quando são atores, ora quando observadores (Rodrigues, Assmar e Jablonski, 2003).

À guisa de comentários "finais"

Estes resultados preliminares por nós encontrados são compatíveis com os apurados em outras pesquisas sobre o mesmo tema, tanto no Brasil quanto no exterior. Araújo e Scalon (2005) por exemplo, já citadas por nós, ao apresentar os resultados da pesquisa "Gênero, Trabalho e Família em Perspectiva Comparada", realizada no Brasil, mas em segmento social diferente (classes populares), referem-se a percepções muito semelhantes com relação à divisão de tarefas: a exemplo do que ocorre na classe média, os homens são coadjuvantes nas responsabilidades domésticas. A pesquisa em questão identificou, também, uma falta de sintonia na percepção de homens e mulheres sobre a divisão de tarefas dentro do lar. As mulheres a percebem como mais assimétrica, enquanto os homens julgam-na mais equitativa, embora ambos demonstrem uma acentuada discrepância entre o que fazem e o que a(o) companheira(o) considera que realmente é feito pelo(a) parceiro(a). Estas distinções também se apresentam em pesquisa realizada por Davis e Greenstein (2004) que, ao comparar as situações em países tão variados como EUA, Japão, Hungria, Rússia, entre outros, apuraram que os homens tendem a superestimar a sua contribuição nas tarefas domésticas, o que as mulheres não fazem, ao menos, não com a mesma intensidade.

Em quaisquer dos casos, é visível uma distância considerável entre o discurso e a prática, sendo certo que mesmo os homens cuja atitude é positiva em relação a uma divisão igualitária de tarefas, ainda adotam um comportamento não compatível com tais convicções. O que torna-se curioso é a ainda aceitação, pelas mulheres, de uma situação flagrantemente iníqua, em consonância com a idéia do conceito de tradicionalização. Este conceito diz respeito ao fato de homens e mulheres, após se tornarem pais/ mães, adotarem posturas mais tradicionais no que tange a seus papéis parentais e em suas divisões de trabalho doméstico, apesar de possíveis atitudes igualitárias anteriores. Esta tendência para a assunção de papéis femininos e masculinos mais estereotipados se daria independentemente do status profissional das mulheres, do nível educacional, ou das atitudes de gênero e das divisões de trabalho preexistentes por parte dos casais. Assim, a divisão de trabalho doméstico costuma ser mais tradicional do que ambos os pais esperavam antes de os filhos nascerem (Brasileiro, Jablonski e Féres-Carneiro, 2002 & Cowan e Cowan, 2000).

Em suma, embora nossa pesquisa ainda não esteja concluída, o que temos verificado é que há ainda um longo caminho a ser percorrido pelos casais em direção à igualdade. A boa notícia é que a viagem não está sendo percebida como muito dificultosa...

REFERÊNCIAS BIBLIOGRÁFICAS

Araújo, C. & Escalon, C. (2005). *Gênero, família e trabalho no Brasil*. Rio de Janeiro, FGV.
Artis, J.E. & Pavalko, E.K. (2003). Explaining the decline in women's household labor: Individual change and cohort differences. *Journal of Marriage and the Family*, 65, 746-761.
Bardin, L. (1979). *Análise de Conteúdo*. Lisboa, Martins Fontes.
Bianchi, S.M.; Milkie, M.A.; Sayer, L.C. & Robinson, J.P. (2000). Is anyone doing the housework? Trends in the gender division of household labor. *Social Forces*, 79, 191-228.
Blair, S.L. (1988). Work roles, domestic roles, and marital quality: perceptions of fairness among dual-earner couples. *Social Justice Research*, 11, 313-336.
Brasileiro, R.F.; Jablonski, B. & Féres-Carneiro, T. (2002). "Papéis de Gênero e a Transição para a Parentalidade". Revista *PSICO*, 33, 2, JUL/DEZ., 289-310.
Coltrane, S. (2000). Research on household labor: Modeling and measuring the social embeddedness of routine family work. *Journal of Marriage and the Family*, 62, 1208-1233.
Coontz, S. (1997). *The way we really are: coming to terms with America's changing families*. N.Y., Basic Books.
Coverman, S. & Shelley, J.F. (1986). "Change in Men's Housework and Child-Care Time, 1965-1975". *Journal of Marriage and the Family*, 48, 3, may, 413-422.
Cowan, C.P. & Cowan, P.A. (2000). *When partners become parent: the big life change for couples*. New Jersey, LEA.

Daly, K.J. (2003). Desconstructing Family Time; From ideology to Lived Experience. *Journal of Marriage and the Family*, 63, may, 283-294.

Davis, S.N. & Greenstein, T.N. (2004). Cross-National variations in the division of household labor. *Journal of Marriage and the Family*, 66, 4, 1260-1271.

Demo, D.H. (1992). "Parent-Child Relations: Assessing Recent Changes. *Journal of Marriage and the Family*, 54 (1), feb, 104-117.

Diniz, G.R.S. (1996). Dilemas de Trabalho, Papel de Gênero e Matrimônio em Casais que Trabalham Fora em Tempo Integral. In: Feres-Carneiro, T. (Org.). *Relação Amorosa, Casamento, Separação e Terapia de Casal*. Rio de Janeiro, Coletâneas da ANPEPP, 1, 1.

Epstein, R. (2002). My words. *Psychology Today*, 2, 5, feb.

Féres-Carneiro, T. (1998). Casamento contemporâneo: o difícil convívio entre a individualidade e a conjugalidade. *Psicologia: Reflexão e Crítica*, 11, 2, 379-394.

Goldenberg, M. (2000). De Amélias a operárias: um ensaio sobre os conflitos femininos no mercado de trabalho e nas relações conjugais. In: Goldenberg, M.P. (Org.). *Os novos desejos*. Rio de Janeiro, Record, 105-124.

Greenstein, T.N. (1996). Gender ideology and perceptions of the fairness of the division of household labor: Effects on marital quality. *Social Forces*, 74, 1029-1042.

Henriques, C.R. (2003). "Geração Canguru": o prolongamento da convivência familiar. Dissertação de Mestrado. Rio – PUC.

IBGE IX (2000). Recenseamento Geral do Brasil.

Jablonski, B. (1988). *A crise do Casamento Contemporâneo: Um estudo psicossocial*. Tese de Doutorado. RJ/ FGV.

Jablonski, B. (1996). A Aferição de Atitudes de Jovens Solteiros(as) Frente à Crise do Casamento: uma Réplica. *Cadernos de Psicologia*, Série Social e Institucional, IP/UERJ, 5, 5-21.

Jablonski, B. (1998). *Até que a Vida nos Separe: a Crise do Casamento Contemporâneo*, (2ª ed., revista e aumentada). Rio de Janeiro, Agir.

Jablonski, B. (2001). Atitudes frente à Crise do Casamento. In: Féres Carneiro, T. (Org.). *Casamento e Família: do Social à Clínica*. Rio de Janeiro, ed. NAU, 81-95.

Jablonski, B. (2003). "Afinal, o que quer um casal? Algumas considerações sobre o casamento e a separação na classe média carioca". In: Féres-Carneiro, T. (Org.). *Família e Casal: arranjos e demandas contemporâneas*. Rio de Janeiro, EDPUC/Loyolla, 141-168.

Jacobs, J.W. (2004). Seven myths that can kill your marriage. *Psychology Today*, 37, 2, 34-38.

Jacobs, J. & Grson, K. (1998). Who are the overworked Americans? *Review of Social Economy*, 4, 442-459.

Kluver, E.S.; Heesink, J.A.M. & Van De Vliert, E. (1996). Marital conflict about the division of household labor and paid work. *Journal of Marriage and the Family*, 58, 958-969.

Lavee, Y. & Katz, R. (2002). Division of labor, perceived fairness, and marital quality: The effect of gender ideology. *Journal of Marriage and the Family*, 64, 27-39.

Le Monde. (2000). "Famille: les "noveaux pères" ont disparu". Edição de 27/05/2000.

Milkie, M. & Peltola, P. (1999). Playing all the roles: Gender and the work-family balancing act. *Journal of Marriage and the Family*, 61, 476-490.

Pleck, J.H. (1997). *Paternal envolvement: Levels, sources and consequences*. In: Lamb, M.E. (ed.). *The role of the father in the child development*. New York, Wiley, 66-103.

Rocha-Coutinho, M.L. (2003). Quando o executivo é uma "dama": a mulher, a carreira e as relações familiares. In: Féres-Carneiro, T. (Org.) *Família e casal: arranjos e demandas contemporâneas*. Rio de Janeiro, ed. PUC-Rio/Loyola.

Rocha-Coutinho, M.L. (2004). Variações sobre um antigo tema: a maternidade e a paternidade para mulheres com uma carreira profissional bem sucedida. *Trabalho apresentado na X Reunião da ANPEPP*. E. Santo, Praia Formosa.

Rocha-Coutinho, M.L. (2005). O papel de homens e mulheres na família: podemos falar em reestruturação? *Psicologia Clínica*, 15, (2), 93-108.
Rodrigues, A, Assmar, E. & Jablonski, B. (2003). *Psicologia Social*. (23ª ed.). Petrópolis, Vozes.
Russell, G. & Radojevic, M. (1992). The changing of role fathers? Current understandings and future directions for research and practice. *Infant Mental Health Journal*, 13, 296-311.
Vaitsman, J. (1994). *Flexíveis e plurais: identidade, casamento e família em circunstâncias pós-modernas*. Rio de Janeiro, Rocco.
Wood, L. (1998). Divorce Statistics. Publicação *on-line*. Http://ddl.digital.net/~laurieg/culture/divorce.htm.

ANEXO I
ROTEIRO DE ENTREVISTAS

Grupo 1: (informações gerais sobre o entrevistado)

1. Qual a sua idade?
2. Há quanto tempo você está casado(a)?
3. Você tem filhos? Quantos e de que idades? Eles moram com você?
4. Qual a sua profissão?
5. Quantas horas por dia você normalmente trabalha?

Grupo 2: (opinião sobre o casamento e a educação dos filhos)

6. Na sua opinião, o que faz durar um casamento?
7. Para você, quais as vantagens e as desvantagens de estar casado(a)?
8. O que você faz ou faria diferente de seus pais em relação ao casamento e à educação dos filhos?

Grupo 3: (lazer)

9. Vocês costumam sair juntos? Sós ou com os filhos?
10. Com que freqüência?
11. O que vocês costumam fazer, normalmente?
12. Você costuma sair sem ele/ela?

Grupo 4: (vida doméstica cotidiana)

13. Como você descreveria o seu dia-a-dia?
14. Vocês têm ajuda de alguém para as tarefas domésticas?
15. De quem? (empregada regular, diarista, folguista, familiares ou agregados)
16. De que forma eles ajudam?

17. Quais as tarefas domésticas que cabem a você? E a seu marido/esposa? (abastecer a casa, providenciar reparos, cozinhar, limpar, cuidar da roupa, efetuar pagamentos, etc.)

Grupo 5: (cuidado dos filhos)

18. Com relação aos filhos, que tarefas são realizadas por você e quais por seu marido/esposa? O que fazem em cooperação? (cuidar da higiene e alimentação, auxiliar nas tarefas da escola, acompanhar a médicos/dentistas, comparecer às reuniões da escola, transportar para atividades extracurriculares, acompanhar a festinhas de aniversário e outras atividades de lazer etc.)
19. Nestas atividades, vocês contam com ajuda de alguém?
20. De quem? (babá, empregada, folguista, pessoa da família ou agregados)
21. Se um filho fica doente, quem falta ao trabalho?

Grupo 6: (apreciação pessoal sobre a divisão das tarefas)

22. O que você acha que seu marido/mulher não faz e deveria fazer?
23. O que você faz e não gostaria de fazer?
24. Há algo que seu marido/mulher faz e que você gostaria de fazer com ele/ela ou no lugar dele/dela?

ANEXO II

CASAL 1
Ana, 29 anos, advogada
Alexandre, 34 anos, engenheiro
Casados há 4 anos, duas filhas

CASAL 2
Beatriz, 35 anos, atriz e bailarina
Bruno, 37 anos, professor universitário
Casados há 7 anos, dois filhos

CASAL 3
Carol, 29 anos, professora
Cláudio, 33 anos, músico e jornalista
Casados há 5 anos, uma filha

CASAL 4
Diana, 31 anos, coordenadora comercial
Danilo, 41 anos, comerciante
Casados há 4 anos, um filho (do primeiro casamento de Diana)

CASAL 5
Eliane, 32 anos, engenheira química
Eduardo, 33 anos, analista de sistemas
Casados há 5 anos, um filho

CASAL 6
Fernanda, 41 anos, bióloga
Fábio, 43 anos, procurador
Casados há 17 anos, dois filhos

CASAL 7
Gabriela, 37 anos, contadora
Gustavo, 35 anos, economista
Casados há 8 anos, um filho (primeiro casamento de Gabriela)

CASAL 8
Helena, 34 anos, enfermeira
Henrique, 35 anos, advogado
Casados há 7 anos, um filho

CASAL 9
Inês, 35 anos, cirurgiã dentista
Igor, 39 anos, engenheiro e professor universitário
Casados há 9 anos, dois filhos

A dinâmica das relações conjugais: teoria e clínica

Isabel Cristina Gomes
Universidade de São Paulo

Esse trabalho tem como objetivo analisar a natureza e a dinâmica das relações conjugais, considerando o entendimento do tipo de escolha, inconsciente e consciente, entre os parceiros; o estabelecimento e a manutenção do vínculo conjugal; os aspectos transgeracionais e a psicopatologia dessas relações. Toma como referencial teórico Freud, Winnicott e alguns conceitos da psicanálise vincular, na tentativa de construir um corpo teórico que auxilie a compreensão e o papel do terapeuta de casais.

Desde Freud, com as séries complementares, temos o prenúncio do estudo dos pares complementares e das escolhas inconscientes, na constituição dos casais, que mais tarde se desenvolve com o corpo teórico e clínico da psicanálise de casais, com ênfase no entendimento do tipo de relação ou vínculo inconsciente que permeia a escolha do par.

Entretanto, é especificamente com os trabalhos de 1910, reunidos em *Um Tipo Especial de Escolha de Objeto feita pelos Homens*, que Freud delineia aquilo a que hoje a psicanálise de família vem-se dedicando intensamente: a influência dos modelos parentais (família nuclear) na escolha conjugal e no estabelecimento dos vínculos conjugais e familiares, transmitidos de uma geração a outra. É também nesse momento que o autor traça as bases das escolhas amorosas feitas por homens e mulheres, no contexto do

amor normal, tendo como referência teórica fundamental a descoberta do complexo de Édipo, que surge publicado, pela primeira vez, numa nota de rodapé desse trabalho[1].
Dentro do que Freud define como amor normal, encontramos determinadas características

> *"[...] que revelam, de maneira inconfundível, o protótipo materno da escolha de objeto, como, por exemplo, a preferência demonstrada pelos homens jovens por mulheres mais maduras. As características maternas permanecem impressas nos objetos amorosos que são escolhidos mais tarde, e todas elas se transformam em substitutos facilmente reconhecíveis da mãe".*
> (Freud, 1910, p. 152)

Poderíamos completar essa citação, apontando que esse mecanismo também é responsável por algumas escolhas femininas de parceiros semelhantes ao próprio pai. No geral, esses fatores são inconscientes e podem determinar a escolha entre os cônjuges, de sorte que a formação do par conjugal terá como base as configurações edípicas, e a nova família, assim constituída, estará fortemente presa ao modelo das famílias nucleares (ou de origem).

Temos aqui, então, um tema que se atualizou, na psicanálise de família e casal, principalmente a de origem francesa, com Kaës (2001) e Eiguer (1998), sobre o estudo acerca da transmissão psíquica transgeracional. Esses estudos a respeito da transmissão psíquica entre gerações vêm demonstrando que a questão do sujeito se define, cada vez mais necessariamente, no espaço intersubjetivo, *"e mais precisamente, no espaço e no tempo da geração, do familiar e do grupal, ali onde, exatamente – segundo a formulação de Piera Aulagnier - 'o Eu pode vir a ser' ou, tem dificuldade de constituir-se"*, conforme nos diz Kaës (1998, p. 5).

---

[1] Embora o autor já tivesse feito referências anteriores ao termo, na *Interpretação dos Sonhos* (1900) e sobre os *Chistes* (1905).

Para esse autor, o que se transfere e se transmite de um espaço psíquico a outro são essencialmente *"as configurações de objetos psíquicos (afetos, representações, fantasias), isto é, objetos munidos de seus vínculos, incluindo sistemas de relação de objeto"* (1998, p. 9). Kaës considera a identificação como o maior processo da transmissão psíquica entre gerações. E indica ainda que, o que se transmite é *"preferencialmente, o que não contém, aquilo que não se retém, aquilo de que não se lembra, como a vergonha, a falta, a doença, o recalcamento, os objetos perdidos e ainda enlutados"* (p. 9). Entretanto, não se transmite apenas o negativo, transmite-se também *"aquilo que ampara e assegura as continuidades narcísicas, a manutenção dos vínculos intersubjetivos, a conservação e complexidade das formas e da vida: ideais, mecanismos de defesa, identificações, certezas, dúvidas"*. (p. 9)

Correa (2000) faz uma distinção entre dois tipos de transmissão psíquica geracional, que estariam interligados: a intergeracional seria aquela que *"inclui um espaço de metabolização do material psíquico transmitido pela geração mais próxima e que, transformado, passará à seguinte"* (p.65). Já a transgeracional se refere a um material psíquico da herança genealógica não transformada e não simbolizada, apresentando assim vazios e lacunas na transmissão, de modo que *"o significado aponta para o fato psíquico inconsciente que atravessa diversas gerações"*. (p.65)

Resumindo, a história familiar herdada das gerações anteriores faz-se presente na formação do psiquismo do indivíduo. Dependendo do modo como ele a recebe, pode-se tornar um prisioneiro dessa herança ou um herdeiro dela. Tudo dependerá da possibilidade que o psiquismo desse indivíduo tem de elaborar as heranças psíquicas recebidas. E é assim que também ocorre na formação psíquica do casal, que tem, em sua origem ou constituição, todos esses movimentos desencadeadores e determinantes das escolhas e da manutenção dos pares conjugais.

Fisher (1994), em seu artigo sobre *Ambivalence and the Oedipal Conflict in Work with Couples*, faz uma cronologia atualizada do conflito edípico, como formulação básica na configuração e dinâmica dos casais, de Freud a Klein e Bion, com as contribuições de Britton (1989), numa tentativa de demonstrar que a forma de se relacionar no triângulo edípico promove as bases para o estabelecimento do relacionamento conjugal, apresentando três teses centrais:

1. *The capacity to be an individual, to be separate and hence capable of a relationship with another, rests on mastering the anxieties of the triangle. In brief, these are the anxieties, on the one hand, of being excluded from a couple, and, on the other, those of being part of a couple that excludes the third. The mastering of these anxieties results in a sense of psychological space. Conversely, the failure to master these anxieties is experienced as a desperate lack of a sense of psychological or emotional space – space to think, to be different and separate, space in which to enter or leave a relationship.*

2. *These anxieties and their resolution are intimately linked to those associated with the experience of ambivalence, the feelings of love and hate directed towards the same person.*

3. *These anxieties are only ever resolved provisionally, never finally, and they are commonly, and sometimes even dramatically, revived in the intimacy of a couple relationship. For this reason they are characteristic of many presentations for help by couples having difficulties with their relationship. (p. 145).*[2]

---

[2] 1. *A capacidade de ser um indivíduo, de ser separado e, portanto, capaz de um relacionamento com o outro, reside no domínio das ansiedades do triângulo. Resumidamente, estas ansiedades são, de um lado, as de ser excluído por um casal e, de outro, aquelas de ser parte de um casal que exclui o terceiro. O domínio destas ansiedades resulta em um senso de espaço psicológico. Inversamente, a falha em dominar essas ansiedades é experimentada como*

O autor, tomando como base o pensamento ampliado de Britton (1989) acerca do complexo de Édipo, enfatiza a centralidade da relação parental, o conhecimento e as fantasias sobre o casal parental, por parte da criança. Ressalta, ainda, o reconhecimento de que o relacionamento dos pais é genital e visa à procriação, e que o relacionamento entre os pais e a criança, não é. O reconhecimento do relacionamento parental como entidade separada da criança, propicia a ela, a criação de uma fronteira para o mundo interno, tornando possível o surgimento do "espaço triangular", - denominação de Britton – e promove o alicerce para o processo de "separação/individuação" no relacionamento edípico, que servirá de base para esse mesmo processo, quando do estabelecimento de uma relação conjugal dita "normal".

Nesse trabalho, ressaltaremos determinadas situações envolvendo a clínica com casais, principalmente as dinâmicas conjugais e familiares que se estabelecem de acordo com configurações edípicas de difícil elaboração, gerando não só o sintoma da criança, como outros lugares ocupados, na família, onde não há um espaço diferenciado para o casal, ou formando-se outros pares, como pai e filha ou mãe e filho. Nesses casos, é comum a comparação entre o par conjugal da atualidade e o par parental das famílias de origem, sendo que, na maioria dos casos, há sempre uma desvalorização do parceiro conjugal, quando comparado com o da parentalidade.

---

uma falta desesperada da noção de espaço psicológico ou emocional – espaço para pensar, para ser diferente e separado, espaço para ingressar em um relacionamento ou deixá-lo.
2. *Estas ansiedades e suas resoluções são intimamente ligadas àquelas associadas à experiência de ambivalência, os sentimentos de amor e ódio dirigidos para a mesma pessoa.*
3. *Estas ansiedades são somente resolvidas de maneira provisória, nunca definitiva, e são revividas de forma comum, algumas vezes até dramaticamente, na intimidade da relação conjugal. Por esta razão, são características de muitos pedidos de ajuda por casais que enfrentam dificuldades em seus relacionamentos.* (Tradução da autora).

Geralmente, esses sentimentos são revelados nos momentos de crise entre o casal, quando é intenso o sentimento de frustração que um nutre pelo outro, por não preencher o modelo advindo desse tipo de escolha inconsciente. Ou, quando a conjugalidade é "perdida" na instituição dos papéis parentais, ou seja, o desinteresse sexual do marido pela esposa quando ela se torna mãe, como uma inibição ou repressão advinda do tabu do incesto (Freud, 1913). Na esposa, isso toma a forma de uma substituição erotizada e às vezes simbiótica, na relação com o filho, em que o marido perde espaço e carga afetiva, confirmando a determinação fantasiosa de ela ter um filho com seu próprio pai. Os recortes clínicos, a seguir, ilustram essas questões.

O casal A. vem para avaliação do filho mais velho de 10 anos, dada sua agressividade na escola. Tem um irmão caçula de 6 anos. Tanto o marido quanto a esposa vem de famílias muito pobres, onde havia violência na forma do pai (de ambos) cuidar da mãe e filhos. A esposa relata episódios presenciados do pai agredindo muito sua própria mãe; quando ele abandona a família, todos têm um alívio. Sua mãe morre, quando seu filho mais velho nasce. Na história familiar do marido, seu pai abandona sua mãe e os irmãos; ele era o mais velho, viveram fortes privações e ele sempre se sentiu discriminado na escola porque onde morava, um barraco, não tinha como tomar banho. Ele logo passa a ajudar a mãe, entra para a polícia e consegue dar uma condição melhor a ela. O casal se conhece rapidamente e a esposa fica com uma sensação de que ele tem mais posses que ela, que morava no interior com as irmãs. Ela resolve viver em São Paulo e ele, por pena, convida-a para ficar na casa em que vivia com a mãe e a irmã. Logo ela engravida e acabam convivendo juntos. Relatam, nesse período de vida do casal, muitas brigas dela com a sogra; ela era muito briguenta e reivindicadora, sem ter nenhuma gratidão pela ajuda que obtinha no cuidado do filho, até irem morar sozinhos. Separam-se quando o menino é pequeno e ela volta para o interior. Ele vai buscá-la, porque não quer que o filho passe o que ele passou! Entretanto, deixa claro que não tem ligação afetiva com ela. Vivem de aparências, tentando uma ascendência social, porém, ela se sente enganada por ele, já que esperava isso do casamento. Não trabalha, só cuida da casa.

Ao longo das entrevistas iniciais com esse casal, fica clara a relação de hostilidade que existe entre eles. Em todas essas sessões, quando recupera sua história passada, o marido enaltece muito o caráter lutador da mãe, colocando, comparativamente, a esposa num lugar de menos valia e pejorativo, referindo-se a ela como uma "pessoa folgada", que não quer saber de fazer nada, só andar de carro o dia todo, enquanto sua mãe era uma mulher que, até hoje, trabalha sem parar. Também menciona que só ficou com a esposa pelos filhos, pois não queria que eles sofressem as privações pela ausência de um pai, como ele sofreu. Diz não ter nenhum sentimento por ela!

A esposa, por sua vez, assume uma postura de defesa. Nos relatos, em disputa com a sogra, de forma semelhante a quando morava em conjunto. Não consegue demonstrar nenhum sentimento de gratidão, nem pelo marido e muito menos pela mãe dele, que parecia ser quem cuidava do bebê, quando moravam todos juntos, sentindo-se profundamente decepcionada com o casamento, em termos afetivos e econômicos, principalmente. O casal não estruturou uma conjugalidade, as expectativas a serem atingidas estavam presas ao passado de ambos, que tentavam num processo de repetição, apegados aos modelos das famílias de origem, modelar para a família que constituíram.

O casal B. vem com um pedido de avaliação para o filho caçula de 8 anos, cuja queixa referia-se a comportamentos de agressividade com os pais, não sendo obediente, recusando-se a fazer a lição de casa, sendo genioso, segundo relato da mãe.

A família era composta por mais uma filha de 18 anos. Na segunda entrevista vem à tona a verdadeira demanda: o casal quer saber se as brigas entre eles estariam afetando o filho. História do casal: Conhecem-se no trabalho. A esposa vem de uma família de "intelectuais", única filha. A família do marido é do interior, muitos irmãos, que se encontram raramente. A esposa é muito presa a sua família de origem, principalmente na relação com o pai; diz que ele é uma pessoa muito carinhosa com ela e com os netos. Relata que, quando o visita, ainda se senta no colo do pai para conversar e ser acariciada. O esposo não se sente bem aceito nesse grupo. O casal vive uma relação muito conturbada; não há comunicação entre eles, apenas brigas. O marido trabalha à noite, diz se adaptar melhor no emprego nesse horário. O casal pouco se encontra, já que a esposa trabalha durante o dia, quando então, o marido fica em casa dormindo e cuidando do menino até ele ir para a escola. A mãe estrutura uma relação edípica e até erotizada com o filho. Diz que quando chega do trabalho adora ficar acariciando o menino, se refere a ele com denominações que o enaltecem (meu doce, meu amor, ele é tudo pra mim...), sem colocar o menor limite, pois não aguenta desagradar o filho! O pai busca um par com a filha. Relata que ela é sua confidente e que conversa com ela sobre todos os assuntos que o preocupam e as desavenças com a esposa. Só consegue ter um relacionamento bom com o menino quando estão sem a mãe, pois, do contrário, o menino fica provocando o pai e, quando este último fica bravo, a esposa o desautoriza na frente da criança, o que deixa o marido muito nervoso, descarregando no filho. O menino, muitas vezes, dorme na cama do casal com a mãe, por insistência desta última, que diz detestar dormir sozinha. O marido parece mais consciente da relação desgastante do casal e quer uma ajuda específica para "resolver o problema conjugal", segundo ele. Chega a verbalizar que a mulher só se interessa pelos filhos e a família dela (de origem) e que ele e um "vaso" da casa têm o mesmo significado afetivo para ela. A esposa sente-se não atendida pelo marido, coloca tudo sendo culpa dele, que nunca mereceu ser tratada da forma ríspida que ele a trata. Porém, nenhum deles percebe o deslocamento e consequente ruptura nos laços familiares - ele estabelecendo um novo par com a filha, a esposa com o filho. Novamente, é o menino que vem denunciar toda a desestruturação familiar.

As escolhas de pares que têm como base uma dificuldade na elaboração do complexo edípico não promovem o estabelecimento de uma conjugalidade plena, e a família assim constituída fica sob forte influência da transmissão psíquica transgeracional.

Tomando-se como ponto de partida a psicanálise freudiana, que nos fornece um primeiro modelo acerca das escolhas conjugais ditas normais ou neuróticas, encontramos em autores contemporâneos, pertencentes à psicanálise vincular, um campo teórico mais sistematizado, abordando desde a noção de vínculo até a questão das escolhas conjugais sob o vértice da psicopatologia, numa tentativa de elucidar a formação desses vínculos inconscientes.

A própria noção de vínculo diferenciada da noção de relação objetal representa um avanço da psicanálise individual para outros campos do saber psicanalítico, englobando o estudo dos grupos, especificamente família e casal, configurando um corpo teórico mais recente (Moguillansky, 1999).

A psicanálise individual se pautou mais pelo entendimento dos fenômenos intrapsíquicos, embora Freud nunca tenha negado um caráter mais amplo para a compreensão desses fenômenos, incluindo o homem na cultura e na sociedade. No entanto, é com Klein que temos o uso do termo *relação objetal* associado aos mecanismos intrapsíquicos, fundamentalmente ao conceito de "fantasia inconsciente" e "posição". E, finalmente, é com Winnicott que encontramos um ponto intermediário entre a psicanálise individual e a vincular, pois ele prenuncia a introdução do campo intersubjetivo.

Até a década de 50, embora a literatura psicanalítica fizesse referências ao papel da mãe em relação ao bebê, a ênfase era muito maior sobre o indivíduo e seu mundo interior. A contribuição de Winnicott é fundamental, pois é ele quem pontua o impacto do ambiente sobre o desenvolvimento humano, a partir da constatação de que o "bebê não existe sozinho", isto é, para ele o indivíduo não poderia mais ser considerado como uma unidade, mas como uma estrutura ambiente-indivíduo – o *par* que provê cuidados. *"O indivíduo não existe – o que existe é o indivíduo em relação ao mundo externo. Winnicott esforça-se, assim, em demonstrar que a relação de uma unidade corporal não* **precede**[3] *a relação de um par corporal, mas, sim, a* **sucede**". (Abram, 2000, p. 26)

O conceito de ambiente é extensamente abordado, ao longo de sua teoria, principalmente no que diz respeito ao papel da mãe como promotora de um ambiente suficientemente bom para a instauração de um desenvolvimento saudável do indivíduo, e que se amplia para a inclusão da família como detentora dessa função: "*[...] não seria possível ao indivíduo atingir a maturidade emocional fora do contexto familiar[...]*" (Winnicott, 1997, p. 129). Ainda que o autor, em sua obra, não tenha apontado o papel do pai de uma forma específica, em termos de ambiente, ele ocupa uma posição importante, no sentido de dar sustentação à mãe para a promoção do estágio de preocupação materna primária[4].

Poderíamos, então, dizer que a construção teórica dessa estrutura pareada ambiente-indivíduo, criada por Winnicott, é a precursora da noção de vínculo proposta pela psicanálise vincular. Desse modo, faz-se necessário apresentarmos o uso e a definição do referido termo, de acordo com dois grandes teóricos dessa corrente de pensamento mais nova, cujos autores têm uma extensa obra em psicanálise de família e casal:

---

[3] O grifo é da autora.
[4] Em *Preocupação Materna Primária*, Winnicott (1956) define um estado muito especial da mãe, devotada frente às necessidades do bebê, que estabelece as bases de um ambiente externo, suficientemente acolhedor, para o mesmo se desenvolver.

"O termo vínculo é utilizado, na literatura psicanalítica, de maneiras muito diversas e com diferentes significados. Vínculo também é utilizado na clínica, tanto para descrever a relação com o analista, como para as relações com os objetos internos. Ambos os conceitos, vínculo e relação, recobrem uma área de problemas da teoria, que abrangem tanto a noção de ego e de objeto, como a difícil conceitualização dos limites entre o mundo interno e o externo, ou, em outra versão, entre o intra-subjetivo e o intersubjetivo. Um nível maior de complexidade se acrescentará, se incluirmos o nível do transubjetivo, mediante a inscrição inconsciente dos modelos socioculturais". (Puget e Berenstein, 1993, p. 17)

"Vínculo significa união ou atadura de uma pessoa ou coisa com outra. A definição sugere a idéia de uma relação estável. O mesmo ocorre, em geral, com o uso desse conceito aplicado aos casais. Toda relação matrimonial parece estar associada á fantasia de ser estável no tempo e no espaço. Chamaremos de vínculo uma estrutura de três termos, constituída por dois pólos, os dois egos (descrito a partir de um observador virtual), ou um ego e outro (visto a partir de si mesmo), e um conector (ou intermediário), que dará conta da maneira particular de ligar ambos". (IDEM, p. 18)

Recentemente, em 2004, tivemos a chance de partilhar, com Berenstein, de suas últimas reformulações acerca dessa noção:

"El vínculo es lo inconsciente em su mayor densidad: es lo que da pertenencia y establece uma discontinuidad y uma continuidad entre los yoes. Esta última se construye em la fantasia como defensa ante la percepción de discontinuo". (p.5)[5]

---

[5] O vínculo é o inconsciente em sua maior densidade: é o que dá pertencimento e estabelece uma descontinuidade e uma continuidade entre os eus. Esta última se constrói na fantasia como defesa ante a percepção de descontínuo. (Trad. autora)

> "*Estar unido y estar vinculado son dos estados diferentes que frecuentemente se superponem aunque los sufrimientos por esta confusión sean muchos, como se evidencia em el análisis vincular*". (p.7)[6]

Entretanto, é da década passada uma importante contribuição dessa dupla de autores com respeito ao entendimento dos vínculos conjugais. Puget e Berenstein (1993) elaboraram uma tipologia bastante esclarecedora e didática, que nos permitiu a apreensão e a criação de uma idéia "desenvolvimentista" dos vínculos estabelecidos entre os casais.

De acordo com esses autores, os vínculos conjugais mais primitivos, ou mais patológicos, envolvem a noção de fusão, idealização, com recusa das individualidades e o desejo de um ser a imagem especular do outro, estabelecendo-se, assim, um tipo de dependência adesiva, em que a autonomia é inconcebível. A complementaridade entre os pares se coloca nessa etapa vincular, destacando-se o par amparador-desamparado, no qual os membros do casal se mantêm fundidos, e os afetos são da ordem da violência, irritação e hostilidade. O projeto vital está sujeito a desacordos ou, ao contrário, a uma submissão total, com redução do projeto de dois ao de um só. Não existirá conflito, quando a meta de um ego for a de transformar o outro em um complemento, anulando sua capacidade de pensar e sua autonomia, com o outro ego curvando-se. As mensagens costumam ser contraditórias, produzindo uma relação baseada no enlouquecimento e na confusão.

Seguindo essa linha desenvolvimentista sugerida pelos autores mencionados, os tipos de vínculos duais e fusionais vão evoluindo para a necessidade da entrada de um terceiro, que ocupará o lugar de excluído, mas que permitirá que o par não sucumba à indiscriminação anterior, sendo muito semelhante às idéias de

---

[6] Estar unido e estar vinculado são dois estados diferentes que frequentemente se superpõem, ainda que os sofrimentos por esta confusão sejam muitos, como se evidencia na análise vincular. (Trad. autora)

Fisher (1994), citadas anteriormente. Chega-se a etapa do estabelecimento de vínculos mais maduros, com a existência de duas mentes discriminadas no casal, cujo projeto vital compartilhado vai incluir o aparecimento de um terceiro, sem a ênfase na exclusão anterior, e em que a fusão não é mais necessária ou imprescindível para a manutenção do par.

>O casal C. vem com um pedido explícito de orientação ao filho. O menino é filho único, de pais que se casaram na maturidade. Ambos são profissionais, valorizam muito o relacionamento conjugal e o filho, às vezes, fica a parte e se sente como um entrave na relação do casal. A sua forma de lidar com a situação é tentando, ao máximo, chamar a atenção dos pais sobre si, muitas vezes de forma inadequada, pela teimosia, desobediência, agressividade. Porém, esses comportamentos são restritos ao convívio do lar, pois na escola se relaciona bem. A mãe perdeu a própria mãe no período de pós-parto, se sentindo muito deprimida e relata que se voltava mais para sua dor do que em cuidar do bebê, querendo que ele crescesse logo. O pai participava do cuidado do filho, embora estivesse trabalhando e com muita dificuldade, porque relata que nunca antes havia convivido com uma criança, ainda mais um bebê. A tarefa de se dedicar ao cuidado do filho sempre gerou angústias no casal e, até hoje, enxergam dessa forma e colocam problemas no menino, em situações que podem ser consideradas como normais, no trato com crianças.
>Da psicoterapia com o casal: Eles aceitaram bem o fato de que os atendimentos seriam realizados com eles e não com o filho. Ambos apresentaram disponibilidade para o trabalho terapêutico, que teve a duração de um ano, além de recursos internos para sua realização. Entre os assuntos discutidos ao longo do processo, destaca-se o excesso de rigidez na educação do filho. Puderam, ao longo dos atendimentos, associar este excesso de rigidez à história de vida de cada um. A excessiva

cobrança dizia respeito também a eles, sendo que o surgimento de dificuldades na criação do filho era causador de grande angústia. Aos poucos, puderam entrar em contato com a falta de disponibilidade que apresentavam em relação ao universo infantil, passando a respeitar mais os ritmos do filho, vendo-o como uma pessoa com características próprias, muitas vezes diferente das idealizadas por eles. Uma das hipóteses de trabalho com o casal dizia respeito ao fato de os dois terem uma conjugalidade tão bem estruturada, uma proximidade tão grande, que o filho estaria reclamando por espaço nesta relação. Se por um lado a conjugalidade estava bem definida, por outro lado o menino era sentido como um intruso. Aos poucos, durante a psicoterapia, foram promovendo uma abertura cada vez maior de espaço para o filho, sem perda de intimidade do casal.

A evolução do processo psicoterápico deveu-se a recursos que o casal apresentou, mostrando-se sempre aberto à reflexão e disponível, aceitando a proposta interventiva voltada para eles e não para o filho, a demanda inicial. Verificou-se a presença de forte conjugalidade e adequada estrutura psíquica dos dois cônjuges. O êxito deveu-se, principalmente, ao tipo de vínculo estabelecido pelo casal, de terceiridade ampla, apresentando mutualidade e conjugalidade, não abalada com o nascimento do filho, de acordo com Puget e Berenstein (1993), mas, necessitando promover a integração desse terceiro elemento na nova estrutura familiar montada.

Kernberg (1995), um profundo estudioso das relações amorosas, também discorre sobre o tema do amor conjugal sob a ótica do desenvolvimento, enfatizando as características do amor sexual maduro, o tornar-se um casal a partir das experiências edípicas; compara com a psicopatologia dessas relações, especialmente as relacionadas com a agressão e com os pares sadomasoquistas, embasando-se, muitas vezes, no referencial freudiano.

O autor mencionado vai exemplificar a perversidade nas relações amorosas, por meio de padrões sadomasoquistas que dominam e controlam o relacionamento emocional, em virtude da dominância e controle de aspectos persecutórios e sádicos de funções do superego edípico e pré-edípico, mutuamente projetados.

Numa publicação anterior, Kernberg (1992, apud Kernberg, 1995) descreve em detalhes, a partir de sua experiência clínica, as relações amorosas masoquistas nas mulheres, que são mais frequentes que nos homens. O autor define como algo comum o se apaixonar por um homem inatingível, inacessível, em algum momento da adolescência; e que isso nada mais é do que uma manifestação normal da reativação de conflitos edípicos, mas, a persistência e, especialmente, a intensificação desse amor não correspondido, é o que caracteriza esse tipo de escolha amorosa, de modo que uma fixação no trauma as leva a intermináveis repetições das mesmas experiências.

Desde o início da terapia com o casal D., o marido desejava, com sua presença nas sessões, poder mostrar à terapeuta, apenas, os defeitos e problemas da esposa. Para ele, todas as dificuldades do relacionamento conjugal seriam resolvidas caso a esposa se tornasse "uma pessoa mais equilibrada", em suas próprias palavras. Nessa medida, ele se colocava no lugar do adequado, daquele que tem todo o controle sobre a situação relacional e de alguém que se esforça para buscar e atingir um bom clima conjugal. Ao longo do atendimento, por um lado o esposo enfatizava fortemente todas as suas atitudes nesse sentido e, contrariamente, a esposa não se mostrava receptiva e cooperadora para aquilo que ele considerava um bom relacionamento a dois; ela demonstrava passividade ou aceitação frente às colocações dele. Foi-se constatando que o casal apresentava um vínculo bastante primitivo de tipo sadomasoquista, com o marido mais agressivo e a esposa buscando nele a agressão, parecendo que as atitudes depreciativas dele para com ela confirmavam suas fantasias inconscientes de ser merecedora apenas desse tipo de sentimento, já que este foi o modelo estabelecido na família de origem, com seu pai agredindo-a e sua mãe abandonando-a quando ela ainda era criança. Essa mulher já havia sido casada com um homem também agressivo, usuário de drogas e que roubava para manter o vício. Tiveram uma filha que estava sendo criada pela avó materna, desde que ele abandonou a família.

No setting analítico, muitas vezes, o marido mostrava-se agressivo em relação à esposa e também com a terapeuta, principalmente quando esta lhe colocava limites. Esses momentos de não-submissão da terapeuta parecem ter contribuído para que a esposa percebesse novos modelos de relacionamento, notando o quanto ela era responsável pelo deixar-se ser agredida. Ela, então, teve momentos de recusa a essa agressão, o que desestabilizou bastante o vínculo sadomasoquista do casal, infelizmente culminando em um episódio grave de violência doméstica. Após uma briga na qual a esposa reagiu em alguma proporção, o marido a espancou por uma noite inteira, terminando os dois muito feridos, ela por ter sido espancada e ele com a mão muito machucada de tanto bater. Embora outras formas de violência, principalmente a de ordem psicológica, fizessem parte do vínculo conjugal e até o sustentassem, estavam a serviço de manter um certo equilíbrio dos pares, tanto na esfera inter-relacional quanto na intrapsíquica. O episódio grave de violência física sinaliza um desequilíbrio na forma de se vincular, em função da esposa experimentar um novo lugar nessa relação, daquela que pode vir a ser ou ter uma nova subjetividade, livre das interferências do passado (inclusive transgeracionais). Entretanto, essa vivência teve curta duração, já que não foi acompanhada por uma mudança no marido e, consequentemente, na relação conjugal, e o peso da repetição imperou sobre a possibilidade de um vir a ser novo: o casal abandona a psicoterapia.

Na clínica com casais, observamos a presença mais efetiva de vínculos patológicos ou formações mais primitivas, na escolha e manutenção dos pares. A complementaridade e a fusão, que transformam a vivência a dois numa unidade única e indiscriminada, numa sobreposição e submissão das individualidades (uma sobre a outra), são muitas vezes categorizadas, principalmente na idealização do amor romântico apregoado nos livros, filmes, novelas... como sendo a felicidade eterna buscada nas relações amorosas indissolúveis.

Ainda dando seguimento ao tema, Nicolò (1995) aborda o modelo psicanalítico de funcionamento do casal, enfatizando o processo de ilusão com possibilidade de diferenciação: o início de um relacionamento amoroso envolve uma fase de maior idealização e mecanismos fusionais. Para a autora, *"a alternância entre movimentos de fusão e de diferenciação, no tempo e no espaço, conforme for preciso, e sobretudo seu caráter não necessário e não obrigatório expressam um funcionamento harmonioso do casal".* (p.81) O que nos levar a concluir que, nas dinâmicas conjugais normais, nas quais a interferência dos fatores inconscientes é menor, o mecanismo de fusão ocupa um lugar flexível, momentâneo, facilitando o caminho para a diferenciação dos elementos do par, para a manifestação das individualidades, na constituição e permanência do casal, e com maiores possibilidades de transformação desta relação conjugal, pressupondo um processo de crescimento dos parceiros, diferentemente dos vínculos patológicos, em que a manutenção da relação se dá pela estagnação, paralisação, o que dificulta o trabalho terapêutico com o casal.

Em nossa prática clínica, geralmente, limitamo-nos a cuidar dos casamentos de tipo defensivo ou de outras patologias do vínculo conjugal. Entretanto, é essencial que se venha a conhecer o que é um casamento em desenvolvimento, para que se possa ajudar os casais que anseiam conquistá-lo, além de promover a construção e divulgação desses conhecimentos para além da clínica. No estudo de Paiva (2003), a autora demonstrou a fragilidade e/

ou patologia no vínculo de casais casados há mais de 20 anos, que se diziam felizes e que nunca buscaram atendimento clínico. A partir de entrevistas e aplicação de *TAT*, a pesquisadora concluiu que, nos três casos analisados, todos os casais estabeleciam relações assimétricas e o vínculo conjugal era mantido devido a mecanismos de identificação projetiva maciça, controle sobre o objeto, idealização e negação; notou-se ainda a perda de conjugalidade, especialmente depois do nascimento dos filhos.

Colman (1994) defende a idéia de o casamento poder ser um espaço de desenvolvimento das individualidades. Esse autor, tendo como base os referenciais de Winnicott e Bion, entre outros, elabora a idéia de, no casamento, poder existir um processo de individuação entre os parceiros. Ele parte da noção de que o *self* não pode se desenvolver no isolamento e de que o *eu* é definido pela sua diferenciação com o outro, onde o outro dá a base para a identidade do indivíduo, desde que se possa diferenciar dois processos importantes, presentes nas relações conjugais: a intimidade e a fusão.

No estabelecimento da intimidade de um casal, o autor propõe a existência de um "casamento interno", definido como uma capacidade interna de permitir que os opostos possam conviver dentro do *self*, e que intimidade seria a nossa capacidade de partilhar do nosso mais profundo ser com o outro, resguardando o lugar do diferente em cada um, pois, para muitos casais, intimidade é quando sentem a mesma coisa que o parceiro. O casamento real, de acordo com ele, tanto deve promover como requerer essa capacidade interna, e as dificuldades maritais poderão ser vistas como uma luta interna para existir esse "casamento interno".

Para o bom funcionamento de um casamento, é preciso que haja uma contenção análoga àquela que a mãe provê ao seu bebê; além disso, deve existir uma confiança em que o conflito que surja não irá destruir a relação, devendo haver um continente para as questões do casal. A ausência desse continente seria semelhante a não ter com quem brigar ou brigar e não ter resposta (Colman,

1994). Ainda segundo Colman, o homem precisa de uma oposição para concretizar sua experiência e é necessária a presença de um outro diferente, para que as questões do casal não se fundam numa massa disforme.

Cleavely (1994), confirmando o ponto de vista de Colman (1994), ressalta que o conflito entre um casal é algo saudável, mas seu potencial para o crescimento depende da capacidade desse casal de regular os conflitos relativos a seus mundos internos: o individual e o compartilhado. E que a tensão que nasce do conflito proporciona igual oportunidade para potenciais criativos e destrutivos.

De posse do conhecimento acerca das possíveis dinâmicas que envolvem os casais, do ponto de vista das escolhas de parceiros até o que as mantêm, da constituição da família e do lugar que cada um ocupa nesse grupo, seja na linha da saúde e crescimento, seja da psicopatologia, cabe ao terapeuta o papel de "decodificador" dessas angústias do casal, principalmente as de fusão, promovendo, na situação terapêutica, a possibilidade do desenvolvimento das individualidades na interseção com o conjugal, confirmando o lugar de diferente em cada um dos cônjuges, tornando-os autores da história familiar que os circunscreve.

REFERÊNCIAS BIBLIOGRÁFICAS

Abram, J. (2000). *A Linguagem de Winnicott*. Dicionário das Palavras e Expressões utilizadas por Donald W. Winnicott. (M. G. da Silva, Trad.) Rio de Janeiro, Revinter.
Berenstein, I.; Puget, J. (1993). *Psicanálise do casal*. Porto Alegre, Artes Médicas.
Berenstein, I.; Puget, J. (2004). *Noción de Vínculo*. Classe No.2, Texto disponibilizado pela Internet referente ao curso de Psicoanálisis de Família, Nível I. Buenos Aires, Campus Virtual da Associação Psicanalítica de Buenos Aires. Disponível no site www. apdeba. org. Acesso em 19/10/2004.
Britton, R. (1989).The missing link: Parental sexuality in the Oedipus complex. In: Britton, R. et al. *The Oedipus Complex Today:* Clinical Implications. London, Karnac Books.
Cleavely, E. (1994). Relationships: interaction, defences, and transformation. In: Ruszczynski, S. *Psychotherapy with couples: Theory and practice at the Tavistock Institute of Marital Studies*. London, Karnac Books, (2a. ed.), 55-69.
Colman, W. (1994).The Individual and the couple. In: Ruszczynski, S. *Psychotherapy with couples: Theory and practice at the Tavistock Institute of Marital Studies*. London, Karnac Books, (2a. ed.), 126- 141.
Correa, O.B.R. (Org.). (2000). Os Avatares da Transmissão Psíquica Geracional. São Paulo, Escuta.
Eiguer, A. (1998). *A transmissão do psiquismo entre gerações*. São Paulo, Unimarco.

Eiguer, A. (1998). *Clinique psychanalytique du couple*. Paris, Dunod.

Fisher, J. (1994). The impenetrable other: ambivalence and the Oedipal conflict in work with couples. In: Ruszczynski, S. *Psychotherapy with couples: Theory and practice at the Tavistock Institute of Marital Studies*, (2a.ed.). London, Karnac Books, 142-166.

Freud, S. (1980). Um Tipo de Escolha de Objeto feita pelos Homens. (Contribuições à Psicologia do Amor I). In: Cinco Lições de Psicanálise, Leonardo da Vinci e Outros Trabalhos. *ESB*. Rio de Janeiro, Imago, XI, 147-157. (Original publicado em 1910).

Freud, S. (1980). Totem e Tabu e outros trabalhos. *ESB*. Rio de Janeiro, Imago, XIII, 13-194. (Original publicado em 1912).

Kaës, R. (Org.). (2001). *Transmissão da Vida Psíquica entre Gerações*. São Paulo, Casa do Psicólogo.

Kernberg, O.F. (1995). *Psicopatologia das relações amorosas*. Porto Alegre, Artes Médicas.

Moguillansky, R. (1999). *Vinculo y Relacion de Objeto*. Buenos Aires, Editorial Polemos.

Nicolò, A. (1995). O modelo psicanalítico de funcionamento do casal. In: Andolfi, M.; Angelo, C. & Saccu, C. (Org.). *O casal em crise*. São Paulo, Summus, 75-90.

Paiva, M.L.S.C. (2004). Casamento entre vinte e trinta anos: O uso de entrevistas e TAT na análise psicanalítica da relação conjugal. (2003). Dissertação de Mestrado em Psicologia Clínica – Universidade de São Paulo, Instituto de Psicologia.

Winnicott, D.W. (1997). *Pensando sobre crianças*. Porto Alegre, Artes Médicas.

Winnicott, D.W. (1959). A Preocupação Materna Primária. In: Winnicott, D.W. (2000). *Da Pediatria à Psicanálise*. Trad. D. Bogomoletz. Rio de Janeiro, Imago, 399-405.

Winnicott, D.W. (1997). *A Família e o desenvolvimento Individual*. São Paulo, Martins Fontes, (2a. ed.).

Questionário sobre a conjugalidade dos pais como instrumento de avaliação[1]

*Terezinha Féres-Carneiro, Cílio Ziviani
e Andrea Seixas Magalhães*
Pontifícia Universidade Católica do Rio de Janeiro

O *Questionário sobre a Conjugalidade dos Pais (QCP)* pretende avaliar a relação conjugal dos pais tal como percebida pelos filhos. Foi construído com base em outros instrumentos de avaliação da relação conjugal, considerando também a literatura acerca da estrutura e da dinâmica do laço conjugal. Constituído de sessenta itens fechados, para resposta em escala de Likert, relacionados a condições identificadas como relevantes na vivência da conjugalidade, a saber: gratificação conjugal, expressão de afeto, maturidade emocional e identidade conjugal. Não obstante a subdivisão da escala nessas dimensões teoricamente derivadas, análises de componentes principais e seus correspondentes gráficos de sedimentação dos autovalores indicam a presença de uma única dimensão empírica preponderante, interpretada, genericamente, como "conjugalidade". Em um primeiro momento de análise do questionário como uma escala de medida, considerações teóricas

---

[1] Trabalho desenvolvido com apoio do CNPq e da FAPERJ, e com a colaboração dos bolsistas de Iniciação Científica Aline Ferrer de Almeida (CNPq), Bianca Andrade Bruno (PIBIC), Cíntia Kirchmeyer (FAPERJ), Isabela H. Cavalcanti Dwyer (CNPq), Marcio William R. de Assis (CNPq/PIBIC), Mariana Reis Barcellos (FAPERJ), Vanessa Augusta de Souza (CNPq/PIBIC) e da bolsista de Apoio Técnico Rebeca Nonato Machado (CNPq).

recomendaram a retirada de quatro itens; considerações psicométricas acerca dos resultados observados em determinados itens recomendaram a retirada de mais dezesseis.

Ficaria a escala, portanto, com quarenta itens no caso da observância estrita dos resultados empíricos, pois tanto na versão com 56 itens quanto nesta última, a fidedignidade avaliada por meio do coeficiente de consistência interna "alfa" de Cronbach, apresenta-se acima de 0,95. Resultados sobre as diferenças entre respostas de filhos de pais casados e filhos de pais em outra condição têm se mostrado estatisticamente significativas, aparecendo nos pais casados, uma percepção pelos filhos, de favorabilidade conjugal. Esta diferença entre médias em função da situação conjugal dos pais mantém-se estável, na mesma direção mencionada, em diferentes combinações de itens, sempre apresentando razão F nas análises de variância entre 25 e 30, para 246 participantes.

Seguramente mais importante que o simples resultado quantitativo é o exame de quais aspectos da conjugalidade são representados pelos itens mais responsáveis pela magnitude estatisticamente significativa desse resultado. Chega-se assim à qualificação relativa destes aspectos, qualificação essa a ser examinada à luz da literatura acerca da estrutura e da dinâmica do laço conjugal. Cabe, portanto, ressaltar brevemente o que entendemos por "conjugalidade", começando por sua genealogia.

Conceito de conjugalidade

Eiguer (1984), ao discutir a organização inconsciente do casal, define o vínculo conjugal como uma superposição de duas relações de objeto que têm, como modelo de identificação, a representação do casal parental. Lemaire (1988) ressalta que o casal se constitui em torno das zonas mal definidas do eu de cada um e que os parceiros sentem-se atraídos entre si, por suas áreas semelhantes e devido à porosidade de seus limites. Nicolló (1993), ao se referir ao jogo recíproco que se estabelece entre os membros do casal, faz alusão aos fenômenos que Winnicott (1971) define como transicionais. O espaço interno do casal é semelhante a este espaço transicional, pois nasce do encontro entre os mundos interno e externo dos parceiros.

A conjugalidade, ao mesmo tempo em que reedita o romance familiar, propicia a elaboração das vivências infantis. O encontro com o parceiro gera a oportunidade de metabolização e de desenvolvimento do psiquismo, entrelaçando passado e presente, dentro de um projeto que pressupõe uma perspectiva de futuro a dois. Desde o momento da concepção, o sujeito está marcado pelo olhar dos pais, pelos seus ideais e pelos mitos familiares que se inscrevem e estruturam o psiquismo. O bebê retoma e encarna o ideal narcísico dos pais e, ao mesmo tempo, se alimenta desse envoltório narcísico para se constituir como sujeito e, num futuro provável, constituir novas conjugalidades e novos bebês.

A noção de transmissão psíquica geracional (Eiguer, 1997; Magalhães e Féres-Carneiro, 2004) se refere à inscrição do sujeito na cadeia da qual ele é um elo e se submete, ao mesmo tempo, à estruturação da subjetividade, ao desenvolvimento psíquico daquilo que o sujeito herda, ao seu pertencimento ao grupo familiar e às formações intermediárias que articulam os espaços psíquicos intra e intersubjetivos. Kaës (1993, 2000) ressalta que a transmissão geracional implica a precedência do sujeito por mais de um outro e a forma como ele lida com a herança, sendo também pensador e até criador daquilo que foi transmitido. A genealogia mistura tempos e espaços, podendo desencadear repetições, patologias ou elaborações criativas, inovadoras. O sujeito tem como tarefa, assim como a família e o casal, construir, organizar e transformar suas heranças, elaborando-as.

A genealogia é também enfatizada por ser um dos fundamentos da ordem social. Ao mesmo tempo, ela ordena os objetos e fornece a marca identitária. A ordem genealógica inscreve o sujeito na humanidade, fornece referências e elementos para a construção das identidades. Ela organiza a ordenação do lugar ocupado pelo sujeito na constituição familiar, os sistemas de ascendência, de descendência e de alianças. O reconhecimento do sujeito como semelhante aos demais e o sentimento de pertencimento ao grupo familiar propiciam a identificação e a diferenciação. É necessário para tanto que o sujeito se aproprie de sua história, de sua marca, que ocupe o seu lugar ativamente. Podemos afirmar que a originalidade e a saúde do sujeito são evidenciadas pela forma como ele reconhece seu destino e o transmuta, imprimindo sua autoria, integrando o que lhe foi transmitido num movimento criativo. Para Gaulejac (1999), a genealogia implica os processos de classificação e de nominação. A nominação se refere à atribuição dos nomes de família e do prenome de cada indivíduo, sublinhando o pertencimento ao grupo familiar e a apropriação de uma identidade particular.

Neste trabalho procuramos estudar, tendo como ponto de partida as noções de identificação com as figuras parentais, de transmissão psíquica geracional e de romance familiar, as relações existentes entre a vivência de jovens solteiros sobre a conjugalidade de seus pais e o lugar que o casamento ocupa em seus projetos de vida. Antes mesmo do encontro amoroso, podemos afirmar que existe no psiquismo de cada parceiro um lugar para a organização da conjugalidade. Esse lugar reúne a pré-história e a história do sujeito, seus ideais de conjugalidade, as imagens e fantasias sobre a conjugalidade de seus pais e de seus antepassados que irão se engendrar no futuro eu conjugal.

À vista disso e considerando as diversas transformações sociais da contemporaneidade, desenvolvemos um estudo amplo com o objetivo principal de estudar as relações existentes entre a conjugalidade dos pais, tal como vivenciada e percebida pelos filhos, e o lugar do laço conjugal no projeto de vida dos filhos. Para a elaboração do trabalho que ora apresentamos, destacamos do estudo mais amplo a investigação da *influência do casamento dos pais nos projetos de vida dos filhos*. Dentre as variáveis estudadas, destaca-se a situação conjugal dos pais, ou seja, o fato de estarem casados ou não, como o fator de maior impacto na percepção que os filhos têm de diversos aspectos da conjugalidade dos pais.

Método

Para atingirmos o objetivo proposto, desenvolvemos esta investigação em duas etapas, utilizando para isto uma metodologia quanti-qualitativa. Na primeira etapa foi realizada uma pesquisa de levantamento que teve como objetivo investigar a percepção dos filhos sobre a conjugalidade de seus pais. Inicialmente, 278 sujeitos, recrutados em salas de aula de diversos cursos de graduação e pós-graduação de dez universidades da zona sul e da zona oeste da cidade do Rio de Janeiro, responderam aos instrumentos utilizados nesta fase da pesquisa. Dentre eles, permaneceram, constituindo a amostra desta etapa da investigação, 246 jovens (132 homens e 114 mulheres) que satisfaziam as condições do estudo, ou seja: solteiros, heterossexuais, pertencentes às camadas média e média-alta da população carioca, com idades entre 19 e 30 anos, apresentando média de 22 anos e meio.

Os instrumentos, construídos por nós, utilizados nesta etapa, foram a *FAB-Ficha de Avaliação Biográfica* e o *QCP - Questionário sobre a Conjugalidade dos Pais*. Por meio da *FAB*, levantamos dados gerais sobre os sujeitos e suas famílias, tais como idade, gênero, escolaridade, orientação sexual, constituição familiar, situação conjugal dos pais (casados, separados, viúvos, ambos recasados, só pai recasado, só mãe recasada, pai viúvo, mãe viúva), classe social e participação na renda familiar.

O *QCP*, que pretende avaliar a relação conjugal dos pais, tal como percebida pelos filhos, foi construído a partir de outros instrumentos de avaliação da relação conjugal, sobretudo do *FBQ - Family Background Questionnaire* (Melchert, 1998 & Melchert e Sayger, 1998) e do *ENRICH M-Marital Inventory* (Fowers e Olson, 1989 & Olson e Fowers, 1993), assim como da literatura sobre estrutura e dinâmica do laço conjugal. Como dissemos inicialmente,

O QCP foi constituído de 60 itens fechados, relacionados a diferentes aspectos que têm sido identificados como relevantes na vivência da conjugalidade, alguns deles indicando menos conflitos e maior satisfação e outros mais conflitos e menor satisfação na relação conjugal. Embora quatro destes aspectos sejam avaliados pelo QCP - gratificação conjugal, maturidade emocional, identidade conjugal e expressão de afeto - para o trabalho que aqui apresentamos, estamos utilizando as características psicométricas que sugerem a unidimensionalidade da escala de avaliação do QCP, dirigida ao constructo maior: a conjugalidade.

Na segunda etapa do estudo, foi realizada uma pesquisa qualitativa por meio de entrevista semi-estruturada, cujo roteiro invisível contemplava vários temas relevantes da dinâmica conjugal e familiar. Entretanto, neste trabalho não faremos a relação entre os resultados das entrevistas e os escores dos participantes no QCP. O delineamento inicial da investigação previa a realização de um *Estudo de Casos Múltiplos* (Stake, 2000), constituindo-se 12 grupos, a partir das indicações obtidas por meio da *FAB*, das diferentes condições conjugais dos pais e, por meio do *QCP*, da conjugalidade dos pais percebida como *muito satisfatória* ou como *muito insatisfatória*. A proposta original era a de tomar, de cada um dos grupos, para realizar a entrevista, dois casos, um homem e uma mulher, localizados nos extremos da avaliação da conjugalidade dos pais. Todavia isto não foi possível por duas razões. Inicialmente porque nos extremos das avaliações dos 246 respondentes, nem todas as condições conjugais foram encontradas. Em seguida porque, embora tenha ocorrido grande empenho por parte dos pesquisadores em chamar para a entrevista os sujeitos que tinham se proposto a continuar colaborando e que atendiam determinados requisitos para balanceamento da amostra com o mesmo número de entrevistados nas dicotomias *masculino/feminino*, percepção da conjugalidade dos pais como *muito satisfatória/muito insatisfatória*, pais *casados/não casados*, muitos dos sujeitos convocados não compareceram. Assim, o grupo que participou das entrevistas da segunda etapa da pesquisa ficou constituído de quatorze sujeitos, sete homens e sete mulheres, com tendenciosidade para a percepção da conjugalidade dos pais como *muito insatisfatória*.

Face a esta situação, decidimos deixar para fazer posteriormente a análise exploratória dos resultados no QCP dos quatorze participantes entrevistados, por meio da utilização do modelo *Rasch* de mensuração estendido a escalas (Andrich, 1978; Andrich, 1988 & Wright e Masters, 1982). Os procedimentos de elaboração inicial dos itens do QCP atenderam aos dois primeiros critérios preconizados tradicionalmente para este tipo de escala, ou seja, de que os enunciados sejam "expressão de comportamento desejado e não enunciados de fato" e da necessidade de expressar cada proposição "em um enunciado claro, conciso e direto", sem dupla negação ou duplo sentido (Likert, 1976/1932, p. 248-249). Os itens nos quais o atendimento a esses critérios deixou a desejar foram apontados pelos resultados empíricos da análise psicométrica clássica utilizada no presente trabalho (Devellis, 2003; Netemeyer, Bearden e Sharma, 2003; Hair, Tatham, Anderson e Black, 2005; Harman, 1967 & Pasquali, 2003), por meio do SPSS (2001). Análises inspiradas na TRI - Teoria da Resposta ao Item, para a finalidade futura de se cotejar resultados, no QCP, dos 14 sujeitos posteriormente entrevistados, serão realizadas seguindo-se o modelo *Rasch* de mensuração (Bond e Fox, 2001; Linacre, 1994; Wilson, 2005 & Wright e Stone, 2004), preconizado por autores que o privilegiam e distinguem da TRI. Os resultados, após estimativa de parâmetros e calibração dos itens por meio de programas especializados (Andrich, Lyne, Sheridan e Luo, 2001; Kennedy, Wilson, Draney, Tutuncyan e Vorp, 2006 & Linacre, 2006), serão apresentados e discutidos em trabalho futuro.

Resultados e discussão

O resultado global da análise dos sessenta itens do QCP, tendo por objetivo estimar sua consistência interna, apresentou "alfa" de Cronbach á = 0,96. Dentre as variáveis presentes na *FAB-Ficha de Avaliação Biográfica*, o fator "situação conjugal dos pais" (casados, separados, viúvos, ambos recasados, só pai recasado, só mãe recasada) mostrou-se como particularmente influente na satisfação conjugal desses pais, tal como medida pela escala final.

A situação conjugal dos pais foi utilizada em uma análise de variância *one-way* com dois níveis, a saber: *pais casados* e *pais em outra condição*. A variável dependente dessa análise foi a soma das respostas dos sujeitos aos sessenta itens do QCP, cuja média foi de 225,42 (*dp*=33,67). A média apresentada pela condição *pais casados* foi de 234,63 (*dp*=28,25). Este resultado, contrastado com a média de 209,72 (*dp*=36,41) apresentada pelos *pais em outra condição*, produziu diferença, para menor, de magnitude suficiente para gerar a razão $F_{1,244}$ = 35,82 (p<0,0001), estatisticamente significativa, indicando que filhos de pais separados apresentam escore muito menor de satisfação percebida na conjugalidade de seus progenitores.

O gênero *masculino* ou *feminino*, independentemente da situação conjugal dos pais, como fator principal, não faz diferença no grau de satisfação percebido pelos sujeitos na conjugalidade desses pais, conforme indicam análises de variância nas quais este fator é examinado, tanto em conjunto com o fator *conjugalidade dos pais*, quanto separadamente. Essas análises, cujo detalhamento não é apresentado no presente trabalho, indicam que a condição de pais casados apresenta avaliação de satisfação significativamente maior comparativamente apenas com pais *não-casados*, isto é, tanto recasados quanto separados ou viúvos, independentemente do gênero dos sujeitos.

Entretanto, entendemos que o rigor estatístico deve, frequentemente, subordinar-se a uma avaliação qualitativa do quadro de resultados como um todo. Nesse sentido, cabe ressaltar os resultados de análises de variância feitas separadamente para cada um dos gêneros, nas quais foram distinguidas três condições de conjugalidade dos pais: casados, recasados e separados. O exame das respectivas médias na escala total mostra a queda sistemática da satisfação percebida na conjugalidade dos pais, independentemente do gênero dos sujeitos, indicando que filhos de pais separados apresentam o menor escore de satisfação percebida na conjugalidade de seus progenitores.

As mulheres não apresentaram praticamente diferença entre as médias da condição de pais recasados e pais separados, diferentemente dos homens, cuja diferença nesse contraste é de magnitude suficiente para se aproximar do critério de significância estatística. Isso indica que os homens percebem a condição de pais separados como menos satisfatória do que a condição de pais recasados. Portanto, não obstante a falta do endosso técnico da significância estatística, podemos concluir que a tendência de os homens diferirem das mulheres no que diz respeito à separação dos pais emerge seguramente dos dados. O modo diferenciado como homens e mulheres lidam com a situação de separação é ressaltado por alguns autores que apontam o gênero como fator diferenciador na vivência da separação conjugal (Goldenberg, 2001; Féres-Carneiro, 2004), destacando uma dificuldade maior dos homens em lidar com a solidão.

Os resultados até agora discutidos referem-se ao questionário *QCP* tal como um conjunto de sessenta itens voltado para avaliação do constructo *conjugalidade* (dos pais). Esses itens relacionam-se às dimensões teóricas identificadas como relevantes na vivência da conjugalidade já mencionadas, a saber, gratificação conjugal, expressão de afeto, maturidade emocional e identidade conjugal. Não obstante a subdivisão da escala nessas dimensões teoricamente derivadas, análise de componentes principais e seu correspondente gráfico de sedimentação dos autovalores indicam, do ponto de vista empírico, a presença de uma única dimensão preponderante, interpretada, genericamente, como "conjugalidade".

A avaliação gráfica *"scree test"*, por meio da forma de sedimentação dos autovalores, indica a presença de um componente suficientemente preponderante para sugerir que a escala, tomada como um todo, é unidimensional. O modelo de análise dos componentes principais é apropriado quando a preocupação mais importante é com "o número mínimo de fatores necessários para explicar a parte máxima da variância representada no conjunto total de variáveis" (Hair, Anderson, Tatham e Black, 2005, p. 99). Também se aplica, segundo esses e outros autores (Harman, 1967; Netemeyer, Bearden e Sharma, 2003), quando o conhecimento anterior sugere que as variâncias específica e de erro representam uma proporção relativamente pequena da variância total. Este é o caso dos resultados da presente escala, como indica a grande magnitude do coeficiente de consistência interna: alfa de Cronbach igual a 0,95, calculado sobre a totalidade das respostas. Dentre o total de 14.760 itens considerados (246 participantes, cada um diante de sessenta itens para responder), 14.690 apresentaram respostas válidas. As omissões e as respostas inválidas atingiram, portanto, menos de meio por cento (0,47%). Face a essa baixa incidência, foi utilizado o recurso do programa de computador SPSS (2001) de atribuir às setenta omissões, o valor médio das respostas válidas, permitindo, assim, o cálculo do alfa para toda a amostra de 246 respondentes.

O exame mais detalhado da progressão de sedimentação dos autovalores observado no *"scree test"* mostra um segundo componente ligeiramente destacado dos seguintes, que decididamente se nivelam mostrando que não há, do ponto de vista da estrutura empírica da escala, componentes adicionais a serem considerados que poderiam conduzir a uma análise fatorial com, por exemplo, fatoração dos eixos principais e rotação adequada para determinação do número de fatores e sua identificação como uma possível segunda dimensão empiricamente observável, além da dimensão básica da "conjugalidade", referente ao primeiro componente principal.

Embora esse segundo componente principal (com autovalor de 3,25) mereça ser examinado para que se possa verificar quais os itens que com ele mais se correlacionam (em contraponto a 19,91 para o autovalor do primeiro componente), neste primeiro momento seguimos a recomendação de Pasquali (2003) de deixar de lado minúcias dos teóricos e tecnicalidades dos estatísticos quanto à adequação da análise fatorial para decidir a questão da unidimensionalidade. Ao fazer isso, abre-se a possibilidade de se usar essa técnica com base na suposição de que a matriz é unifatorial; então, sugere Pasquali (2003, p. 117), *"peça a extração de um fator e veja se a grande maioria dos itens tem carga alta no fator"*.

Os itens em sua formulação completa, com as respectivas comunalidades, apresentadas por cada item na extração de 13 componentes, correspondentes, respectivamente, aos autovalores acima de 1, foram classificados em ordem decrescente da magnitude dessas comunalidades. Verificou-se que há vinte itens com comunalidades abaixo de 0,20. Em exame mais detalhado, são esses itens que se espalham pelos demais doze componentes com autovalores acima de 1, sem nenhum desses componentes apresentar-se com correlações ou "cargas" fatoriais que substantivamente indiquem dimensão teórica específica. A exceção está apenas no segundo componente, como teremos oportunidade de discutir.

Antes disso abrimos um parêntese para apresentar duas análises consagradas pela psicometria clássica, no que diz respeito à análise de itens. A primeira, trata da correlação de cada item com o escore total da escala, de forma que o item não participe da soma desse escore total. Os itens foram classificados em ordem decrescente da magnitude dos coeficientes de correlação do item com o escore total, de forma que quanto mais alta a correlação do item com o escore total, mais esse item "mede" o que todos os demais itens, juntos, estão medindo, seja o que for. A segunda análise relaciona-se diretamente à fidedignidade da escala. Trata do coeficiente de consistência interna "alfa" de *Cronbach* apresentado pela escala total, de forma que o item em exame não participa do cálculo do coeficiente. Os itens foram classificados em ordem crescente da magnitude do coeficiente "alfa" de consistência interna. Quanto menor o coeficiente, mais o item contribui para aumentar a consistência interna da escala. Inversamente, quanto maior o coeficiente "alfa", menos o item respectivo contribui para a consistência interna, pois retirá-lo aumenta a consistência.

Em ambas as análises, praticamente o mesmo conjunto de itens ocupa os extremos das duas classificações. No caso do extremo inferior dessas classificações, os itens que menos contribuem tecnicamente, do ponto de vista empírico, para a qualidade psicométrica da escala, coincidem com os itens menos adequados apontados anteriormente.

Em seguida, os itens foram classificados pela ordem decrescente de magnitude da correlação do item com o primeiro componente principal (sua "carga" fatorial), uma verificação dos resultados da recomendação de Pasquali (2003) sobre o uso da análise fatorial para se examinar a unidimensionalidade da escala, isto é, se está medindo um único constructo (ou "fator", no caso da análise fatorial mencionada pelo autor). Mais uma vez, os resultados corroboram a tendência verificada até então, a partir de diferentes pontos de vista: o mesmo grupo de itens ocupa as posições de menor qualidade psicométrica.

Até agora, examinamos os dados a partir do ponto de vista da psicometria clássica. Como se sabe, a soma das respostas para se obter um escore total pressupõe contribuição igual, para o constructo "conjugalidade", por parte de cada item. Entretanto, isso não ocorre, como se pode verificar pelos resultados apresentados. Para o conhecimento qualitativo dos componentes teóricos, é mais produtivo examinar-se a escala do ponto de vista dessa contribuição relativa. Para que os resultados finais acompanhem essa diferenciação qualitativa da contribuição de cada item, impõe-se o uso de procedimentos alternativos que venham a atender aos propósitos metodológicos e teóricos que inicialmente nortearam a construção do instrumento.

A eliminação sumária de vinte itens, sem maior consideração metodológica e teórica sobre as razões iniciais de tê-los concebido e introduzido na escala, desmerece o propósito inicial e empobrece sobremaneira o resultado final da pesquisa. Dentro dessa linha de raciocínio, encerramos essa etapa de análise com a apresentação das características psicométricas básicas da Subescala 40, a escala com vinte itens eliminados da análise, que apresentou média de 149,69 ($dp=29,26$).

Nos resultados da análise de componentes principais, sob a forma de gráfico de sedimentação dos autovalores referentes à Subescala 40, verificou-se que a estrutura empírica da escala apresenta um segundo componente mais destacado do que aquele apontado pela análise similar, referente à escala total com sessenta itens.

Entretanto, no que diz respeito à sua pronta utilização, nada, praticamente, muda. O principal efeito observado na pesquisa com a escala mantém-se o mesmo. A razão $F(1,244)=39,58$, com significância de $p<0,0001$, indica que a diferença entre as percepções de filhos de pais casados (média de 158,05) e de filhos de pais em outra condição (média de 135,45) é, proporcionalmente à quantidade menor de itens da escala, rigorosamente a mesma no que diz respeito à magnitude de impacto deste fator (situação da conjugalidade dos pais) no seu efeito (percepção dessa conjugalidade pelos filhos). No que diz respeito à consistência interna, como seria de se esperar em decorrência da eliminação dos itens de menor correlação com os demais, o "alfa" de *Cronbach* elevou-se para 0,96.

Considerações finais

Passamos agora a tecer considerações acerca da inconveniência técnica, metodológica e teórica da eliminação sumária de vinte itens, não obstante o altíssimo resultado relativo à fidedignidade da escala na sua forma Subescala 40.

Dentre os sessenta itens do QCP, 32 deles referem-se aos pais como uma unidade; os demais são quatorze pares de itens; em cada par, o mesmo conceito é dirigido ao pai e à mãe do sujeito. Os demais itens referem-se a ambos os pais. O que se apresenta como teoricamente produtivo, neste ponto de desenvolvimento da pesquisa, são análises nas quais se separam estes dois tipos de escala, por meio da formação das subescalas *Pai-Mãe* (14 pares de questões, 28 itens) e *Pais* (ambos os pais, 32 itens).

Simultaneamente a esta proposta, os resultados apresentados até agora são suficientes para subsidiar, por meio de informações válidas, a reformulação de itens cujo desempenho deixou a desejar. São, em maioria, aqueles que ocupam os lugares inferiores nas classificação dos itens, segundo procedimentos consagrados pela psicometria clássica, examinados até o momento. Assim, aplicações posteriores da escala poderão manter o propósito original de conteúdo ao incluir esses itens já reformulados.

REFERÊNCIAS BIBLIOGRÁFICAS

Andrich, D. (1988). *Rasch models for measurement.* Newbury Park, CA, Sage.
Andrich, D. (1978). Scaling attitude items constructed and scored in the Likert tradition. *Educational and Psychological Measurement,* 38, 665-680.
Andrich, D., Lyne, A., Sheridan, B. & Luo, G. (2001). *RUMM2010: Rasch unidimensional measurement models for analysing assessment and attitude questionaire data.* Disponível (RUMM2020) em http://www.rummlab.com.au/ Acesso em 20 fev. 2006.
Bond, T.G. & Fox, C.M. (2001). *Applying the Rasch model: Fundamental measurement in the human sciences.* Mahwah, NJ, Lawrence Erlbaum.
Devellis, R.F. (2003). *Scale development. Theory and applications. Second edition.* Thousand Oaks, CA, Sage.
Eiguer, A. (1984). *La thérapie psychanalitique de couple.* Paris, Dunod.
Eiguer, A. (1997). *A transmissão do psiquismo entre gerações: enfoque em terapia familiar psicanalítica.* São Paulo, Unimarco.
Féres-Carneiro, T. (2004). Separação: o doloroso processo de dissolução da conjugalidade. *Estudos de Psicologia.* Natal, 8, (3), 367-374.
Féres-Carneiro, T. (2003). Construção e dissolução do laço conjugal na terapia de casal. In: Féres-Carneiro, T. (Org.). *Família e casal: arranjos e demandas contemporâneas.* Rio de Janeiro, EDPUC-Rio/ Loyolla, 67-80.
Féres-Carneiro, T. (1999). Conjugalidade: um estudo sobre as diferentes dimensões da relação amorosa heterossexual e

homossexual. In: Féres-Carneiro, T. (Org.). *Casal e família: entre a tradição e a transformação*. Rio de Janeiro, NAU, 96-117.

Fowers, B.J. (1989). ENRICH Marital Inventory: A discriminant validity and cross-validity assessment. *Journal of Marital and Family Therapy*, 15, (1), 65-79.

Gaulejac, V. (1999). *L'Histoire en héritage*. Paris, Desclée de Brouwer.

Goldenberg, M. (2001). Sobre a invenção do casal. *Estudos e Pesquisas em Psicologia*, 1, (1), 89-104.

Hair, J.F., Tatham, R.L., Anderson, R.E. & Black, W. (2005). *Análise multivariada de dados*. (5a. ed.). Porto Alegre, RS, Bookman/Artmed.

Harman, H.H. (1967). *Modern factor analysis*. Chicago, IL, University of Chicago Press.

Kaës, R. (2000). Um pacto de resistência intergeracional ao luto. Transmissão psíquica dos efeitos da morte de uma criança sobre os irmãos e irmãs e sobre sua descendência. In: Correa, O.B.R. (Org.). *Os avatares da transmissão psíquica geracional*. São Paulo, Escuta.

Kaës, R. (1993). *Transmission de la vie psychique entre générations*. Paris, Dunod.

Kennedy, C.; Wilson, M.; Draney, K.; Tutunciyan, S. & Vorp, R. (2006). *GradeMap. Berkeley Evaluation and Assessment Research Center*. Disponível em http://bearcenter.berkeley.edu/GradeMap/ Acesso em 20 fev. 2006.

Lemaire, J. (1988). Du je au nous, ou du nous au je? Il n'y a pas de sujet tout constitué. *Dialogue: recherches cliniques et sociologiques sur le couple et la famille*, 102, (4), 72-79.

Likert, R. (1976). Una técnica para la medición de actitudes. In: Wainerman, C.H. (Org.). *Escalas de medición en ciencias sociales*. Buenos Aires, Ediciones Nueva Visión, 199-260. (Publicação original de 1932.).

Linacre, J.M. (2006). *A user's guide to Winsteps Ministeps Rasch model computer programs*. Disponível em http://www.winsteps.com/ Acesso em 20 fev. 2006.

Linacre, J.M. (1994). *Many-facet Rasch measurement*. Chicago, IL, Mesa Press.

Magalhães, A.S. & Féres-Carneiro, T. (2004). Transmissão psíquica geracional na contemporaneidade. *Psicologia em Revista*, 16, 24-36.

Melchert, T. (1998). A review of instrument for assessing family history. *Clinical Psychological Review*, 18, (2), 163-187.

Melchert T. & Sayger, T. (1998). The development of instrument for measuring memories of family origin characteristics. *Education and Psychological Measurement*, 58, (1), 99-118.

Netemeyer, R.G., Bearden, W.O. & Sharma, S. (2003). *Scale procedures. Issues and applications*. Thousand Oaks, CA, Sage.

Nicolló, A. (1993). O modelo psicanalítico de funcionamento do casal. In: Andolfi, C.; Ângelo, C. & Saccu, C. *O casal em crise*.(1995). São Paulo, Summus.

Olson, D.H. & Fowers, B.J. (1993). Five types of marriage: an empirical typology based on Enric H. *The Family Journal*, 1, 196-207.

Pasquali, L. (2003). *Psicometria. Teoria dos testes na Psicologia e na Educação*. Petrópolis, RJ, Vozes.

SPSS (2001). *Statistical Package for the Social Sciences. SPSS Release 11.0*. Disponível (SPSS 14.0) em http://www.spss.com Acesso em 20 fev. 2006.

Stake, R.E. (2000). Case Studies. In: Denzin, N.K. & Lincoln, Y.S. (eds.) *Handbook of qualitative research*. Thousand Oaks, Sage Publications.

Wilson, M. (2005). *Constructing measures. An item response modeling approach*. Mahwah, NJ, Lawrence Erlbaum.

Winnicott, D. (1971). *O brincar e a realidade*. Rio de Janeiro, Imago.

Wright, B.D. & Masters, G.N. (1982). *Rating scale analysis. Rasch measurement*. Chicago, IL, Mesa Press.

Wright, B.D. & Stone, M.H. (2004). *Making measures*. Chicago, IL, The Phaneron Press.

Funções materna e paterna nas famílias homoparentais

Maria Consuêlo Passos
Universidade São Marcos

A abordagem das funções materna e paterna, sempre foi objeto de interesse dos psicanalistas. Mas, se desde o início da psicanálise há uma preocupação com tais funções, nos últimos anos, ela se torna mais premente, tendo em vista o surgimento de diferentes modalidades de concepção de filhos, de famílias e, consequentemente, de parentalidades. Antes, as relações pais – filhos eram concebidas sob a ótica de uma hegemonia do patriarcado, cujos padrões relacionais estavam submetidos apenas à autoridade paterna. Hoje, observa-se uma expansão das possibilidades de relações amorosas e filiais, exigindo uma nova descrição dos processos de subjetivação no interior da família. Muitos psicanalistas, no entanto, continuam desenvolvendo seus trabalhos, sem absorver o enfraquecimento do pai soberano e sua lei, nem a existência de um espaço social que potencializa o livre arbítrio do homem e da mulher de procriar, em situações e contextos singulares.

O fato é que não podemos mais pensar em modelos ou padrões hegemônicos de família, muito menos de pai e mãe. Contudo, temos de reconhecer que, embora as referências não sejam mais fixas como na era patriarcal, elas continuam sendo importantes como dispositivos que regulam algumas saídas necessárias à constituição do psiquismo e do sujeito. A autoridade do pai - não aquela do pai patrão - continua sendo um esteio universal na inserção do sujeito na cultura. Os cuidados da mãe foram, e sempre serão, os fundamentos que o bebê precisa para criar seus primeiros laços com um outro e dar os primeiros passos na criação de seu lugar na cadeia familiar.

De um modo geral, os pais são para os filhos, referências de afeto e reconhecimento necessárias para que eles se constituam psiquicamente. Além disso, o pai e a mãe devem oferecer suas histórias para que a criança possa explorá-las, fantasiá-las e, assim, criar e recriar seus próprios roteiros.

Embora os pressupostos psicanalíticos sobre funções parentais sejam os fundamentos para as reflexões que serão desenvolvidas, não há intenção de retratá-los detalhadamente, mas apenas recuperar algumas noções indispensáveis ao debate proposto. Boa parte dos trabalhos sobre a relação pais – filhos procuram discutir, em primeiro plano, o que deve ser oferecido ao bebê para que ele possa amadurecer. A intenção aqui é inverter a ordem, no sentido de procurar trazer, antes de mais nada, os recursos de que a criança precisa, para prosseguir em um processo de amadurecimento, já iniciado intra-útero.

Do que a criança precisa para amadurecer

As funções parentais têm um caráter operacional, cuja finalidade precípua é sustentar a criança ainda imatura, oferecendo-lhe uma contenção dos seus impulsos e levá-la a expandir e desenvolver seus recursos psíquicos herdados. Em outros termos, elas devem servir ao bebê na sua trajetória de amadurecimento e dessa forma responder às demandas deste. Essas funções têm sentidos e perspectivas diferentes, de acordo com o momento de vida da criança. Em primeiro lugar, parece haver consenso em relação ao fato de que é a mãe que assume, nos primeiros meses de vida, a maior responsabilidade sobre a inserção do bebê em um ambiente, do qual ele vai retirar as condições necessárias para a sua sobrevivência física e para a sua inserção em um mundo psíquico e simbólico. Ao pai caberia, nessa etapa, dar suporte à mãe para que ela apresente o mundo ao bebê e se ofereça como a fonte de sua subsistência física e emocional.

De modo mais preciso, do que necessita uma criança para sobreviver e, paulatinamente, se inserir em uma cadeia simbólica que a levará a se tornar um sujeito? Penso que são cinco as premissas que sintetizam as condições necessárias. Em primeiro lugar, ela precisa ser recebida e acolhida com os cuidados necessários a sua subsistência física e psíquica. É necessário, então, que a mãe se identifique com ela para poder assimilar os seus pedidos e, assim, atendê-los com atenção e coerência.

Outro aspecto fundamental é que o bebê precisa se inserir na cadeia de filiação e, para tanto, deve ser reconhecido pela mãe como filho(a). Esta condição pressupõe, evidentemente, que a mãe já esteja alocada nesta cadeia, em um lugar complementar ao do bebê. Isto significa que, para assumir este lugar, a mãe revisitou os primórdios de sua existência como filha e pôde, partindo dessa origem, criar e abastecer sua posição de receptora, aquela que abrirá um espaço para a colocação da criança nessa nova rede familiar.

Um terceiro ponto, diz respeito à inserção do pai na relação mãe-filho(a), configurando, agora, uma triangulação necessária à produção de um mundo simbólico. O pai deve oferecer-se como o elemento diferente, que rompe com essa relação e dá suporte para que haja a contenção das tendências instintuais da criança.

Por fim, é preciso ressaltar uma condição que - embora de natureza diferente das anteriores - se constitui como fundamento importante para o amadurecimento infantil: o conhecimento que a criança precisa ter de sua origem, seja ela qual for. Trata-se de uma questão que tem gerado muitas polêmicas atualmente, principalmente porque as formas de procriação são muito variadas e algumas delas encontram ainda muitas resistências na sociedade.

Todas as condições assinaladas aqui organizam os potenciais de subjetivação na família, ao mesmo tempo em que definem algumas bases por meio das quais os pais configuram seus lugares na rede parental e no processo de filiação.

Tornar-se pai e mãe: dispositivos do processo de filiação

Durante muito tempo, o processo de tornar-se pai e mãe não era objeto de grandes preocupações já que, em uma sociedade patriarcal, este processo é tutelado por uma visão que privilegia a dimensão genética da filiação. Assim, quando se trata de uma procriação dessa ordem, os processamentos psíquicos que tornam um sujeito, pai ou mãe, são regulados pelos princípios do sexo biológico e pelas imposições sociais que se associam a estes princípios. Além disso, se as famílias nasciam e cresciam sob a égide do patriarcado, não havia tantas variações, do ponto de vista dos modelos de parentalidade. A família era sustentada pela lei do pai, cuja autoridade normatizava, não só os laços parentais, mas também os conjugais e os fraternos.

Hoje, a ampliação das possibilidades de procriar, associada ao surgimento de uma variedade de formas de parentalidade e filiação, nos obriga a definir, antes de tudo, uma concepção que permita olhar para as relações emocionais no grupo familiar, sem definições prévias, ou seja, sem categorizar e/ou tipificar esta ou aquela relação.

Um pequeno retorno a Freud, mais particularmente a seu texto *"O Estranho"* (1919), nos permite pensar as origens da formação dos laços entre pais e filhos. Para ele, a incompletude da criança fundamenta a reciprocidade vivida com a mãe já que esta, nos primeiros momentos de vida do bebê, procura oferecer-se para minimizar a condição infantil de desamparo original. Essa parece ser a origem das representações mentais que constituem a ordem parental, com todos os seus desdobramentos.

Embora as noções de parentalidade e filiação sejam interconectadas, é necessário traçar alguns contornos entre elas.

Assim, quando falamos de parentalidade, estamos nos referindo a uma relação que, tanto pode ser construída por consangüinidade, quanto por aliança. É esta última que nos interessa mais de perto, uma vez que ela pressupõe um dinamismo psíquico, como produto das relações intersubjetivas e de uma transmissibilidade entre as gerações, que independe da procriação genética. Tais relações, que se estruturam muito cedo, mostram, segundo Lebovici (2004 p. 32), cinco tipos de representação que a mãe faz de seu bebê: o bebê imaginário; o bebê fantasmático; o bebê narcísico; o bebê cultural e o bebê real. São diferentes representações que se alternam e permitem à mãe se adaptar as necessidades do bebê, ao mesmo tempo em que, mãe e filho configuram, reciprocamente, seus lugares na cadeia familiar. Assim, diz o citado autor: *"A criança encontra seu lugar na família a partir da confrontação do bebê imaginário com bebê real e a adaptação dos pais às necessidades do recém-nascido"*.

A instauração da parentalidade depende, portanto, dos recursos intrapsíquicos que permitem aos pais desejarem e criarem, imaginariamente, seus filhos, mas não só isso. Depende, também, de como eles foram, nos primórdios de suas infâncias, inseridos em suas redes parentais de origem. Como dissemos acima, o tornar-se pai e mãe exige um movimento de retorno às suas relações mais primárias, lugar onde cada um reescreve uma nova posição na cadeia geracional. O retorno à rede familiar atual deve indicar as possibilidades, de cada sujeito da parentalidade, de investir, criar e sustentar os laços com os filhos.

A noção de filiação, por sua vez, está ligada à reciprocidade existente na relação entre dois sujeitos, e pressupõe um reconhecimento dos lugares de um e de outro, além de representações e investimentos afetivos recíprocos. De acordo com Eiguer (2000, p. 14), o laço filial, sendo um laço de grupo, supõe:
- que os sentimentos de comunidade, fusionais se estabeleçam entre os membros do laço (eles se vêem e se tratam como se fossem próximos ou idênticos);

- que os membros do laço o vivam como um sonho, quer dizer, que eles coloquem à disposição de sua relação seus processos primários;
- que eles colocam em comum, inconscientemente, os mitos familiares ligados ao laço, os modelos de funcionamento e outras representações coletivas, como ideais e expectativas recíprocas;
- que eles sejam dependentes das leis próprias ao seu funcionamento.

Essas pistas oferecidas pelo autor, nos permitem compreender que o processo de filiação depende da reciprocidade de investimentos, implícita às relações pais-filhos e que ele se inicia muito antes da existência do filho, ou seja, na história e, mesmo na pré-história, de filiação dos pais.

Cada um com sua função

O surgimento das famílias homoparentais reabriu uma discussão antiga, que tem suscitado muitas polêmicas, sobretudo entre os estudiosos da psicanálise: a diferenciação sexual. Boa parte dos argumentos contra a homoparentalidade afirma que, não havendo uma diferenciação sexual entre os pais, os filhos crescem sem referências ou com referências distorcidas, o que acarretaria problemas e disfunções de natureza sexual. Essa questão, entretanto, não pode ser tratada de forma determinista, tampouco alarmista.

Segundo Dubreuil (1998), os temores mais referidos pelos tribunais em relação às famílias homoparentais, dizem respeito a eventuais problemas na identidade sexual da criança, uma vez que seus modelos de inspiração e referência não expressam diferenças sexuais entre si. Segundo esse raciocínio, um modelo único permite apenas a identificação a um tipo de sexualidade, podendo, em muitos casos, facilitar a orientação homossexual dos filhos e dificultar a integração dos mesmos na sociedade. Sabe-se, entretanto, que em grande medida, esses temores estão repletos de preconceitos e de resistências ao novo que tais famílias representam.

Quando Freud tratou da bissexualidade como uma dimensão inerente a todo ser humano, lançou as bases para um pensamento que, se por um lado anula as correspondências estritamente organicistas do sexo, cria uma visão do desenvolvimento psicossexual, como resultante de investimentos que demandam uma reciprocidade entre diferentes elementos. Assim, não sendo unívoca, a sexualidade dos pais é agenciada por forças que organizam as trocas internas de afetos, desejos, fantasmas e representações.

Nessa perspectiva, Loncan afirma (2004):

"Dentro de um funcionamento familiar, os pais encontram sua definição de pessoas sexuadas aos olhos dos filhos, porque eles são, na qualidade de pai e mãe, a uma só vez, lugar de investimento e bases de identificação. Simultaneamente associados como casal, eles efetuam na psique infantil, aproximações ou separações, de acordo com as evoluções fantasmáticas. Esse argumento reafirma a posição de que, para serem modelos para os filhos, os pais precisam de uma sustentação em pressupostos intra e interpsíquicos que vão muito além de uma definição anatômica do sexo".

Ao refletir sobre as diferenças sexuais na homoparentalidade, Parseval (1998, p. 16) é mais incisiva, no que concerne às resistências feitas a essa modalidade de família. Ela diz: *"A teoria e a clínica psicanalíticas mostram que, para produzir um ser humano, o encontro de dois sexos, a fusão de dois gametas, o coito de dois genitores, não são suficientes. É, sem dúvida, uma condição necessária; mas ela não é nem de longe suficiente"*. Para ela, o mais importante é que a criança seja recebida por pessoas que a desejem. Adultos que possam lhe oferecer, tanto os recursos para sua sobrevivência, quanto um compartilhamento de investimentos e afetos que a humanize, para prosseguir criando o cenário e as contingências de sua própria história. Também para essa autora, os fundamentos da parentalidade não estão na diferença anatômica entre os sexos, mas na dimensão simbólica das funções que esses dois adultos constroem, junto às demandas da criança. Nesse caso, deve prevalecer, como já foi dito, as condições de que ela necessita para amadurecer psiquicamente.

Quando se trata da função materna, isso implica em um cuidado primário que permita à criança ser recebida, acolhida, reconhecida, de modo a que ela possa, a partir daí, assimilar os recursos herdados, transformando-os a cada etapa do seu desenvolvimento. O reconhecimento do bebê implica na formação de um vínculo que será a matriz de todos os outros construídos ao longo de sua trajetória. Nesse caso, o olhar materno instaura e potencializa a condição da criança de investir, tanto no outro como parceiro da vida, quanto, ao mesmo tempo, em si mesmo.

A função paterna, por outro lado, deve possibilitar a expansão do mundo afetivo da criança, por meio da inserção de um terceiro elemento na relação da mãe com seu bebê. Essa inserção, ao mesmo tempo em que interdita a dualidade da relação primária, oferece os princípios da lei, com a qual o ser humano faz sua entrada em um mundo simbólico. É possível dizer que o pai tem uma função organizadora no grupo familiar, de modo a contribuir, significativamente, para a negociação das disponibilidades entre os seus membros e para a distribuição dos lugares entre eles.

De acordo com a psicanálise da família, não há nenhuma função que tenha autonomia dentro do grupo, cada uma adquire seu sentido numa relação de interdependência com as demais. As funções de cada membro, em um contexto familiar, designam uma perspectiva instrumental/operacional construída em uma relação de reciprocidade. Os cuidados maternos, por exemplo, estão a serviço de um contorno e acolhimento do bebê, sem os quais ele não conseguirá criar seus próprios limites. A função paterna, por sua vez, adquire seus sentidos na articulação com a função da mãe e da criança. Para Eiguer (2004, p.103): *"Ninguém é pai. O pai é feito pelos outros. É a família que o faz. É claro que esta mesma lógica deve ser transposta para as demais funções: materna, fraterna, etc."*

Fica claro, portanto, que as funções na família criam suas atribuições naquilo que se configura como demandas dos sujeitos. Desse modo, repercutem, sensivelmente, na formação do psiquismo grupal e nas performances individuais. No caso de uma estrutura familiar, elas são construídas tendo como referência os lugares e posições que cada membro assume, desde o nascimento, diante do outro e da fantasmática grupal. Partindo dessa perspectiva, é possível concluir que:

1. As funções parentais se constituem, essencialmente, em uma perspectiva simbólica, que organiza as atribuições maternas e paternas.
2. Essas funções não exigem a presença de uma diferenciação sexual para que haja um pai e uma mãe.

Sendo constituídas pelos investimentos recíprocos do grupo familiar e sustentadas pelas ações do cotidiano, é possível que a criança busque afinidades e modelos em outras figuras como tios, avós, padrinhos e madrinhas, caso não haja, em seu círculo mais próximo, figuras que lhe ofereçam as referências necessárias, em determinado momento do seu desenvolvimento. A busca natural de parcerias e modelos tem sido uma evidência, que vários autores assinalam, revelando, inclusive, a grande plasticidade e sabedoria das crianças, quando se trata de encontrar saídas, que lhes permitam crescer e amadurecer.

É preciso, ainda, considerar que o pertencimento a um dado sexo requer, sempre, um reconhecimento, via cultura e instituições, ambas legitimando a forma como uma sociedade concebe o laço entre os homens e as mulheres. Podemos acrescentar que, além da perspectiva de reciprocidade já assinalada, as funções necessitam, para existirem, de um contexto sócio-cultural, que lhes organizem como pertinentes a determinadas demandas de um lugar.

Os deslocamentos processados hoje nas posições dos membros da família, revelam a eliminação progressiva de uma lei exclusiva, que marcou por muito tempo, a composição e a dinâmica interna desse grupo. Essas mudanças afetam não só a dinâmica do contexto intrafamiliar, mas, também, as expressões individuais e coletivas de seus membros, no mundo externo.

Do ponto de vista de sua origem, é possível dizer que as funções parentais dependem, desde o início, da "história do desejo" de procriar e de como este desejo é acolhido e partilhado com o parceiro(a). Assim, quando surge a criança, é preciso levar em conta: 1. A identificação do casal parental com o filho e, especificamente, a disponibilidade e o investimento de cada um, nele. Este processo depende da posição do pai e da mãe em suas cadeias de filiação originárias, ou seja, como foram reconhecidos como filho(a) e como elaboraram as mudanças de posição, ao longo de seus processos de amadurecimento, até o momento da procriação do filho. Depende também de como um membro parental representa o outro e das atribuições recíprocas assumidas na presença da criança. 2. Essas atribuições são sustentadas pelos investimentos afetivos e pela formação dos laços narcísicos e objetais no delineamento da família. 3. Sintetizando, pode-se dizer que as funções parentais se organizam em três sentidos principais, marcados pela reciprocidade: de um membro do casal em relação ao outro; de cada um dos pais em relação à criança e vice-versa.

Enfim, quando consideramos as funções parentais por esses ângulos, vemos que o mais importante para a criança se constituir psiquicamente, é a qualidade das trocas entre ela e seus pais. Trocas essas que devem se pautar, sobretudo, em uma transparência e verdade sobre a história da família e da procriação. Precisam também expressar que a criança foi desejada por ela mesma e não para afastar as frustrações e os lutos dos pais.

Últimas questões, por enquanto...

As reflexões desenvolvidas, até aqui, nos asseguram que a diferenciação sexual de um casal não é um elemento indispensável ao desempenho das funções paterna e materna. Mais do que os signos da sexualidade, são os enunciados simbólicos que diferenciam as posições assumidas pelo casal parental no contexto de uma filiação. Está em jogo, nesse caso, as diretrizes que um e outro membro assume diante da dupla conjugal e do filho(a). É, antes de mais nada, a forma como um casal homossexual decide ter filhos, como procura viabilizar essa decisão e como se oferece a esse filho(a), que constituem os fundamentos da parentalidade e da estrutura do grupo familiar.

Na concepção de Loncan (2004):

"Se os ideais são vetores em relação à transmissão das posições parentais e representações de objetos que os organizam, a criança os recebe na medida em que os processos de identificação são operantes nela e lhes permitem acumular um pouco do que lhe é destinado. Para compreender a força, a multiplicidade e a variabilidade das identificações, a teoria dos laços é a melhor contribuição. Tem-se aqui a força dos investimentos de afeto e dos laços que eles organizam como traços mais valiosos na formação dos modelos parentais do que as diferenças sexuais entre os pais".

Embora haja a preocupação de alguns psicanalistas, a respeito das consequências da homoparentalidade para a saúde psíquica dos filhos, ainda hoje não se tem evidências de problemas psíquicos suscitados, diretamente, por esse modelo de família. É sabido, entretanto, que filhos de casais homossexuais ainda são vistos com muitas resistências e preconceitos, por parte de adultos ou mesmo pelos colegas que têm outro tipo de convivência familiar. Esse talvez seja o maior impasse vivido por essas crianças. Alguns depoimentos de filhos de casais homossexuais expressam temores em relação aos olhares enviesados que os discriminam. Eles dizem que não teriam problemas com a conjugalidade dos pais, caso não fossem vistos como estranhos e como produtos de uma ilegalidade.

A discriminação dessas crianças, se não causa danos psíquicos (não temos constatações empíricas), certamente produz muito sofrimento. O que é inadmissível em uma sociedade libertária que, a rigor, deveria potencializar uma expressão mais livre da sexualidade e dos afetos. É inútil vaticinar destinos funestos, quando se trata de relações complexas que envolvem múltiplas dimensões psicossociais, a não ser que haja empenho na manutenção de uma consciência moral que nega o inconsciente, como recurso que abriga processos psíquicos flexíveis e, muitas vezes, inacessíveis.

Precisamos acreditar que a rapidez com a qual a sociedade, e mais particularmente a família, tem se transformado possa, igualmente, produzir mudanças de mentalidade. Só assim seria possível eliminar os temores e as ameaças representados hoje pelos sujeitos da homoparentalidade. Se os preconceitos são prejudiciais a estes sujeitos, são também a todos nós. Afinal, negar o diferente é excluir uma parte de si mesmo. Talvez aquela mais importante.

REFERÊNCIAS BIBLIOGRÁFICAS

Eiguer, A. (2000). Filiation ou lien filial. In: *Le divan familial – Revue de thérapie familiale*, 5/Automne. Paris.
Freud, S. (1969) O 'estranho'. In: Volume XVII da *Edição Standard das obras psicológicas completas de Sigmund Freud*. Rio de Janeiro, Imago Editora Ltda. (Originalmente publicado em 1919).
Loncan, A. (2005). De la bissexualité psychique à l'homoparentalité. *Revue de thérapie familiale*, 13/Automne. Paris.
Silva, M.C.P. (2004). (Org.). *Ser Pai, Ser Mãe – Parentalidade: um desafio para o terceiro milênio*. São Paulo, Casa do Psicólogo.
Parseval, G.D. (1998). Préface in DUBREUIL, È. *Des Parents de Même Sexe*. Paris, Editions Odile Jacob.
Passos, M.C. (2005). Liens affectifs et homoparentalité – *Revue de thérapie familiale*, 13/Automne. Paris.
Tort, M. (2005). *Fin du dogme paternel*. Paris, Aubier, Éditions Flammarion.

Colusão e coevolução em estudos de conjugalidade mínima: uma proposta de fundamentação teórico-metodológica

Cílio Ziviani
Pontifícia Universidade Católica do Rio de Janeiro

Há mais de três décadas, o conceito de colusão vem sendo utilizado por Jurg Willi, no contexto da psicoterapia conjugal. A este acrescentou, mais recentemente em estudos da díade, o conceito de coevolução. Hoje, ambos transcendem o plano da prática terapêutica e passam a fundamentar sofisticada e consistente teoria das relações entre cônjuges. Nessa condição epistemológica de constructos teóricos, ambos são discutidos na pesquisa empírica com casais, face à proposta e aos resultados observados com a utilização do conceito de conjugalidade mínima.

Intuitivamente, entende-se por "conjugalidade mínima" a situação definida por respostas independentes, de ambos os cônjuges, a questões do tipo *"Gosto de meu cônjuge"*, acrescidas de questões do tipo *"Meu cônjuge gosta de mim"*. Teoricamente, define-se como o conjunto de dados psicológicos essenciais à conjugação de duas subjetividades. A conjugação significativa da subjetividade de um cônjuge com a subjetividade do outro permite que cada um se faça presente e se perceba como presente na subjetividade do outro.

Em decorrência, a principal suposição teórica subjacente é a de que as diferenças qualitativas observáveis no contexto empírico da conjugalidade mínima são indicativas de diferenças no laço conjugal, uma vez que este se constitui pela intersubjetividade. Ambos os cônjuges, ao responderem a pares de perguntas dessa natureza, *"Gosto [não gosto] do meu cônjuge"* e *"Meu cônjuge gosta [não gosta] de mim"*, participam, necessariamente, das quatro correlações possíveis entre as respostas independentes, isto é, entre os quatro contrastes possíveis entre um cônjuge e seu outro ou entre um cônjuge e seu par (Ziviani, 2005a; Ziviani, 2005b & Ziviani, Féres-Carneiro, Magalhães e Bucher-Maluschke, 2006).

Há duas principais razões para se fazer essa ligação entre os conceitos de colusão, coevolução e conjugalidade mínima, às quais se acrescenta um motivo. A primeira é que a fundamentação filosófica da obra de Willi tem pontos básicos comuns com a fundamentação dessa proposta de estudo da conjugalidade. O ponto principal é o apoio buscado por Willi na obra de Hegel, precisamente nos mesmos pontos de ancoragem do presente trabalho. A segunda razão é que a teoria de relacionamento conjugal de Willi oferece suficiente detalhamento às possíveis explicações psicológicas para os resultados empíricos observados nos estudos de conjugalidade mínima: especificamente, as questões da identidade e da diferença, da contradição e da questão desses temas no contexto da díade, tomada como o encontro de duas subjetividades.

Finalmente, o motivo: Willi é co-autor de pesquisa empírica em que os cônjuges dos casais participantes responderam a questões abordando temas da vida em comum (Riehl-Emde & Volker e Willi, 2003). Trata-se da continuação de trabalho anterior no qual, ao responderem à pergunta: *"É o casamento dele também o casamento dela?"*, verificou-se que o casamento "dele" não é o mesmo casamento "dela": há diferenças que, *"embora difíceis de demonstrar, são emocionalmente importantes"*. (Riehl-Emde e Willi, 1999, p. 133)

O questionário utilizado (Riehl-Emde, 2000[a] & Riehl-Emde, 2000b), foi respondido por mais de duzentos casais de Zurique (235), dentre os quais, uma pequena parte fazia terapia (31). Aborda dezenove temas, a saber: troca mútua por meio de conversação, áreas individuais ou compartilhadas, arranjos domésticos, famílias de origem, atribuição de papéis, desenvolvimento individual dentro da relação conjugal, lealdade e apoio mútuo, relacionamento sexual, sensualidade e afeição, amor, carinho e afeição, relacionamento sexual extraconjugal, identificação com o relacionamento conjugal, compatibilidade entre os parceiros, obrigações e sentimentos de culpa, medo de viver só, gerenciamento de recursos financeiros, religião e espiritualidade e, finalmente, o décimo nono e último tema, filhos.

Cada questão temática utiliza a escala Likert (1976/1932), de cinco pontos, para a constituição de sete itens, dentre os quais é possível particularizar um par. Por exemplo, no tema *Amor*, o item *"Durante o primeiro ano, eu amava meu cônjuge"*, com o item *"Em minha opinião, durante o primeiro ano, meu cônjuge me amava"* (Riehl-Emde, 2000b, p. 20). Em todos os temas, como neste do *Amor*, replicam exatamente a condição definidora essencial do conceito de conjugalidade mínima – ou seja, itens cuja presença se deve, possivelmente, à depurada intuição dos elementos fundamentais de refletividade mútua da díade conjugal. Intuição sedimentada ao longo dos muitos anos de uma prática clínica que sempre caminhou, passo a passo, com a reflexão teórica, referida a autores também utilizados na conceituação da conjugalidade mínima. Supõe-se essa atribuição porque, na leitura atenta das duas publicações examinadas, tanto na parte da conceituação da escala quanto na parte da análise e discussão de resultados, não há indicação alguma de que esse par de itens, em si mesmo, estaria a merecer consideração específica.

Apresentação de algumas contribuições teóricas de Jurg Willi

O conceito de colusão foi inicialmente proposto por Willi (1972) como um conceito fundamental (*Grundbegriff*) para a psicologia conjugal *(Ehepsychologie)* e, três anos após, como conceito-chave para a análise das cumplicidades, no sentido de acordos tácitos (*Zusammenspiels*), inconscientes, na escolha de parceiros (*Partnerwahl*) e nos conflitos entre esses parceiros (Willi, 2003/1975 & Willi, 1982/1975). Etimologicamente, "colusão" vem do latim *colludere* (jogar, brincar junto, ludicamente) e foi definida por Willi no glossário do texto de 1975, como uma cumplicidade disfarçada, frequentemente inconsciente, entre parceiros que, durante certo período de tempo, utilizam-na como defesa no lidar com medos e sentimentos de culpa que compartilham inconscientemente e que, como resultado, cada um deles considera-se inseparável do outro.

Logo após essa primeira obra de impacto, Willi (1997/1978; 1984/1978) escreve sobre a terapia da relação a dois, sob orientação analítica, utilizando-se do conceito de colusão também para o entendimento do potencial do triângulo formado pelo casal mais o terapeuta. Hoje, como diz Magalhães (2003), o constructo "colusão" é amplamente utilizado por autores psicanalistas voltados para a psicodinâmica do casal, pois se considera que as trocas intersubjetivas são regidas por seu mecanismo; caracteriza-se como *"um acordo de reciprocidade inconsciente complementar, por intermédio do qual os parceiros desenvolvem partes de si conforme as necessidades do outro e renunciam ao desenvolvimento de algumas partes suas que projetam no outro"*. (Magalhães, 2003, p. 226)

Ainda na década de oitenta, um outro conceito, o de "coevolução", é proposto por Willi (2000/1985; Willi, 1992/1985) como sendo "a arte do crescimento conjunto". Especificamente, refere-se à maneira segundo a qual os parceiros influenciam-se, reciprocamente, no desenvolvimento de cada um. A dinâmica da coevolução envolve um processo de desafio, de suporte, e de restrição mútuos em áreas nas quais há correspondência entre as intenções e os interesses dos parceiros.

No início da década de 90, dedica-se Willi (1991) a investigar os fatores que mantêm juntos os parceiros, examinando o processo da vida em comum, a partir da conceituação de uma "psico-ecologia": em seguida, propõe uma "psicoterapia ecológica" (Willi, 2005/1996; Willi, 1999/1996), baseada nas formas segundo as quais o desenvolvimento pessoal apóia-se na relação entre indivíduos e o ambiente por eles criado.

Ao se fazer a pergunta sobre qual seria a diferença entre colusão e coevolução, responde Willi que a *"colusão é uma forma patológica de coevolução. Os parceiros inconscientemente tornam-se cúmplices ao se defenderem das, e ao evitarem as, tarefas de desenvolvimento que se apresentam."* Assim, continua Willi, praticam a colusão no comportamento evasivo e *"persistem na apresentação de desejos irrealísticos na relação"* (*in unrealistischen Beziehungswünschen*). Na relação sadia, prossegue, um dos parceiros resiste às fantasias imaturas e irrealizáveis do outro (Willi, 2005/1996, p. 429; 1999/1996, p. 281).

Finalmente, no início da presente década, Willi desenvolve uma psicologia do amor *(Psychologie der Liebe)*, baseada na relação amorosa *(die Liebebeziehung)* como promotora, como fiadora *(als Herausforderung)* do desenvolvimento pessoal. Mas essa relação amorosa pode também, simultaneamente, apresentar-se como uma relação "interesseira" *(eigennützig)*, sem ser egocêntrica, nem egoísta (Willi, 2002, p. 27-30; Willi, 2004/2002).

Há mais de uma razão pela qual Willi foi escolhido como o autor da teoria da díade conjugal que melhor explicaria os resultados empíricos observados por meio da proposta da conjugalidade mínima. A principal delas é apresentada por Willi no livro cuja *"escrita levou seis anos"* e que no decorrer desses anos *"alterei muitos de meus pontos de vista originais"* e muitas vezes, prossegue *"senti-me muito só na minha escolha do tema e repetidamente duvidei da minha capacidade de dominá-lo. Freqüentemente parecia-me como uma doença da qual não poderia mais me livrar"*. (Willi, 1999/1996, p.XI-XII)

É precisamente neste livro que o autor explicita as suposições teóricas subjacentes às suas propostas anteriores, critica sua intenção de unir as abordagens sistêmica e psicodinâmica no estudo e na psicoterapia da díade conjugal e expõe os fundamentos filosóficos que dão suporte epistemológico aos pontos principais da teoria. Fica claro que Willi sempre manteve a díade como sua unidade básica de análise. Eleva a díade à estatura de um "ecossistema humano" que, como o natural, *"também é destruído quando seus circuitos regulatórios são rompidos"*. E prossegue Willi (2000/1985, p. 47; 1992/1985, p. 41): *"o reconhecimento com aceitação de círculos autoregulatórios (die Anerkennung von Regelkreisen) é fundamental para o reconhecimento com aceitação da interdependência do parceiro" (heisst Anerkennung der Interdependenz der Partner).*

O reconhecimento (mútuo) com aceitação (ou "Anerkennung") é conceito especialmente importante para o presente trabalho, pois serve como princípio teórico norteador para o entendimento das diversas configurações intersubjetivas emergentes, empiricamente, nos estudos de conjugalidade mínima (Ziviani, 2001). Também, como se não bastasse, Willi ancora, metodologicamente, sua proposta de estudo em Hegel, ao discutir a unidade de opostos *(die Einheit der Gegensätze)* de Heráclito. Argumenta como esta teoria da combinação de opostos criou o modelo para a "teoria dialética do desenvolvimento", elaborada mais de dois mil anos depois, particularmente por Hegel (Ziviani, 2005a; Ziviani, 1998). Prosseguindo, Willi (2000/1985, p. 65; 1992/1985, p. 59) argumenta que, do ponto de vista de Hegel, tese e antítese não são restritas à síntese, mas *"aufgehoben"*, em todos os diferentes sentidos deste particípio alemão: "suprimido" *("beseitigt");* "preservado" *("bewart")* – isto é, conservado vivo em uma unidade superior – na qual "não mais aparecem como opostos mutuamente exclusivos". Reconhece Willi portanto, pelo menos implicitamente, a crítica da lógica hegeliana ao princípio do terceiro excluído, com a consequente abertura à possibilidade de algo, simultânea e contraditoriamente, ser e não ser.

Após encerrar a discussão desses conceitos hegelianos, este mesmo autor enfatiza como Ludwig Feuerbach percebe a unidade diádica formada pelos parceiros não em sua fusão, mas na realização de sua diferença. Daí prossegue Willi para revisar o que chama de "filósofos do encontro" (Martin Buber, Ferdinand Ebner, Max Scheeler e Ludwig Binswanger). Quanto a Buber, Willi entra em minuciosa discussão da relação *"Ich und Du"*, ou "Eu e Tu" na qual o "entre" um e outro *(zwischen)* é fundamental (Buber, 2003/ 1923; 1996/1923; 1995/1923), para, finalmente, encerrar com o conceito buberiano de "indivíduo autônomo". São esclarecedores os textos críticos dos tradutores, tanto na edição de *Ich und Du* em inglês (Kaufman, 1996), quanto na edição em português (Zuben, 2003/1977), particularmente quanto a decisões tomadas na tradução da frase *"Der Mensch wird am Du zum Ich"* (Buber, 1995/1923, p. 28) que seria *"O homem se torna Eu na relação com o Tu"* (Buber, 2003/1923, p. 32), ou ainda, diríamos, *"A pessoa se torna um Eu na relação com um Tu"*. Ou seja, a consciência (de si) passa necessariamente pela consciência do outro.

Na linguagem do conceito de colusão, Willi (2003/1975; 1982/1975) descreve a posição de um parceiro como regressiva e, a do outro, como progressiva. Os parceiros em posições regressivas tendem a se comportar em forma de desamparo, passiva, dependente. Já aqueles na posição progressiva, são prestativos, ativos, autônomos e impositivos. Posteriormente, explicita como os comportamentos progressivos e regressivos influenciam-se mutuamente – *"quanto mais desamparado o parceiro regressivo for, tanto mais cuidadoso, prestativo (hilfreich) o parceiro progressivo se torna, e tanto mais prestativo o parceiro progressivo se torna, tanto mais desamparado o parceiro regressivo se apresenta"*. (Willi 2005/1996, p. 161-164; 1999/1996, p. 95/98)

Além disso, Willi (2003/1975; 1982/1975) ofereceu a descrição detalhada dos quatro tipos básicos de interação neurótica inconsciente que podem emergir entre parceiros na díade: a colusão narcísea, na qual os parceiros buscam o amor como a união total dos dois, tornando-se polarizados; a colusão oral, na qual o tema é o amor que cuida um do outro; a colusão anal-sádica, baseada no modelo de amor, no qual cada parceiro pertence completamente ao outro; e finalmente, a colusão fálica, que vê o amor como prestígio social, no qual um dos parceiros é distinguido pelo poder social e detém a admiração do outro. Posteriormente, observa que uma grande variedade de polarizações existe; embora nem sempre correspondam a esses quatro tipos ideais, *"essas polarizações possibilitam uma intensa e recíproca eficácia de resposta"*. (Willi, 2005/1996, p. 162-163; 1999/1996, p. 97-98)

Para concluir, destaco uma passagem de Willi, a respeito de teóricos de língua alemã, ao afirmar que, na esfera da psicoterapia e da psicologia hoje descrita como filosofia aplicada, o pensar em termos de "Eu–Tu" *(Das Ich-Du-Denken)* não foi ainda amplamente difundido. Talvez, prossegue, porque os filósofos do encontro, de língua alemã *(die deutschsprachigen Begegnungsphilosophen)*, tendem a idealizar as relações com palavras que soam bonitas demais e *"frequentemente falta a comprovação 'em carne e osso', 'pé-no-chão', da realidade e da prática"* (Es fehlte oft das Fleish und Blut der Bewährung in der Realität und Praxis) (Willi 2000/1985, p. 70; 1992/1985, p. 65). O interesse dessa passagem é o de se destacar que, no presente trabalho, tenta-se justamente a demonstração prática da eficácia da abordagem "Eu–Tu", levada às últimas consequências no plano empírico, como se verá a seguir.

Colusão, coevolução e conjugalidade mínima: resultados empíricos

A teoria da díade conjugal de Willi afigura-se como particularmente relevante para explicar resultados das oito classificações empiricamente emergentes, por meio da utilização da conjugalidade mínima (Ziviani, 2005a) na pesquisa com casais. Para dar materialidade a esta proposição, referimo-nos agora a relatório técnico (Ziviani & Bucher, 2006), disponível em *www.cilio.com/casal/necessidade-q27.pdf,* o qual passa a integrar, como se fora um apêndice, o presente trabalho sem se impor, como imprescindível para a compreensão do que se segue: a reprodução dos tópicos introdutórios desse relatório técnico. Como exemplo, apresenta-se a seguir partes da análise de uma das questões, dentre as 52 que formam o questionário descrito neste relatório.

A questão em dois itens:

Ao planejar nossa vida conjugal...
... meu cônjuge considera minas necessidades. ... considero as necessidades do meu cônjuge.

Apresenta quatro respostas conjugais possíveis (formato Likert, cinco categorias):

A planejar nossa vida conjugal...
a ... minha MULHER considera minhas necessidades. b ... considero as necesidades da minha MULHER. c ... meu MARIDO considera minhas necessidades. d ... considero as necessidades do meu MARIDO.

Os resultados empíricos de 127 canais sintetizam-se nas correlações (Pearson):

Correlações

	a	b	c	d
a	1	0,33	0,32	-0,03
b	0,33	1	0,20	-0,07
c	0,32	0,20	1	0,08
d	-0,03	-0,07	0,08	1

As distribuições de freqüência são as seguintes:

CATEGORIAS	1	2	3	4	5	
Ao Planejar nossa vida conjugal...	nun	rar	asvz	freq	smp	
... minha MULHER considera minhas necessidades. -2,28	2 -1,46	10 -0,63	33 0,20	30 1,03	46	n z
... considero as necessidades da minha MULHER. -2,55	2 -1,34	23 -0,14	68 1,06	26 2,26	8	n z
... meu MARIDO considera minhas necessidades. -2,21	9 -1,37	11 -0,54	34 0,30	35 1,13	38	n z
... considero as necessidades do meu MARIDO. -2,63	3 -1,57	12 -0,52	51 0,53	41 1,58	20	n z

Nas quatro linhas n encontram-se as frequências e nas quatro linhas z seus respectivos escores padronizados. Quanto às categorias, nas cinco colunas 1, 2, 3, 4, e 5 encontram-se, respectivamente, *nun* (Nunca), *rar* (Raramente), *asvz* (Às vezes), *freq* (Frequentemente) e *smp* (Sempre). Em todas as quatro variáveis, observa-se que os escores z negativos (abaixo da média) encontram-se nas categorias à esquerda da tabela: *nun, rar, asvz*. Já os escores z positivos (acima da média) estão nas categorias à direita da tabela: *freq, smp*. Portanto, para ambos os cônjuges, respostas "nunca", "raramente" ou "às vezes" são qualificadas como negativas; respostas "frequentemente" ou "sempre" são qualificadas como positivas. O produto conjugal será positivo ou negativo em função da qualidade do sinal, positivo ou negativo, nos fatores "resposta do marido" multiplicado por "resposta da esposa" (ou vice-versa).

Tendo em vista as correlações observadas, verifica-se que, em média, as escolhas não se relacionaram, com sentido, às demais escolhas do conjunto — tanto àquela da própria esposa no item "c", quanto àquelas do seu cônjuge nos itens "a" e "b".

Verifica-se que a variável "d", "Considero as necessidades do meu marido", apresenta correlações em torno de zero, com todas as demais variáveis: "da" = "ad" = -0,03, "db" = "bd" = -0,07 e "dc" = "cd" = 0,08. Este seria o resultado esperado no caso de as esposas terem respondido ao acaso, hipótese que não se sustenta, pois suas respostas ao item "c", "meu marido considera minhas necessidades", correlacionam positivamente com ambas as variáveis respondidas pelos respectivos maridos, isto é, "ca" = 0,32 e "cb" = 0,20, de forma estatisticamente significativa (vide Ziviani e Bucher, 2006, p. 153).

Haveria, da parte das esposas, incerteza em seu papel de cônjuge, nesta questão específica, com magnitude suficiente para influenciar, desta forma, os resultados? Seria essa condição generalizável para a conjugalidade dos casais como um todo, ou estaria restrita a determinados casais?

Possíveis respostas a essas perguntas se oferecem, por meio da decomposição das correlações em seus produtos constituintes e da consequente identificação da contribuição de cada cônjuge, casal a casal, para o resultado final. Esses produtos das contribuições entre os pares de cônjuges são, então, organizados como em uma gramática, cuja escrita sinaliza a natureza da conjugalidade de cada casal. O efeito de sentido dessa sinalização baseia-se na suposição teórica de que a intersubjetividade no laço conjugal prescreve as regras gramaticais, sob as quais atitudes e percepções entre cônjuges variam nos estudos de conjugalidade mínima.

Nesses estudos, emergem oito configurações intersubjetivas básicas, desdobradas de forma a distinguir as positivas - progressivas para a conjugalidade, daquelas negativas -, regressivas para a mesma. Por exemplo, a configuração intersubjetiva "não q" (não esposa), na qual a esposa não conjuga seu papel de cônjuge, ou ainda, na qual se nega na condição de cônjuge, foi a mais frequente, observada em 28 casais (vide Ziviani e Bucher, 2006, p. 14, 15, 24). No plano meramente empírico estaria identificada a fonte de variância responsável pelas correlações zero mencionadas. Mas, qual seria a explicação teórica desse efeito? A busca de possíveis respostas a essa questão empírica cabe a uma psicologia da conjugalidade, desenvolvida em trabalhos que expliquem esses resultados.

Utiliza-se, no presente trabalho, procedimentos restritos à psicometria clássica, no que diz respeito ao tipo de escala utilizada (Likert, 1976/1932). Entretanto, rigorosamente, atropela-se o pressuposto da igualdade de intervalos, pois a escala não é intervalar, mas sim, ordinal. Escores z no limiar da positividade ou negatividade (perto de zero) não são confiáveis do ponto de vista estritamente estatístico, para que se decida que uma resposta seja um "não" (escore z negativo) ou um "sim" (escore z positivo). Pode-se, entretanto, utilizar metodologia consagrada de se estender o modelo Rasch (Rasch, 1993/1960) para escalas do tipo Likert (Andrich, 1978). O escore z, a partir do dado bruto, seria, então, substituído pela localização *(location)* na escala "logit", com erro-padrão atribuível a cada posição (Wright e Masters, 1982 & Linacre, 2006). Além disso, podem-se examinar as possibilidades de aglutinação *(collapsing)* de categorias de resposta de forma a melhorar o índice de separabilidade e tornar o erro de medida menor (Wright e Stone, 2004).

Tal procedimento colocaria o resultado empírico das análises dos dados à altura do desenvolvimento teórico que vem sendo apresentado. Entretanto, a utilização do escore z é perfeitamente aceitável, face ao presente propósito; o requinte estatístico mencionado no parágrafo anterior acrescenta, apenas, rigor técnico e maior confiabilidade estatística às interpretações. Portanto, passemos à exposição dos resultados empíricos. Exemplares das diversas configurações intersubjetivas encontram-se em Ziviani e Bucher (2006, p. 8-23). São oito configurações; dentre estas, distingue-se nas seis configurações intersubjetivas denominadas "p", "q", "não p", "não q", "equivalência" e "tautologia", entre respostas "progressivas", assinaladas (+), e respostas "regressivas", assinaladas (−), segundo confirmam (+) ou infirmam

(–) a conjugalidade, utilizando-se a conceituação de Willi, já discutida.

Nas duas formas restantes, "inequivalência" e "contradição", a conjugalidade é confirmada e infirmada simultaneamente. Torna-se identificável apenas qual dos cônjuges é o responsável pelo lado "progressivo" da configuração: se marido, assinala-se (+m); se esposa, assinala-se (+e). Note-se que se pode, alternativamente, identificar o cônjuge que se coloca no lado "regressivo" da configuração, bastando assinalar (–m) para o marido do casal cuja esposa é assinalada (+e), e assinalar (–e) para a esposa do casal cujo marido é assinalado (+m). Abre-se, assim, a possibilidade de se utilizar a colusão e a coevolução, da teoria da díade conjugal de Jurg Willi, como conceitos explicativos desses resultados empíricos.

Como exemplo aqui, destaco duas dessas configurações intersubjetivas, ambas classificadas como "equivalência". A primeira, apresentada no Quadro 1, referente ao Casal 8, é qualificada como "progressiva" para a conjugalidade, adotando-se o conceito da teoria da díade de Willi. A segunda, apresentada no Quadro 2, referente ao Casal 60, é qualificada como "regressiva" para a conjugalidade. A leitura dos quatro pares de resposta em ambos os quadros permite a inferência da sintaxe envolvida no jogo de negatividades e positividades. No Casal 8, cada cônjuge, ao se referir ao outro na condição própria de não-eu — nos Quadros 1 e 2, "0(-Eu)" —, diz que seu cônjuge sempre considera suas necessidades. A categoria "sempre" apresenta o valor z positivo; é considerada, portanto, como "progressiva" para a conjugalidade (lembremo-nos que o valor positivo ou negativo atribuído ao escore z decorre, unicamente, da distribuição dos resultados: respostas acima da média, recebem z positivo; respostas abaixo da média, recebem escores z negativos).

Quadro 1
Configuração intersubjetiva: "equivalência" (cônjuges+)*

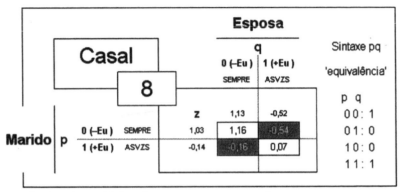

Produtos no casal 8 e a sintaxe da porta lógica 'equivalência'.

* *"equivalência" (cônjuges+)* Ambas as respostas ao item "Meu cônjuge considera minhas necessidades" são positivas, progressivas para a conjugalidade. Os cônjuges são equivalentes nessa positividade.

Já no Casal 60, cujos resultados estão no Quadro 2, cada cônjuge, ao se referir ao outro, diz que seu cônjuge, às vezes, considera suas necessidades (diz o marido, na condição não-eu, referindo-se à esposa) e que seu cônjuge raramente considera suas necessidades (diz a esposa, na condição não-eu, referindo-se ao marido). Ambas as categorias, "às vezes" e "raramente", apresentam valor z negativo; são consideradas, portanto, como "regressivas" para a conjugalidade.

Quadro 2
Configuração intersubjetiva: "equivalência" (cônjuges–)*

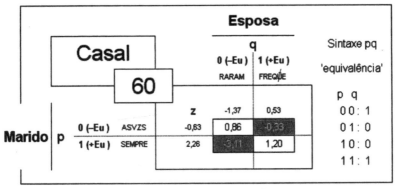

Produtos no casal 60 e a sintaxe da porta lógica 'equivalência'.

* *"equivalência" (cônjuges–)* Ambas as respostas ao item "Meu cônjuge considera minhas necessidades" são negativas, regressivas para a conjugalidade. Os cônjuges são equivalentes nessa negatividade.

Na parte inferior do Quadro 2, denominada Produtos Intersubjetivos, à esquerda, nota-se que as positividades (fundo claro, número escuro) e negatividades (fundo escuro, número claro), relativas às respostas individuais dos cônjuges, mudam essas qualidades de um casal (Casal 8) para o outro (Casal 60). O jogo do contraste entre positivos e negativos é perfeito — a todo resultado positivo do Casal 8, corresponde, na mesma posição, um resultado negativo do Casal 60; e vice-versa, a todo resultado positivo do Casal 60, corresponde, na mesma posição relativa, um resultado negativo do Casal 8. Logo, a configuração intersubjetiva ("equivalência"), resultante do produto entre os pares de escores z do lado esquerdo, permanece a mesma, como se pode verificar no produto localizado no lado direito. Tal como na fotografia tradicional que utiliza o filme: se a primeira organização fosse o negativo e a segunda, o correspondente positivo; ou vice-versa; o objeto fotografado — a configuração intersubjetiva — permaneceria intacto, invariante.

Por exemplo, examinando-se os Produtos Intersubjetivos no Quadro 1, verifica-se na primeira linha que, no Casal 8, à resposta do marido *"Minha mulher sempre considera minhas necessidades"*, correspondeu um escore positivo z de 1,03. No mesmo casal, à resposta da esposa *"Meu marido sempre considera minhas necessidades"*, correspondeu um escore positivo z de 1,13. O produto intersubjetivo das contribuições dos dois cônjuges encontra-se localizado no lado direito. É positivo, pois $1,03 \times 1,13 = 1,17$. O Casal 8 contribuiu, portanto, com o produto conjugal 1,17 para a soma dos produtos entre maridos e esposas, cuja média (desta soma) é a correlação (de Pearson) neste par de variáveis.

Examinemos agora os Produtos Intersubjetivos correspondentes no Quadro 2. Verifica-se que, no Casal 60, à resposta do marido *"Minha mulher às vezes considera minhas necessidades"*, correspondeu um escore negativo z de -0,63. No mesmo casal, à resposta da esposa *"Meu marido raramente considera minhas necessidades"*, correspondeu um escore negativo z de -1,38. O produto intersubjetivo das contribuições dos cônjuges encontra-se localizado no lado direito. É, tal como no Casal 8, positivo, pois $-0,63 \times -1,38 = 0,86$. O Casal 60 contribuiu, portanto, com o produto conjugal 0,86 para a soma dos produtos entre maridos e esposas, cuja média (desta soma) é a correlação (de Pearson) neste par de variáveis.

Voltemos-nos, agora, para o exame da quarta linha dos Produtos Intersubjetivos em ambos os quadros. Verifica-se no Quadro 1 que, no Casal 8, à resposta do marido *"Às vezes considero as necessidades da minha mulher"*, correspondeu um escore negativo z de -0,14; à resposta da esposa *"Às vezes considero as necessidades do meu marido"*, um escore negativo z de -0,52. O produto conjugal é positivo: $-0,14 \times -0,52 = 0,07$. Desta vez, o Casal 8 contribuiu com apenas 0,07 para a soma dos produtos, cuja média é a correlação entre marido e esposa, ao se auto-referirem, no que diz respeito a levar em conta as necessidades do cônjuge. Examinando-se, com o mesmo propósito, o Quadro 2, verifica-se que, no Casal 60, à resposta do marido *"Sempre considero as necessidades da minha mulher"*, correspondeu um altíssimo escore positivo z de 2,26; à resposta da esposa *"Frequentemente considero as necessidades do meu marido"*, um escore positivo z de 0,53. O produto conjugal, positivo, de $2,26 \times 0,53 = 1,20$, localizado no lado direito, define a contribuição desse casal para essa correlação.

Examinando-se a matriz dois por dois na parte superior do Quadro 1, observa-se que os produtos conjugais examinados no Casal 8 localizam-se na diagonal principal (1,17 e 0,07, respectivamente). Repetindo-se o procedimento no Quadro 2, verifica-se que os produtos conjugais referentes ao Casal 60 encontram-se localizados em idêntica posição (0,86 e 1,20 respectivamente). Observa-se ainda que os pares de respostas originais dos cônjuges, nos dois casais, são sempre qualitativamente equivalentes. As respostas estão abaixo da média, com escores z negativos; ou ambas as respostas estão acima da média, com escores z positivos. As consequências são esses produtos conjugais positivos na primeira e na quarta linhas dos Produtos Intersubjetivos, correspondentes às duas posições na diagonal principal.

Observando-se, agora, a mesma matriz nos dois quadros, verifica-se que, na diagonal secundária ocorre o oposto: ambas as células são negativas. O exame mais detalhado na segunda e terceira linhas dos Produtos Intersubjetivos mostra que há sempre uma resposta com escore z positivo, multiplicando uma resposta com escore z negativo, tanto no Casal 8 quanto no Casal 60. Todos os produtos conjugais decorrentes dessas multiplicações serão necessariamente negativos, como se pode verificar no lado direito da segunda e terceira linhas. Os dois casais contribuem, negativamente, para as duas correlações, como consequência da contradição presente nos dois pares de resposta de ambos.

Examinando-se, mais uma vez, os Produtos Intersubjetivos no Quadro 1, verifica-se na segunda linha que, no Casal 8, à resposta do marido *"Minha mulher sempre considera minhas necessidades"*, como já vimos, corresponde um escore positivo z de 1,03. No mesmo casal, à resposta da esposa *"Às vezes considero as necessidades do meu marido"*, corresponde o escore negativo z de -0,52. O produto conjugal é negativo: $1,03 \times -0,52 = -0,54$. Nesta condição, o Casal 8 contribui com -0,54 para a soma dos produtos, cuja média é a correlação de Pearson — ou seja, ao invés de acrescentar, o Casal 8 subtrai essa magnitude da soma dos produtos e, consequentemente, contribui para tornar essa correlação negativa. Ainda no Casal 8, o exame da terceira linha dos Produtos Intersubjetivos no Quadro 1 indica que, à resposta do marido *"Às vezes considero as necessidades da minha mulher"*, corresponde o escore negativo z de -0,14; à resposta da esposa *"Meu marido sempre considera minhas necessidades"*, corresponde o escore positivo z de 1,13; o produto conjugal é também negativo: -0,16.

Contradições semelhantes entre marido e esposa podem ser observadas em locais idênticos no Quadro 2. Verifica-se na segunda linha que, no Casal 60, à resposta do marido *"Minha mulher às vezes considera minhas necessidades"*, com escore z negativo de -0,63, contrasta com a resposta da esposa *"Frequentemente considero as necessidades do meu marido"*, com escore z de 0,53, levando ao produto conjugal de $-0,63 \times 0,53 = -0,33$. Ainda no mesmo casal, a resposta do marido *"Sempre considero as necessidades da minha mulher"* contrasta, fortemente, com a resposta de sua esposa *"Meu marido raramente considera minhas necessidades"*. Com escore positivo z de 2,26 para o marido e com o escore negativo z de -1,38 para esposa, o produto conjugal $2,26 \times -1,38 = -3,12$ subtrai significativamente da soma dos produtos conjugais e, consequentemente, contribui muito para que a correlação diminua.

As demais 51 questões componentes do questionário utilizado nos estudos de conjugalidade mínima (Ziviani e Bucher, 2006), a contradição se faz presente, influenciando, decididamente, os resultados e deprimindo as correlações entre as respostas dos cônjuges. A pesquisa sobre os casais de Zurique, mencionada anteriormente (Riehl-Emde & Volker e Willi, 2003), apresenta resultados parciais claramente indicativos do mesmo fenômeno. Como já comentamos, dois dos seis itens, repetidos em dezenove questões sobre temas diversos, apresentam a forma da conjugalidade mínima, caso sejam destacados do conjunto e analisados separadamente, como um par. Entre dezoito questões com seis itens cada uma, *"90% dos coeficientes de intercorrelação de todas as escalas foram entre 0,30 e -0,30"* (Riehl-Emde; Volker e Willi, 2003, p. 259). A existência de intercorrelações negativas sinaliza que, subjacente a esse resultado, estejam as contradições entre cônjuges, conforme exemplificamos nos dados aqui apresentados.

Talvez seja essa, também, a explicação para a conclusão do trabalho sobre os casais de Zurique, quando fazem *"recomendações para o trabalho clínico"* (Riehl-Emde; Volker e Willi, 2003, p. 266). Um aspecto subjacente pode ser a diferenciação entre a lógica do amor e a lógica da parceria *(partnership)*. Embora similares à primeira vista, exigem mecanismos de interação diferentes e, frequentemente, opostos. Mesmo um casal em um casamento amoroso, deve, não obstante, complementar a lógica do amor com a da parceria, para lidar com os desafios práticos da vida cotidiana. Pode ser útil trabalhar estes princípios, prosseguem os autores, e discutir os paradoxos inerentes com os casais em terapia. A seguir, encerram o trabalho com o seguinte:

"A compreensão destas contradições pode ajudar a aceitação da sempre existente ambivalência inerente às relações conjugais e facilitar a convivência com ela".
(Riehl-Emde, Volker e Willi, 2003, p. 266).

Conclusão

O propósito primordial da presente proposta de análise de dados conjugais é o de detectar as condições psíquicas individuais precursoras da intersubjetividade, sob as quais uma "gramática lógica" da conjugalidade se auto-organiza, a partir dos pressupostos psicológicos implícitos no par de itens respondidos pelo cônjuge, na condição de sujeito. A presente metodologia de análise faz emergir, por meio da decomposição de estatísticas em suas menores partes constituintes, os elementos básicos para essa finalidade. Nesse propósito, a influência de Wittgenstein (2203/1953; 1978/1934; 1963/1921) tem sido decisiva, conforme explicitado anteriormente (Ziviani, 2005[a]). Mas não se trata aqui, absolutamente, de aplicar a lógica proposicional matemática às relações conjugais e, muito menos, de se tentar explicar alguma situação conjugal, por meio de uma formalização lógica "colada" a ela, por analogia — não obstante, as "tabelas de verdade" utilizadas pelo conceito de conjugalidade mínima (uma delas é apresentada, nos Quadros 1 e 2, com o subtítulo "Sintaxe pq"), coincidirem exatamente com aquelas apresentadas por Wittgenstein no parágrafo 5.101 do *Tractatus* (Wittgenstein, 1963/1921).

Estudiosos, como Lorenz (1988), destacam trechos nos quais Wittgenstein afirma que o nosso erro consiste em procurar uma explicação, quando deveríamos ver o que acontece como um "proto-fenômeno", ou seja, quando deveríamos ter dito que ocorreu este ou aquele jogo de linguagem (por exemplo, em Wittgenstein, 2003/1953). Pois não se trata de explicar um jogo de linguagem por meio de nossas experiências mas, sim, de constatar sua ocorrência. Os jogos de linguagem, como um meio de elucidação, servem à nossa reflexão, pois a revolução que Wittgenstein tentou empreender consistiu *"na substituição de idéias e conceitos, como meios tradicionais de reflexão, por capacidades de atuar de determinadas formas, que se adquirem mediante processos de ensino e aprendizagem"*. (Lorenz, 1988, p. 55)

São com essas palavras em mente, que os resultados das análises das configurações intersubjetivas devem ser considerados e interpretados. Nada há escondido, nas entrelinhas, a ser descoberto. Do ponto de vista *wittgensteiniano*, forma-se, apenas, um enquadre propício ao posicionamento sintático dos objetos desse interjogo qualitativo de sinais. Essas configurações intersubjetivas da conjugalidade encontram-se apenas descritas. Parafraseando Wittgenstein, essas configurações, como jogos de linguagem, servem como um meio de elucidação dessa conjugalidade. Seus elementos se auto-organizam em posições sintáticas que escrevem, por assim dizer, sua gramática.

Merece ainda destaque, um dos pontos de conclusão da teoria diádica de Willi, já na década de 90, quando passou a considerar a abordagem ecológica da díade conjugal, acerca das características da coevolução da família, e não apenas dos parceiros conjugais. Para Willi (2005/1996, p. 430; 1999/1996, p. 281), *"as crianças internalizam sua história familiar e a amplitude de experiências que seus pais têm tido. Moldam seus próprios sistemas de constructo no contexto do sistema de constructo da família"*. Ele vai, assim, ao encontro do movimento de transmissão da vida psíquica entre gerações e progressiva elaboração teórica, em torno do conceito de intersubjetividade.

Possíveis desdobramentos paralelos à utilização da teoria conjugal de Willi estão no trabalho de delimitação teórica mais clara da conjugalidade mínima, no que diz respeito ao conceito de "intersubjetividade" e as interseções desta proposta com as contribuições de Kaës (2002/1999, 1994) e Eiguer (1997), dentro do enquadre maior da transmissão psíquica entre gerações (Kaës, 1993; Magalhães, 2003; Magalhães e Féres-Carneiro, 2005 & Magalhães e Féres-Carneiro, 2004), e em função da conceituação teórica de "laço conjugal" (Féres-Carneiro, 2003; Féres-Carneiro, 1999; Féres-Carneiro, 1998) . Metodologicamente, a natureza da análise e a representação gráfica oferecidas pela "análise de correspondência" (aplicada à correspondência entre cônjuges e entre cônjuges e seus pais), de origem francesa, parecem particularmente adequadas (por exemplo: Georgin, 2003 & Spad, 2006).

Finalmente, encerramos com texto particularmente esclarecedor do papel desempenhado pela contradição na conjugalidade. Demonstra como os poetas se antecipam aos filósofos e estes, por sua vez, aos cientistas:

> *Vós que, d'olhos suaves e serenos,*
> *com justa causa a vida cativais,*
> *e que os outros cuidados condenais*
> *por indevidos, baixos e pequenos;*
>
> *se ainda do Amor domésticos venenos*
> *nunca provastes, quero que saibais*
> *que é tanto mais o amor despois que amais,*
> *quanto são mais as causas de ser menos.*
>
> *E não cuide ninguém que algum defeito,*
> *quando na cousa amada s'apresenta,*
> *possa deminuir o amor perfeito;*
>
> *antes o dobra mais; e se atormenta,*
> *pouco e pouco o desculpa o brando peito;*
> *que Amor com seus contrairos s'acrescenta.*
>
> Camões (2006/1598)

REFERÊNCIAS BIBLIOGRÁFICAS

Andrich, D. (1978). Scaling attitude items constructed and scored in the Likert tradition. *Educational and Psychological Measurement, 38*, 665-680.
Buber, M. (2003). *Eu e Tu*. (6ª. ed. revista). São Paulo, SP, Centauro. (Tradução de *Ich und Du*). (Originalmente publicado em 1923).
Buber, M. (1996). *I and Thou*. New York, NY: Touchstone. (Tradução de *Ich und Du*). (Originalmente publicado em 1923).
Buber, M. (1995). *Ich und Du*. Leipzig, Reclam Verlag. (Originalmente publicado em 1923).
Camões, L.V. (2006). *Poemas*. Biblioteca Virtual do Estudante Brasileiro. Escola do Futuro, USP. http://www2.uol.com.br/cultvox/livros_gratis/luissonetos.pdf Acesso em 30 abr. 2006. (Originalmente publicado em 1598).
Eiguer, A. (1997). *A transmissão do psiquismo entre gerações: enfoque em terapia familiar psicanalítica*. São Paulo, Unimarco.
Féres-Carneiro, T. (2003). Construção e dissolução do laço conjugal na terapia de casal. In: Féres-Carneiro, T. (Org.). *Família e casal: arranjos e demandas contemporâneas*. Rio de Janeiro, EDPUC-Rio/Loyolla, 67-80.
Féres-Carneiro, T. (1999). Conjugalidade: um estudo sobre as diferentes dimensões da relação amorosa heterossexual e homossexual. In: Féres-Carneiro,T. (Org.). *Casal e família: entre a tradição e a transformação*. Rio de Janeiro, NAU, 96-117.
Féres-Carneiro, T. (1998). Casamento contemporâneo: o dificil convívio da individualidade com a conjugalidade. *Psicologia: Reflexão e Crítica, 11*, 379-394.

Féres-Carneiro, T., Magalhães, A.S. & Ziviani, C. (2006). Conyugalidad de los padres y proyectos vitales de los hijos frente al matrimonio. *Revista Cultura y Educación Familia y Pareja, 17*, 95-108.

Georgin, J.P. (2002). *Analyse interactive des données (ACP, AFC) avec Excel 2000. Théorie et pratique*. Rennes, FR, Presses Universitaires de Rennes.

Kaës, R. (2002). *Les théories psychanalitiques du groupe*. (2a. ed.). Paris, Presses Universitaires de France. (Originalmente publicado em 1999).

Kaës, R. (1994). *La parole et le lien. Les processus associatifs dans les groupes*. Paris, Dunod.

Kaës, R. (1993). *Transmission de la vie psychique entre générations*. Paris, Dunod.

Kaufman, W. (1996). Introduction. In: Buber, M. *I and Thou*. New York, NY, Touchstone, 7-48.

Likert, R. (1976). Una técnica para la medición de actitudes. In: Wainerman, C.H. (Org.). *Escalas de medición en ciencias sociales*. Buenos Aires, Ediciones Nueva Visión, 199-260. (Originalmente publicado em 1932).

Linacre, J.M. (2006). *A user's guide to Winsteps Ministep Rasch-Model Computer Programs*. Chicago, IL, http://www.winsteps.com/aftp/winsteps.pdf Acesso em 28 abr. 2006.

Lorenz, K. (1988). Um jogo de linguagem para a lógica. *Análise: Revista Quadrimestral de Filosofia, 10*, 55-67.

Magalhães, A.S. (2003). Transmutando a subjetividade na conjugalidade. In: Féres-Carneiro, T. (Org.). *Família e casal: arranjos e demandas contemporâneas*. Rio de Janeiro, RJ: Editora PUC-Rio/Loyola, 225-245.

Magalhães, A.S. & Féres-Carneiro, T. (2005). Conquistando a herança: sobre o papel da transmissão psíquica familiar no processo de subjetivação.In: Féres-Carneiro, T. (Org.). *Família e casal: efeitos da contemporaneidade*. Rio de Janeiro, RJ, Editora PUC-Rio, 24-32.

Magalhães, A.S. & Féres-Carneiro, T. (2004). Transmissão psíquica geracional na contemporaneidade. *Psicologia em Revista, 16*, 24-36.
Rasch, G. (1993). *Probabilistic models for some intelligence and attainment tests. With a foreword and afterword by B. D. Wright.* Chicago, IL, Mesa Press. (Originalmente publicado em 1960).
Riehl-Emde, A. (2003). *Liebe im Fokus der Paartherapie.* Stuttgart, Klett-Cotta. (O amor no foco da terapia de casal).
Riehl-Emde, A. (2000a). *Fragebogen für Paare. Ein Psychoökologisches Inventar.* ftp://ftp.riehl-emde.de/pub/download/Fragebogen.pdf Acesso em 26 abr. 2006.
Riehl-Emde, A. (2000b). *Questionnaire on partnership. A psychoecological inventory.* ftp://ftp.riehl-emde.de/pub/download/Questionnaire.pdf Acesso em 26 abr. 2006. (Tradução de *Fragebogen für Paare*).
Riehl-Emde, A., Volker, T. & Willi, J. (2003). Love: An important dimension in marital research and therapy. *Family Process, 42*, 253-267.
Riehl-Emde, A. & Willi, J. (1999). "Ist seine Ehe auch ihre Ehe?" Eine alte Frage in neuem Licht. *System Familie, 12*, 132-138. ("É o casamento dele também o casamento dela?" Uma velha pergunta sob nova luz.)
Spad (2006). Système pour l'analyse des données. http://www.spad.eu Acesso em 10 out. 2006.
Willi, J. (2005). *Ökologische Psychotherapie. Wie persönliche Entwicklung und Lebenssituation sich wechselseitig beeinflussen.* Reinbeck bei Hamburg: Rowohlt Verlag. (Originalmente publicado em 1996).
Willi, J. (2004). *Psicología del amor. El crecimiento personal en la relación de pareja.* Barcelona, ES: Herder Editorial. (Tradução de *Psychologie der Liebe*) (Originalmente publicado em 2002).
Willi, J. (2003). *Die Zweierbeziehung. Analyse des unbewussten Zusammenspiels in Partnerwahl und Paarkonflikt: das Kollusionskonzept.* Reinbeck bei Hamburg, Rowohlt Verlag. (Originalmente publicado em 1975).

Willi, J. (2002). *Psychologie der Liebe. Die Liebesbeziehung als Herausforderung persönlicher Entwicklungen*. Stuttgart, Klett-Cotta.

Willi, J. (2000). *Ko-Evolution. Die Kunst gemeinsamen Wachsens*. Reinbeck bei Hamburg, Rowohlt Verlag. (Originalmente publicado em 1985).

Willi, J. (1999). *Ecological psychotherapy. Developing by shaping the personal niche*. Seattle, WA, Hogrefe & Huber. (Tradução de *Ökologische Psychotherapie.*) (Originalmente publicado em 1996).

Willi, J. (1997). *Therapie der Zweierbeziehung. Analytisch orienterte Paartherapie. Anwendung des Kollusions-Konzeptes. Handhabung der therapeutischen Dreiecksbeziehung*. Reinbeck bei Hamburg, Rowohlt Verlag. (Originalmente publicado em 1978).

Willi, J. (1992). *Growing together. Staying together. Preserving marriage and family in the face of personal change*. Los Angeles, CA, Jeremy P. Tarcher. (Tradução de *Ko-Evolution*) (Originalmente publicado em 1985).

Willi, J. (1991). *Was hält Paare zusammen? Der Prozess des Zusammenlebens in psycho-ökologisher Sicht*. Reinbeck bei Hamburg, Rowohlt Verlag.

Willi, J. (1984). *Dynamics of couples therapy. Understanding the potential of the couple/therapist triangle*. Claremont, CA, Hunter House Publishers. (Tradução de *Therapie der Zweierbeziehung.*) (Originalmente publicado em 1978).

Willi, J. (1982). *Couples in collusion*. New York, NY, Jason Aronson. (Tradução de *Die Zweierbeziehung*). (Originalmente publicado em 1975).

Willi, J. (1972). *Die Kollusion als Grundbegriff für die Ehepsychologie und Ehetherapie*. Göttingen, Vandenhoeck und Ruprecht.

Wittgenstein, L. (2003). *Philosophical investigations.* (Third edition.) Oxford, UK, Blackwell. (Originalmente publicado em 1953).

Wittgenstein, L. (1978). *Philosophical grammar. Part I: The proposition and its sense. Part II: On logic and mathematics*. Berkeley, CA, University of California Press. (Manuscrito - 1934).

Wittgenstein, L. (1963). *Tratactus logico-philosophicus. Logisch-philosophische Abhandlung*. Frankfurt am Main, Suhrkamp Verlag. (Originalmente publicado em 1921).
Wright, B.D. & Masters, G.N. (1982). *Rating scale analysis. Rasch measurement*. Chicago, IL, Mesa Press.
Wright, B.D. & Stone, M.H. (2004). *Making measures*. Chicago, IL, The Phaneron Press.
Ziviani, C. (2005a). Sintaxe subjacente a atitudes e percepções entre cônjuges. In: Féres-Carneiro, T. (Org.). *Família e casal: efeitos da contemporaneidade*. Rio de Janeiro, RJ, Editora PUC-Rio, 58-93.
Ziviani, C. (2005b). *Conjugalidade mínima: a intersubjetividade no laço conjugal*. In: II Congresso Brasileiro de Avaliação Psicológica, 2005, Gramado, RS. Anais. Itatiba, SP, Instituto Brasileiro de Avaliação Psicológica (CD-ROM). www.cilio.com/casal/conjugalidade-minima.pdf Acesso em 30 abr. 2006.
Ziviani, C. (2001). *O problema do 'Anerkennung' nas relações diádicas: aspectos conceituais*. In: XXXI Reunião da Sociedade Brasileira de Psicologia, Rio de Janeiro, Outubro de 2001. www.cilio.com/casal/reconhecimento.pdf Acesso em 30 abr. 2006.
Ziviani, C. (1998). Sintaxe da qualidade e subordinação da quantidade na medida em psicologia. *Cadernos de Psicologia, 4*, 139-152.
Ziviani, C. & Bucher, J.S.N.F. (2006). *Estudo de conjugalidade mínima Necessidade-Q27*. (2ª. Ed.). Rio de Janeiro, PUC-Rio, Departamento de Psicologia. www.cilio.com/casal/necessidade-q27.pdf Acesso em 9 abr. 2006.
Ziviani, C.; Féres-Carneiro, T.; Magalhães, A.S. & Bucher-Maluschke, J. (2006). Avaliação da conjugalidade. In: Santos, A.A.A.; Noronha, A.P.P. & Sisto, F.F. (Orgs.), *Facetas do fazer em avaliação psicológica*. São Paulo, Vetor, 13-55.
Zuben, N.A.V. (2003). Introdução. In: Buber, M. (2003). *Eu e Tu*. (6ª. ed. revista). São Paulo, SP, Centauro Editora, V-LXXVIII. (Originalmente publicado em 1977).

As bases imaginárias da família

Paulo Roberto Ceccarelli
Pontifícia Universidade Católica de Minas Gerais

> *A paternidade é a prática daquilo que os sociólogos chamam cada vez mais de parentalidade, ou seja, o exercício da função parental;* [o exercício] *de uma situação de educação e de responsabilidade em relação à criança, feita de injunções repetidas e cumplicidades divididas.*
>
> Anne Cadoret

O presente trabalho dá continuidade à pesquisa que venho desenvolvendo e cujo primeiro resultado foi apresentado no encontro da ANPEPP, em 2004 e, posteriormente, publicado (Ceccarelli, 2005). Nele, sustento que algo como uma organização familiar ideal que, *a priori*, garantiria uma subjetivação "normal", não existe. Defendo, ainda, a hipótese, segundo a qual o que asseguraria a "sobrevivência psíquica" (Mcdougall, 1997) do sujeito não depende de um arranjo familiar particular mas, sim, de como, na posição do Outro, uma determinada organização familiar, qualquer que sejam os protagonistas, sustentará o bebê, candidato potencial a tornar-se sujeito, na travessia de duas "violências" incontornáveis, fundamentais e fundantes: a violência primária (Aulagnier, 1975) e a violência simbólica (Bourdieu,

2002). Neste trabalho pretendo mostrar que as bases que sustentam a família são históricas, logo, imaginárias.

Na organização familiar dita "tradicional", os papéis do homem e da mulher pareciam petrificados: o "cabeça da família", o pai, trabalhava fora, dirigia o carro e passeava com a família nos finais de semana. A mãe, a "rainha do lar", ficava em casa e cuidava de tudo – a comida, a faxina.... – para que o bem-estar de todos fosse o melhor possível. As eventuais desavenças do casal nunca eram vistas como ameaças, pois, afinal, estavam unidos para sempre, "para o melhor e para o pior", pelos laços sagrados do matrimônio. Todos pareciam felizes e tudo parecia concordar com uma ordem imutável. Esse modelo de organização familiar continua sendo o de referência nas discussões sobre família, como se fosse o único capaz de sustentar a ordem social e de produzir subjetivações sadias. Todavia, acreditamos que a situação deve ser pensada na ordem inversa: não é uma organização social suposta "natural" que cria o modelo. Ao contrário, é o modelo que, construído para manter tanto a organização social criada, quanto o universo discursivo daí advindo, gera uma ordem que é apresentada como natural.

A *História da Família* (Burguiere, Klapisch-zuber, Segalen et Zonabend, 1986) testemunha a heterogeneidade dos arranjos familiares, cada um com seu próprio universo discursivo, e nos informa que a atribuição dos lugares simbólicos de "pai" e "mãe" varia, segundo a cultura. Ou seja, *"o parentesco não é uma invariante, mas, sim, um fenômeno histórico e contingente"*. (Aran e Corrêa, 2004) A diversidade das formas familiares são tão grandes, que os antropólogos não procuram mais classificar as sociedades em termos de civilização, mas, antes, tentam evidenciar as invariáveis, a partir das quais as diversidades culturais são criadas (Fine, 2002). Tendo a aliança matrimonial como a referência de base imutável, são inúmeros os arranjos que dissociam o sexo dos pais, de suas condições de pai e mãe, assim como a realidade biológica da concepção e da filiação (Cadoret, 1999).

Os elementos presentes no sistema representativo que definem o significante "família" variam, segundo a sociedade. A primeira conclusão é que, embora "família" seja apenas uma palavra, esta palavra tem uma história de significações - conscientes e/ou inconscientes - que se engendram e definem as categorias pelas quais o mundo social é percebido.

Discutir "família" traz uma outra problemática implícita: a questão da interação dos grupos. Interrogar-se sobre a "família" é, necessariamente, questionar os fundamentos que sustentam a ordem social. Entretanto, questiona-los não é tarefa simples, pois, qualquer mudança é sentida como ameaça à estabilidade social, o que evidencia o caráter imaginário dessa ordem: se fosse fixa, não haveria mudanças.

A partir do séc. XVI e XVII[1], aumenta a participação do Estado na classificação e na designação das atividades dos indivíduos, segundo a ordem política que ele quer manter. O discurso ideológico que o mesmo produz, tende a apresentar a ordem instituída como algo natural, logo, inquestionável. A família passa a ser, então, uma coisa "estádica", ou seja, criada pelo Estado[2]. Pensar sobre a família não pode ser feito, sem levar em conta a importância do mesmo, pois, em grande medida, é quem controla a produção simbólica que determina o que define uma família.

Desde a sua formação, o Estado Moderno está sempre "fabricando" a família, por meio de dispositivos que visam garantir a sua permanência – regulamentações patrimoniais, de sucessão, de sobrenome – a partir de uma moral rigorosa: demarcação entre filhos legítimos e naturais, o lugar da concubina, etc. Essa concepção de família recebeu amplo apoio da Igreja, sobretudo quando esta passou a controlar como o casamento deveria ocorrer e a definir o modelo cristão de família (Vainfas, 1992).

---

[1] As observações que se seguem aplicam-se apenas, é claro, à cultura ocidental. Baseamos nosso estudo no trabalho de Lenoir. Conf.: Lenoir, R. *Généalogie de la morale familiale* . Paris, Seuil, 2003.
[2] Lenoir, R. « Généalogie de la morale familiale. Op. cit. p. 483.

Ainda hoje, a moral cristã sustenta a indissolubilidade do casamento, a monogamia, a fidelidade e se posiciona contra tudo que ameaça esse modelo: contracepção, aborto, uniões livres, homopaternidade. Isto significa que a família e o casamento, tal como os conhecemos hoje no mundo Ocidental, nem sempre foram como são, e o que levou a ritualizar a união entre duas pessoas foram motivações socioeconômicas. Além disto, esta união nem sempre teve um valor sagrado como para o cristianismo: nos primeiros séculos de nossa era, a luta foi intensa entre a moral cristã incipiente e as práticas ditas "pagãs", de concubinato e divórcio, tão comuns no Mundo Antigo.

Não é o objetivo deste trabalho discutir as bases filosóficas e morais que sustentam o modelo de família tradicional[3]. Quero apenas ressaltar que, é no relato bíblico da criação, tomado como verdade histórica, revelada por Deus, que devemos procurar as bases sintagmáticas sustentadoras da ordem simbólica que "naturaliza" o modelo familiar vigente. A origem divina do matrimônio, o qual passou a representar a união de Jesus com a Igreja, é baseada na interpretação que Santo Agostinho faz das Escrituras[4]. Queiramos ou não, nossos posicionamentos em relação às novas configurações familiares são profundamente influenciados pelo imaginário judaico-cristão, determinando nosso sistema de valores ético-morais[5].

---

[3] Ao leitor interessado no tema sugerimos consultar: Cartwright, F. "Disease and History", New York, Barnes & Noble, Inc., 1972. Ariès, P., Bèjin, A. (org) "Sexualités occidentales", Paris, Seuil, 1982. Collection Histoire. "Amour et sexualité en occident. Paris, Seuil, 1991. Vainfas, R. "Casamento, amor e desejo no ocidente cristão". São Paulo, Ática, 1992. Ranke-Heinemann, U. "Eunucos pelo Reino de Deus". Rio de Janeiro, Rosa dos Tempos, 3° edição, 1996.
[4] AGOSTINHO. "Casamento e concupiscência", cit. por Vainfas, R. "Casamento, amor e desejo no ocidente cristão". Op. Cit., 13.
[5] Cecarelli, P.R. "As bases mitológicas da normalidade". In: *Latin American Journal of Fundamental Psychopathology* on Line: http://fundamentalpsychopathology.org/br/revista-artigos-textos.php?id=12

É a hegemonia do modelo tradicional, que os novos arranjos familiares[6] denunciam, ao mostrarem que a definição de família não se impõe, com a evidência que lhe é atribuída, o que coloca em questão, a ordem simbólica vigente. Para muitos, romper com esta ordem produz uma perda de referência identitária.

As mudanças socioeconômicas das últimas décadas provocaram, e continuam provocando, redefinições de papéis sociais, afetando as identificações que sustentam os modelos do feminino e do masculino (Ceccarelli, 1998 e Ceccarelli 2001). Tais mudanças atestam o caráter imaginário de nossas certezas, o que está levando a família tradicional, a passar pelo que podemos chamar de "crise das referências simbólicas": por serem sempre uma construção atrelada a um momento histórico-político, as referências simbólicas que definem o modelo familiar são passíveis de remanejamento e reorganização.

A situação se complica ainda mais, quando o direito é solicitado a caucionar formas de união, que não se encaixam na *"ordem criativa", definida como o "conjunto de normas jurídicas que organizam as formas de inscrição genealógica e de reprodução biológica das pessoas".* (Iacub, 1999, p.91) É interessante observar que esta "ordem criativa" garante a liberdade de procriação, apenas pelas "vias naturais". Com efeito, um casal não necessita de nenhuma autorização para procriar e parecer-nos-ia uma ingerência, se alguma lei viesse regular este direito fundamental à liberdade de transmitir a vida.

A pergunta - se um dos parceiros, ou os dois, é heterossexual ou homossexual não é colocada; não se discute, tampouco, o lugar da criança na dinâmica psíquica do casal e, muito menos,

---

[6] Alguns exemplos desses novos arranjos são: modificações nas condições de procriação: embriões congelados, procriação artificial, barriga de aluguel, doador de esperma anônimo; mudanças nas formas de filiação e criação dos filhos: famílias recompostas, famílias expandidas, alterações no sistema de atribuição do sobrenome, pais adotivos, monopaternidade, homopaternidade.

seu destino de sujeito⁷. O direito e a ética não se pronunciam sobre procriação sexual, definida como natural; os desdobramentos daí advindos, não necessitam de reflexão. Entretanto, quando a procriação natural falha, o acesso às técnicas médicas de procriação não está disponível àqueles, ou àquelas, que desejam transmitir a vida. Aqui, toda uma série de leis, de procedimentos, de discussões éticas são colocadas, sugerindo, assim parece, que as técnicas de procriação assistidas, pelos limites que impõem às pessoas que podem acessá-las, seguissem, de perto, a lógica da reprodução natural. Ou seja, sobre o pretexto de se estar atendendo à demanda legítima de transmitir a vida, toda uma ideologia - sem mencionar os fatores econômicos envolvidos - é criada para justificar algo que, muitas vezes, vai "contra a natureza", no sentido que ela, tão valorizada quando se trata de procriar, não é levada em conta, quando a procriação não ocorre⁸.

Se as normas que definem "família" são relativamente bem estabelecidas do ponto de vista social e legal, do ponto de vista psicológico não existe, *a priori*, nenhuma garantia, pois, a história nos ensina que qualquer organização familiar pode produzir os mais diversos tipos de "desvios". Neste sentido, sabemos que as famílias são sempre construídas e os filhos, sempre adotivos, pois, as relações afetivas que unem os sujeitos, são o resultado de investimentos objetais que, como todo investimento, comportam movimentos pulsionais ambivalentes de diversas ordens. Não existe uma forma de organização familiar ideal que, inequivocamente,

---

[7] Alguns processos jurídicos que colocam em questão a liberdade de procriar começam a aparecer. Neles, os pais são processados pelos filhos, ou responsáveis, pelo uso abusivo da liberdade de procriar. Malgrado os exames que possibilitaram, *in utero*, de detectar problemas graves, estes pais decidiram por ter a criança. Conf.: Iacub,M. Homoparentalité et ordre procréatif. Op. Cit., p. 198.
[8] Refiro-me aqui ao fato que não há limite às tentativas de procriação assistida. A infertilidade feminina tem sido, cada vez mais, tratada como uma doença a ser curada e a mulher infértil como uma mulher mutilada. Quanto à infertilidade masculina, recebe menos atenção, pois, do ponto de vista médico, não há muito a ser feito.

garantiria um desenrolar mais sadio, ou mais patogênico, para a constituição do sujeito.

O que promove a separação da célula narcísica mãe-filho varia, segundo as culturas. Qualquer que seja ela, o complexo de castração imporá à criança, restrições para a constituição de sua psicossexualidade. O Édipo, como toda representação fantasmática, é, ao mesmo tempo, universal e singular, e a circulação pulsional que suscita, é tributária da ordem social, que organiza os elementos desse complexo (edípico). Dentre esses, está o sistema de valores da cultura em questão que, introjetado, passa a fazer parte do superego. O Édipo, discutido por Freud, reflete a dinâmica pulsional do modelo familiar de sua época, na qual a figura detentora do falo - evidentemente imaginário - era o pai[9]. Os textos freudianos (Freud, 1917 e Freud, 1920) nos mostram que, mais importante que os protagonistas da cena edípica, são os caminhos da pulsão e as escolhas de objeto que levam à constituição do sujeito.

A introjeção, pelo sujeito em constituição, do modelo de família referente à cultura na qual ele está inserido, constitui sempre uma "violência simbólica" (Bourdieu, 2002), na medida em que o discurso que sustenta o modelo em questão é imposto ao sujeito, como algo natural. Neste mesmo movimento, são criadas as representações culturais do masculino e do feminino (aquilo que alguns autores chamam de "papel de gênero"). E, finalmente, através da ideologia assegura-se que, em qualquer cultura, a ordem social não desabe, enquanto também uma ordem simbólica. Resultado que a ideologia consegue obter, ao assegurar - através de representações - crenças que conferem à ordem - socialmente construída, arbitrária e convencional - uma aparência de natural, inevitável, universal, sagrada.

(Souza, Filho, 2003)

---

[9] Acredito que a tão falada e discutida "crise da função paterna" ou "declínio do poder paterno" deve ser entendida como uma crise do patriarcado. As mudanças socioeconômicas das últimas décadas têm mostrado cada vez mais, a dimensão imaginária do lugar de "guardião do falo", há séculos ocupado pelos homens.

Para a criança em constituição, os atributos de gênero que lhe são apresentados como naturais, não guardam nenhuma relação de continuidade com seu sexo anatômico, e, muito menos, com o de quem os lhe apresenta. Isso significa que os atributos que determinada cultura outorga ao feminino e ao masculino podem ser apresentados à criança, tanto por uma mulher quanto por um homem. (A mulher que diz ao menino: *"homem que é homem não faz isso". "Se o seu pai estivesse aqui..."* e assim por diante.) Entretanto, por serem criações culturais impostas ao sujeito, estes atributos podem ser recebidos, por aquele em constituição, como algo traumático, mesmo, persecutório.

Minha experiência clínica tem mostrado que os sujeitos que apresentam os chamados "trejeitos" - o menino "afeminado" ou a menina "masculinizada" - tiveram um contato com as referências simbólicas correspondentes ao seu sexo anatômico, de modo ambivalente. Em alguns casos, a violência simbólica foi tamanha, que as possibilidades identificatórias, correspondentes ao sexo anatômico do sujeito, não se produziram, e as únicas identificações possíveis ocorreram com as referências do outro sexo, as quais lhe foram apresentadas de forma mais amena. Neste caso, não houve investimento libidinal para justificar as identificações secundárias, correspondentes ao sexo anatômico do sujeito.

Qualquer configuração familiar, como foi discutido no trabalho anterior (Ceccarelli, 2005), acarretará uma violência. São os laços afetivos que, mitigando esta violência, asseguram ao sujeito em constituição, um lugar no simbólico. As palavras de Freud (1930):

"O amor que fundou a família continua a operar na civilização, tanto em sua forma original, em que não renuncia à satisfação sexual direta, quanto em sua forma modificada, como afeição inibida em sua finalidade. Em cada uma delas, continua a realizar sua função de reunir consideráveis quantidades

de pessoas, de um modo mais intensivo do que o que pode ser efetuado através do interesse pelo trabalho em comum". (p.123)

Eros e Ananke [Amor e Necessidade] são, em medidas iguais, "os pais da civilização humana"[10]; a vida comunitária originou-se da necessidade de sobrevivência, devido às exigências do mundo externo, manifestada como uma "compulsão para o trabalho" e ao "poder do amor". O amor objetal, no sentido freudiano do termo, embora carregado de narcisismo – amamos para não sofrermos - é o que garante o processo civilizatório.

É o "poder do amor", a força de Eros, que sustenta os investimentos libidinais e a circulação pulsional. Sem o equilíbrio das moções pulsionais ambivalentes, presentes em toda e qualquer ligação objetal – amor ou ódio em excesso são igualmente destrutivos – não há acolhimento possível para a criança que acaba de nascer.

Em qualquer cultura, a organização familiar que lhe é própria, embora sendo sempre uma construção que responde ao imaginário local, só se sustenta, graças ao "poder do amor". Os sistemas simbólicos variam de forma que é a concepção de filiação de uma sociedade, e não a proximidade genealógica ou a consanguinidade, que determina as interdições de casamento. Por isso, qualquer novo arranjo familiar é, num primeiro momento, tratado como algo ameaçador, pois remete a idéia de uma família "natural", tal como aquela sociedade a concebe. Evocar razões "naturais" para explicar diferenças reais ou imaginárias entre os diversos arranjos familiares, corresponde a procurar essas razões fora da história e, ao mesmo tempo, transformar fatos históricos em fatos naturais, logo, imodificáveis. Com esse expediente, o movimento científico se transforma em movimento ideológico, e a ordem social,

---

[10] Ibid., 121.

que é historicamente datada, é tratada como um fato natural indiscutível, fazendo esquecer que as bases que sustentam a família são sempre imaginárias.

REFERÊNCIAS BIBLIOGRÁFICAS

Aran, M. & Corrêa, M. (2004). Sexualidade e Política na Cultura Contemporânea: o Reconhecimento Social e Jurídico do Casal Homossexual. In: *PHYSIS: Rev. Saúde Coletiva*. Rio de Janeiro, 14(2), 329-341.

Aulagnier, P. (1975). A violência da interpretação. Rio de Janeiro, Imago, 1979.

Borrillo, D. & Fassin, E. (1999). Au-delà du PaCS. L'expertise familiale à l'épreuve de homosexualité. Paris, Puf, 209-228.

Bourdieu, P. (2002). *La domination masculine*. Paris, Seuil.

Burguiere, A. ; Klapisch-zuber, C.; Segalen, M. & Zonabend, F. (Org.). (1986). *Histoire de la famille*. Paris, Armand Colin.

Cadoret, A. La filiation des anthropologues face à l'homoparentalité. In: Ceccarelli, P. R. As bases mitológicas da normalidade. In: *Latin American Journal of Fundamental Psychopathology on Line*: http://fundamentalpsychopathology.org/br/revista-artigos-textos.php?id=12

Ceccarelli, P.R. (1998). A construção da masculinidade. In: *Percurso*. São Paulo, 19, 49-56.

Ceccarelli, P.R. (2001). A sedução do pai. In: *GRÎFOS-psicanálise*. Publicação anual do Instituto de Estudo Psicanalíticos – IEPSI - Belo Horizonte, 18, out., 91-97.

Ceccarelli, P.R. (2001). Violência simbólica e organizações familiares. In: Féres-Carneiro, T. (Org.). *Família e casal: efeitos da contemporaneidade*. Rio de Janeiro, Editora PUC-Rio, 266-277, 2005.

Fine, A. (2002). Parenté: liens de sang et liens du cœur. In: Dortier, J.F. (Org.). *Familles, permanence et métamorphoses*. Auxerre, Editions Sciences Humanes.

Freud, S. (1917). Conferências Introdutórias sobre a Psicanálise, conf. XXIII. *ESB*. Rio de Janeiro, Imago, XVI, 1976.

Freud, S. (1920). A psicogênese de um caso de homossexualismo numa mulher. *ESB*. Rio de Janeiro, Imago, XVIII, 1976.

Freud, S. (1930). O mal-estar na civilização. *ESB*. Rio de Janeiro, Imago,XXI 1974.

Iacub, M. Homoparentalité et ordre procréatif. In: Borrillo, D. & Fassin, E. *Au-delà du PaCS*. L'expertise familiale à l'épreuve de homosexualité. Paris, Puf, 1999.

Mcdougall, J. (1997). *As múltiplas faces de Eros*. Rio de Janeiro, Martins Fontes.

Sousa Filho, A. (2003). Cultura, Ideologia e Representações. In: Carvalho, M.F.C.; Passegi, M.C. & Sobrinho, M.D. (Org.). *Representações Sociais: teoria e pesquisa*. Mossoró, Fundação Guimarães Duque/Fundação Vingt-un Rosado, 72.

Vainfas, R. (1992). *Casamento, amor e desejo no ocidente cristão*. São Paulo, Ática.

A adoção na perspectiva de avós adotivos

Cristina Maria de Souza Brito Dias
e Maria Irene Ferreira Lima Neta
Universidade Católica de Pernambuco

Tem crescido muito, nos últimos anos, a bibliografia sobre a adoção, tanto do ponto de vista social, como jurídico e psicológico. Constata-se, porém, no que se refere aos aspectos psicológicos, que se centraliza nas figuras dos pais e dos filhos adotivos (Freire, 1991, 1994, 2001; Ladvocat, 2002; Schettini Filho, 1995,1998,1999; Vargas, 1998 & Weber, 1999) pouco se detendo na importância das pessoas que cercam a família nuclear, como é o caso de avós, tios, primos, e até mesmo os amigos e vizinhos. Embora a importância da família extensa e do meio sejam reconhecidos como tendo um impacto benéfico sobre as relações na família nuclear, não encontramos pesquisas, realizadas no Brasil, que se detivessem nesse tema.

A chegada de um filho envolve múltiplos significados, investimentos afetivos e expectativas que afetam não só o casal, mas toda a família extensa. Desta forma, todos ficam à espera de assumir novos papéis, quais sejam: de pais, avós, tios, primos, irmãos (D'Andrea, 2002). Quando uma pessoa ou casal resolve adotar, não está trazendo uma criança apenas para a sua residência e sua vida, mas para toda uma rede de parentesco que, cedo ou tarde, vai se relacionar com a criança.

Sabe-se que, quando se pleiteia a adoção, os profissionais envolvidos fazem inúmeros questionamentos aos pais, para verificar se os mesmos estão aptos à mesma e se a criança, realmente, será bem-vinda àquele lar. Mas esta investigação, geralmente, não abrange o restante da família. É como se somente o casal pudesse decidir e influir na vida da criança, quando, na verdade, ela sofre influência por parte de todos com quem convive.

Dolto (1989, p. 22-23) ressalta a importância de se pesquisar como as famílias de cada pretendente encaram a idéia da adoção, principalmente os avós e os irmãos. Para a autora:

"Uma criança adotiva que não é introduzida na tradição da família do pai nem da mãe, ainda não foi adotada. Uma criança não é verdadeiramente adotada, senão por duas famílias adotantes (...) É a família como um todo que conta.(...) Uma criança é adotada por uma família e não por duas pessoas. A adoção é a família que cada um dos pais dá à criança, um lugar nas duas linhagens, um lugar no simbólico. (...). É preciso que a criança possa se situar como o terceiro de uma linhagem, que ela tenha um pai, assim como a referência àquele que seu pai amava e tomava como modelo (....) uma referência a partir da qual o sujeito se constrói".

Hamad (2002) salienta que a adoção se faz por três gerações. Para o autor, o apoio dos avós adotivos vai além de dar a benção aos pedidos dos seus filhos, uma vez que eles inscrevem a criança adotada na cadeia das gerações. Do mesmo modo, para Aulagnier (citada por Levy, 2001, p. 20), *"o investimento da criança por seu meio, o investimento da criança pelo grupo antecipa o investimento do grupo pela criança".*

Há casos em que ocorre uma pressão, por parte dos familiares, no sentido de apontar as dificuldades, os riscos e as desvantagens da adoção. *"É como se esperassem um intruso, um usurpador dos direitos do grupo familiar"* (Schettini Filho, 1998, p.26).

Buscando as possíveis explicações para tal fato, Schettini Filho (1995, p 23) afirma:

"As imagens pré-formadas sobre o comportamento das pessoas têm sido responsáveis por boa parte das dificuldades nas relações interpessoais. Interpretações apressadas, ou fundamentadas em idéias estabelecidas a partir de generalizações inconsequentes, distanciam as pessoas umas das outras ou formam barreiras que relegam as minorias ao amargor das discriminações. Uma dessas minorias, com certeza, é constituída pela criança adotada, que sente na pele o peso dos estereótipos incrustados em nossa cultura".

Segundo o autor, esses estereótipos podem decorrer dos seguintes fatores: a valorização dos laços sanguíneos; a criança ser tratada como inferior pela sua história de vida ou por algum problema fisiológico, orgânico ou mental; a mesma ser tratada como diferente; a ameaça do desconhecido; achar que qualquer problema que a criança tenha é por causa da adoção; e, por último, mas não menos importante, a criança ser tratada como um intruso na família. Tais estereótipos podem vir tanto do meio externo e influenciar a família como um todo, como podem partir de dentro da própria família. Nos dois casos, a adoção poderá apresentar dificuldade de ser bem sucedida.

Pesquisa realizada por Ebrahim (1999), com 27 pais que realizaram adoção de crianças mais velhas (adoção tardia) e 54 que realizaram adoção de bebês (adoção convencional), detectou que, entre os elementos que favorecem o sucesso da adoção figuram a atitude dos pais adotivos e, em seguida, o apoio de familiares e amigos, para ambos os grupos. Da mesma forma, Weber (2001), pesquisando 240 pais adotivos de vários estados do Brasil, encontrou que a não preparação da família e amigos é um fator negativo para o sucesso da adoção. Entre os familiares daremos destaque aos avós.

A influência dos avós na vida das crianças e jovens é permeada por vários fatores, como: idade, sexo, mediação dos pais, distância geográfica, trabalho e saúde dos avós, nível sócio-educacional da família, ocorrência de eventos disruptivos (separação, crises, doenças), entre outros. A imagem tradicional de avós reclusos e sempre disponíveis para os netos, está dando lugar a avós ainda jovens, em plena forma física, exercendo atividades profissionais ou outras de seu interesse. Da mesma forma, eles tendem a exercer seu papel com maior satisfação e prazer, desde que não tenham a obrigação de criar os netos. (Dias e Silva, 1999; Dias, 2002; Dias, Costa e Rangel, 2005 & Silva e Dias, 1999)

Schettini (2003), numa pesquisa que foi realizada com 244 pais adotivos, de vários estados brasileiros, constatou que, na família extensa, os avós foram os que apresentaram mais dificuldade para aceitar a adoção, por motivos relacionados a medos e preconceitos. Ela verificou que 59% dos familiares não apresentaram resistência com relação à adoção, mas 41% relataram o contrário. Quanto à procedência da resistência foi constatado que, em 47%, ocorreu por parte dos avós. Em relação às formas que a resistência tomou, foi observado o seguinte: medo e preconceito (20%); tentativa de dissimular a adoção (12%); não considerar os netos adotivos como netos, de fato, devido à inexistência dos laços sanguíneos (10%); sutileza na rejeição(3%) e receio quanto à família biológica da criança (2%).

Em 25% dos casos, as resistências não foram superadas, mas a grande maioria (75%) conseguiu vencê-las. As estratégias adotadas para tal, foram: em 47% dos casos, as mesmas caíram naturalmente, através da convivência com a criança; em 40% houve necessidade de muito diálogo; 11% caíram com a chegada da criança e 2% tiveram necessidade de acompanhamento psicológico.

Supõe-se que, quanto melhor for a aceitação da adoção por parte de toda a família, mais os pais e a criança adotivos se sentirão seguros e melhor ela se desenvolverá. Assim, Siegel (1992) orienta que os avós possam confiar um ao outro ou mesmo a outro parente, os sentimentos em torno da adoção; que escutem os filhos acerca de sua decisão; que estejam abertos às informações que recebem; que dêem aos filhos, o apoio de que necessitam.

Diante da importância dos familiares no apoio e acolhimento à criança adotada por alguém da família, houve o interesse em investigar como os avós aceitaram a inclusão da criança adotiva em sua família e como vivenciaram este processo. Especificamente, pretendeu-se: 1) compreender a reação dos familiares quando da comunicação, pelos pais adotivos, de que iriam adotar uma criança: 2) investigar os sentimentos experimentados antes, durante e depois da concretização da adoção; 3) levantar as atividades realizadas junto à criança adotiva ou a ajuda prestada à família adotiva; 4) analisar as mudanças ocorridas e como se processou a aceitação da criança adotada; 5) caracterizar as dificuldades e as vantagens percebidas com a adoção, tanto com relação aos pais, como aos demais familiares e à criança adotada.

Metodologia

Participantes: participaram da pesquisa 29 avós (19 do sexo feminino e 10 do sexo masculino), na faixa etária entre 53 e 90 anos, de diferentes níveis sócioeconômico e de escolaridade. A média de idade foi 74 anos. A maioria tinha netos biológicos (com exceção de três) e também adotivos, estes, incluindo de um a seis netos. Todos os netos adotivos foram adotados por casais, ainda bebês, com idades variando entre dias e oito meses.

Instrumento: roteiro de entrevista, contendo os dados sóciodemográficos dos participantes, pais e criança adotiva e questões relativas aos objetivos da pesquisa.

Procedimento de coletas dos dados: os avós adotivos foram procurados no Grupo de Apoio à Adoção de Recife, entre pessoas do conhecimento das pesquisadoras ou foram indicados pelos próprios avós. A entrevista foi realizada na casa destes, de forma semi-dirigida, individual e gravada, após a apresentação da segunda pesquisadora e dos objetivos da pesquisa. Cada participante assinou um termo de consentimento para a realização da entrevista. Vale salientar, ainda, que a pesquisa foi aprovada pelo Comitê de Ética da Universidade Católica de Pernambuco.

Procedimento de análise dos dados: as entrevistas, após serem transcritas, foram analisadas, baseando-se na Técnica de Análise de Conteúdo, especificamente na Análise Temática, a qual *"consiste em descobrir os núcleos de sentido que compõem uma comunicação cuja presença ou frequência signifiquem alguma coisa para o objetivo analítico visado".* (Minayo, 2004, p. 209) Dessa forma, foram levantados os temas: como os avós souberam da adoção, posição diante dela, reação com a chegada da criança, ajuda prestada, mudanças observadas nos adotantes e na família após a adoção, sentimentos experimentados como avós adotivos, vantagens e dificuldades percebidas, orientações a quem quiser adotar, fez-se interpretações nas partes onde se identificaram significados psicológicos, com base na literatura consultada, sempre que possível.

Apresentação e discussão dos resultados

Como souberam da adoção

Perguntados sobre como souberam da adoção, embora tratando-se de filhos adultos, a maioria dos avós afirmou, que foi consultada por eles e apoiou a decisão. Houve, no entanto, alguns filhos que apenas comunicaram aos seus pais que iriam adotar ou mesmo que não falaram nada, como ilustram as seguintes falas:

"*Não, quando eu já soube, estava tudo no juiz para a adoção*". (Avô adotivo)

"*Não fui consultada, fui comunicada pela minha filha, pois ela tem maturidade suficiente para tomar suas próprias decisões*". (Avó adotiva)

Pensamos que o fato de não comunicar a decisão de adotar aos pais, pode decorrer da necessidade de afirmação ou do medo de serem criticados, por parte dos filhos.

Por outro lado, para Hamad (2002), alguns filhos culpam seus pais por sua esterilidade e, o não comunicar a eles seu desejo de adotar, reflete um temor de ainda continuarem sendo privados de ter seus filhos. Os avós, ao aceitarem a decisão dos filhos, suspendem o interdito e exorcizam a má sorte.

Posição dos avós diante da adoção
A maioria dos avós apoiou a decisão dos filhos, havendo alguns, que se entusiasmaram:
"Achei arretado". (Avô adotivo)
"Achei que era uma decisão muito importante que eles tinham tomado na vida deles como casal" (Avô adotivo).
As avós também reagiram com alegria:
"Gostei muito e fiquei muito feliz. Uma criança é sempre uma alegria". (Avó adotiva)
Houve, apenas, uma avó que desejaria que a filha esperasse mais para ter um filho biológico.
"Eu achei que ela deveria esperar um pouco mais porque ela tem condições de ter um filho dela. Não sou contra a adoção, mas, no caso específico de minha filha, achei que ela poderia ter esperado mais. Passei isso para ela, mas ela e o marido já estavam decididos pela adoção".
Pode-se perceber, nessa fala, a expectativa frustrada da avó de querer ter um neto biológico. Siegel (1992) diz que alguns avós adotivos podem experimentar uma sensação de perda, porque não poderão perpetuar a herança genética da família, principalmente quando não possuem netos biológicos. Conclui-se que, assim como os pais necessitam fazer o luto pelo filho biológico que não virá (Hamad, 2002; Levinzon, 2000), os avós teriam que fazer o mesmo. D'Andrea (2002, p. 234) acrescenta que o casal e a família ampliada conseguirão acolher a criança adotiva somente se ela for vista como "filho do desejo" e não para preencher outras necessidades, como é o caso de sanar conflitos não resolvidos, reconstruir equilíbrios perdidos, reorganizar alianças e, acrescentaríamos, preencher alguma perda.

A aceitação da adoção, por parte de muitos avós, pode se dever ao fato de que alguns adotantes frequentam o Grupo de Estudo e Apoio à Adoção, de Recife, o que provavelmente os preparou para sensibilizar a família sobre sua decisão.

Reação diante da chegada da criança
A maioria dos avôs disse se sentir muito feliz e que a chegada da criança representou um momento de muita emoção, havendo apenas dois casos que relataram não terem sentido nada em especial. Algumas falas se destacam:
"*Comprei roupas e boné do meu time para ele*".
"*Ah! De alegria, satisfação. Ele é lindo, inclusive parece até com o avô*" *(risos).*
"*Fiquei muito feliz porque, no íntimo, torcia exatamente por isso. Apenas não manifestei para que ela não se sentisse entusiasmada porque tínhamos sido favoráveis; a decisão tinha de ser dela e do marido; o nosso papel é de resguardo*".

As avós também reagiram com felicidade à chegada da criança, havendo algumas que estavam à espera desta e uma que reuniu a família e consagrou-a a Nossa Senhora.
"*Fui eu que o balancei na cadeira de balanço para dormir*".
"*Senti uma alegria muito grande, foi um presente*".
Houve, no entanto, duas avós que reagiram com estranheza diante do fato:
"*Gosto muito de criança e achei ótimo, mas no início foi um choque, pois até então ela não tinha criança e, de repente, estava lá. Foi estranho. Mas gostei*".
"*Foi normal, aceitei bem, gosto dele, tenho muito carinho. Agora não vou dizer para você que é a mesma coisa que se tivesse esperado um bebê dela. É minha filha única. Não sei se seria a mesma coisa, pois eu queria que ela tivesse um dela. Mas tenho um carinho muito grande por ele. Hoje em dia tô apegada demais com ele, pois é um bebê cativante, mas eu não esperava com a mesma alegria que eu esperei por ela*".

Percebe-se, nessa fala, como a avó mistura os sentimentos que experimentou como mãe de uma filha biológica e como avó de uma criança adotada, mostrando um certo ressentimento por não ter neto biológico.

Ajuda prestada pelos avós aos filhos e netos adotivos
Para os avôs a ajuda se refere, sobretudo, aos aspectos emocional e moral, havendo três que dão ajuda financeira e três que disseram não prestar qualquer ajuda. Quanto às avós, apenas duas disseram não prestar qualquer ajuda, porque os filhos não precisam. A maioria, porém, mostrou-se bastante solícita, havendo aquelas que cuidam dos netos durante a ausência dos pais, as que ajudam com palavras e conselhos, visitando e dando apoio material e afetivo. Uma fala ilustra essa dimensão:

"A ajuda é financeira, moral e afetiva, mas quando moravam aqui esta ajuda era total. Hoje em dia continuamos ajudando, mas nem tanto, principalmente pelo fator financeiro, mas afetiva e moralmente, sim. Meu neto sempre vem para cá e eu sempre que posso estou nas consultas médicas com ela ou com meu genro, mas quando os dois podem eu não vou pois o casal já basta". (Avó adotiva)

Mudanças observadas nos filhos após a adoção
Apenas quatro avôs não relataram ter havido mudanças nos filhos que adotaram. Os demais disseram que os filhos, após a adoção, ficaram mais satisfeitos e felizes, menos tensos, sendo exemplos de pai/mãe, demonstrando amor, carinho, dedicação no cuidado com as crianças.

"Ave Maria! A transformação foi total! Da água para o vinho. Ela era muito tristinha por não conseguir engravidar. Agora está mais alegre. Antes acordava ao meio-dia, agora às cinco horas já está de pé para dar o leite a ele". (Avô adotivo)

Em relação às avós, apenas quatro também não observaram mudanças nos filhos após a adoção. A maioria, no entanto, relatou ter havido mudanças para melhor: felicidade, alegria de viver,

realização, paciência, menos tensão. Houve um filho que, inclusive, parou de beber, como se pode verificar nas seguintes falas:
"*Ela era muito agoniada, sem paciência, fazia as coisas sem pensar direito. Agora está ótima, calma, paciente. Eles melhoraram 100%. Ele é um genro maravilhoso. Deus o conserve assim*".

"*A mudança foi muito grande pois percebi por parte dos meus filhos e das minhas noras uma grande responsabilidade e uma dedicação maior à casa. Um dos meus filhos parou de beber*".

As reações positivas experimentadas pelos pais também foram evidenciadas na pesquisa de Weber (2001).

Mudanças observadas na família após a adoção
Os avôs, na sua maioria, relataram que a reação dos familiares foi de alegria e colaboração. Apenas um avô disse que, alguns familiares acharam que não era o momento adequado para adotar, porque o casal não estava bem financeiramente, mas, mesmo assim, o neto foi bem acolhido por todos.

"*Todos ficaram satisfeitos e, no início, ajudaram muito minha filha, pois a minha neta chegou muito miudinha*".

Em relação às avós, a maioria também relatou sentimentos de alegria, excitação, dedicação e amor, por parte da família. Uma referiu que os familiares acharam a decisão de adotar tomada prematuramente, mas isto não foi empecilho para a aceitação da criança. Apenas duas relataram alguma dificuldade na aceitação da criança:

"*Agora não, mas no início houve muitos comentários, com medo de que a adotiva fosse diferente dos filhos biológicos, em relação ao caráter*".

"*Eu não percebi, mas ouço só dizer, mas acho melhor não registrar isso não, todos ficaram sabendo, mas há uma postura diferente*". (Avó adotiva que demonstrou muita dificuldade com essa questão)

Essas duas falas exemplificam como a não aceitação da criança, baseada em estereótipos, pode dificultar o processo da adoção (Schettini Filho, 1995). Hamad (2002) refere que, no caso de rejeição à criança, por parte dos familiares, os pais se sentirão sozinhos e terão que defendê-la, pois seu interesse é que deve prevalecer. Os pais precisam ser bem firmes quando tal fato ocorrer e se aliar a seus filhos, que precisam de proteção.

Sentimentos experimentados como avós adotivos

Os avôs disseram se sentir bem e felizes com os seus netos adotivos, tratando-os do mesmo modo que aos netos biológicos. Houve apenas um que disse se sentir indiferente e um que afirmou não ter netos biológicos. Uma fala ilustra bem a dificuldade inicial de um avô:

"No primeiro momento há uma diferença, mas não é de estimação ou qualquer outra coisa. É porque no neto biológico a gente acompanha a gravidez da filha ou da nora e meu neto chegou de surpresa, se falava, se conversava, mas não se visualizava a mãe grávida. Quando, de repente, chega meu neto prontinho. Acho que no primeiro momento foi isso, mas fora isso adoro ele".

As avós, do mesmo modo que os avôs, disseram que se sentem bem e felizes, não fazendo distinção em relação aos netos biológicos. Uma avó, inclusive, mostrou preferência por um dos dois netos adotivos:

"Tem uma grande diferença, pois o adotivo é mais carinhoso, educado e os outros são muito chatinhos. Com relação ao carinho, não faço distinção, trato a todos de forma igual. Mas tenho um carinho especial pelo meu neto adotivo mais velho".

Duas avós relataram se sentir como mães dos seus netos; apenas uma avó, que não tem netos biológicos, relatou:

"Eu não sei porque nunca tive netos. Mas acho que do mesmo jeito, com muito carinho. Quando não o vejo, sinto saudades dele, sinto falta".

Esta fala exemplifica como a convivência com a criança vai diminuindo os receios e os preconceitos que os familiares possam ter em relação à criança adotada, conforme foi verificado na pesquisa de Schettini (2003). Isso confirma o pensamento de Berger (citado por Levy, 1999) no sentido de que, são os sentimentos comuns e os momentos compartilhados que favorecem o pertencimento a uma família ou a um grupo.

Vantagens percebidas com a adoção

Os avôs viram, na adoção, o bem que se faz a uma criança; uma demonstração extraordinária de amor, até maior que na filiação biológica; doação. Assim se expressou um avô:

"Todas. É muito difícil enumerá-las, porque acho que é uma atitude de amor de uma profundidade enorme e isso faz com que a pessoa se eleve para mim. A pessoa passa a viver uma situação espiritual muito mais profunda que uma pessoa que nunca teve esse tipo de procedimento".

As avós, por sua vez, ressaltaram o bem que se faz à criança, aos pais e à sociedade; o aprendizado; a felicidade e a dedicação. Assim se expressou a avó que não tem netos biológicos:

"Não sei, porque é a primeira vez na minha família e foi justamente na minha, com minha filha. Eu não sei em outros casos. Acho que a adoção é uma coisa maravilhosa. Uma pessoa que se dispõe a adotar um filho, se doando inteiramente como vejo a minha filha com aquele amor e dedicação, de colocar o menino no peito para sentir o calor da mãe, para criar o vínculo, acho uma coisa maravilhosa. Se todos os casais que adotam forem como a minha filha, como meu neto foi recebido, acho que é uma coisa divina e existiriam bem menos trombadinhas por aí".

Desvantagens percebidas com a adoção

Os avôs elencaram, como fontes de desvantagem na adoção, o maltrato à criança; o preconceito por parte da sociedade; a falta de compreensão e aceitação de sua origem, por parte da criança; o sofrimento da família biológica da criança. Houve apenas um avô que referiu não ter nada a dizer.

"Não sei, fica só no futuro, talvez a criança entender esse processo. Agora só estamos vendo o entendimento dos pais. Essa *criança entender quando se tornar adolescente, mas acho que, com certeza, com um processo de preparação, de amor, isso não trará diferença. Se bem que acho que para a criança há diferença".* (Avô adotivo)

As avós, por sua vez, salientaram: o não esclarecimento à criança sobre sua origem; uma má criação; o temperamento que vai se ajustando com o tempo. Duas avós disseram acreditar que a criança é fruto do meio em que vive e que a educação é o que importa.

"Poderá ter possíveis problemas, não que irá acontecer. Uma criança que não vai conhecer os pais, por exemplo. Conheço um caso em que o menino morre de vontade de conhecer os pais biológicos, mas acho que tudo depende da educação que é dada".

"Não sei, já vi coisas negativas, mas para mim a criança é fruto do meio".

Orientações para quem deseja adotar

Os avós recomendaram: amor, reflexão, cuidado, analisar as consequências da adoção na vida do casal, para não ser por impulso.

"Eu diria que não é um processo fácil, que precisa de cuidado, não pode ser por impulso. Agora é uma decisão extraordinária, de muito amor. È necessário, inclusive, analisar a vida do casal, de como vai mudar, de financeiro, de trabalho, de tudo". (Avô adotivo)

Apenas dois avós não recomendariam a adoção:

"De não adotar, pois é um problema a adoção. Já vi vários casos que não aceitaram a adoção e passaram a dar problemas e de pessoas que não informaram a seus filhos sobre a adoção e depois eles ficaram sabendo por terceiros. A melhor coisa a se fazer é não adotar".

"Não dou nenhum conselho. Problema da pessoa. Não digo nem que sim, nem que não. Mas eu não adotaria, já criei seis filhos".

No que se refere às avós, todas foram unânimes em recomendar a adoção, desde que feita com amor, sem distinção, baseada em princípios religiosos e boa educação. Algumas demonstraram o desejo de adotar também, se fossem mais jovens ou tivessem condições. Também salientaram que é uma caridade que se faz à criança.

Considerações finais

Pode-se concluir que a adoção, de maneira geral, foi bem aceita pelos avós. Eles também se mostraram disponíveis para ajudar os filhos e os netos adotivos, no que precisarem. Apesar de termos constatado um quadro extremamente favorável à adoção, preconceitos ainda existem e foram evidenciados em algumas falas.

Uma minoria, que não chega a 10%, demonstrou dificuldades de aceitação da criança. Estas são decorrentes dos preconceitos que cercam a adoção, como é o caso da valorização dos laços de sangue, bem como do medo da hereditariedade e do desconhecido. Uma avó mostrou maior dificuldade, porque gostaria que a filha tivesse seus próprios filhos, achando que a decisão, pela adoção, foi precipitada. Vale salientar que esta avó tinha apenas esta filha, e com ela, se encerram as chances de perpetuar a herança genética da família. Pode-se notar, no entanto, que a convivência com o neto já estava fazendo com que ela se apegasse a este, ao ponto de sentir sua falta. Dois avôs, por sua vez, mostraram-se indiferentes e refratários à adoção.

Os avós, em geral, perceberam mudanças positivas nos filhos que adotaram, incluindo o abandono da bebida por parte de um deles. Expressões relacionadas aos netos como *"ele foi uma benção"*, *"uma dádiva"*, *"trouxe alegria para a família"*, *"vontade de viver"*, foram usadas com frequência.

Vale ressaltar que todas as adoções foram de bebês, o que, pela própria fragilidade destes, aciona os sentimentos de carinho e proteção por parte da família. Talvez a adoção de crianças mais velhas encontre maior dificuldade de aceitação por parte dos familiares, o que pode ser tema para futuras pesquisas.

Um fato que nos chamou a atenção diz respeito à existência de famílias que possuem mais de uma criança adotiva ou em que há adoções nas gerações anteriores. Isto parece indicar que a realização de uma adoção na família pode desmistificar os medos e os preconceitos que ainda existem em torno do tema e abrir caminho para que outras se realizem.

Outro ponto que chama a atenção diz respeito ao fato de que alguns adotantes frequentam o Grupo de Apoio à Adoção de Recife, onde têm a oportunidade de discutir e interagir com outros pais, sobre suas possíveis dificuldades e obter mais conhecimentos sobre a adoção. Desta forma, eles transmitem aos seus familiares o que aprenderam e contribuem para que aceitem e elaborem melhor a situação.

Por fim, recomendamos aos profissionais e aos grupos que lidam com a questão que, no processo de orientação aos adotantes, fiquem atentos também aos familiares dos pretendentes à adoção, no sentido de ouvi-los, valorizá-los e acolhê-los, pois seu apoio e aceitação são essenciais para o sucesso desse ato.

REFERÊNCIAS BIBLIOGRÁFICAS

D'Andrea, A (2002). O casal adotante. In: M. Andolfi (Org.). *A crise do casal, uma perspectiva sistêmico-relacional*. Porto Alegre, Artmed, 233-248.

Dias, C.M.S.B. & Silva, D.V. (1999). Os avós: uma revisão da literatura nas três últimas décadas. In: Féres–Carneiro,T. (Org). *Casal e família*, entre a tradição e a transformação. Rio de Janeiro, Nau, 118-149.

Dias, C.M.S.B. (2002). A influência dos avós nas dimensões familiar e social. *Revista Symposium*, 6, (½), 34-38, jan/dez.

Dias, C.M.S.B.; Costa, J.M. & Rangel, V.A (2005). Avós que criam seus netos: circunstâncias e consequências. In: Féres-Carneiro, T. (Org.). *Família e casal: efeitos da contemporaneidade*. Rio de Janeiro, Editora PUC-Rio, 158-176.

Dolto, F. (1989). *Dialogando sobre crianças e adolescentes*. Campinas, Papirus.

Ebrahim, S.G. (1999). *Adoção tardia: altruísmo, maturidade e estabilidade emocional*. Dissertação de Mestrado. João Pessoa, UFPB, Departamento de Psicologia.

Freire, F. (1991). *Abandono e adoção: contribuições para uma cultura de adoção I*. Curitiba, Terra dos Homens.

Freire, F. (1994). *Abandono e adoção: contribuições para uma cultura de adoção II*. Curitiba, Terra dos Homens.

Freire, F. (2001). *Abandono e adoção: contribuições para uma cultura da adoção III*. Curitiba, Terra dos Homens.

Hamad, N. (2002). *A criança adotiva e sua família*. Rio de Janeiro, Cia de Freud.

Ladvocat, C. (2002). *Mitos e segredos sobre a origem da criança adotiva.* Rio de Janeiro, Booklink.

Levinzon, G.K. (2000). *A criança adotiva na psicoterapia psicanalítica.* São Paulo, Escuta.

Levy, L. (1999). Adoção e mitos familiares. In: Féres-Carneiro, T. (Org.). *Casal e família, entre a tradição e a transformação.* Rio de Janeiro, Nau editora, 164-173.

Levy, L. (2001). Adoção: da criança idealizada à criança real. In: Féres-Carneiro, T. (Org.). *Casamento e família, do social à clínica.* Rio de Janeiro, Nau editora, 12-22.

Minayo, M.C.S. (2004). *O desafio do conhecimento, pesquisa qualitativa em saúde.* (8ª ed.).São Paulo, Hucitec.

Schettini Filho, L. (1995). *Compreendendo o filho adotivo.* (2ª ed.). Recife, Bagaço.

Schettini Filho, L. (1998). *Compreendendo os pais adotivos.* Recife, Bagaço.

Schettini Filho, L. (1999). *Adoção origem, segredo, revelação.* Recife, Bagaço.

Schettini, S.S.M. (2003). *O filho adotivo: dificuldades no processo educativo. Uma abordagem psicanalítica.* Monografia não publicada.Recife, PIBIC/UNICAP.

Siegel, S.E. (1992). *Su hijo adoptado.* Buenos Aires, Paidos.

Silva, N.P. & Dias, C.M.S.B. (1999). Avôs e avós: percepção do papel. *Revista Symposium,* Ano 3 – Número especial Psicologia, 51-67.

Vargas, M.M. (1998). *Adoção tardia, da família sonhada à família possível.* São Paulo, Casa do Psicólogo.

Weber, L.N.D. (1999). *Aspectos psicológicos da adoção.* Curitiba, Juruá.

Weber, L.N.D.(2001). *Pais e filhos por adoção no Brasil.* Curitiba, Juruá.

Transmissão psíquica geracional: um estudo de caso[1]

Andrea Seixas Magalhães
e Terezinha Féres-Carneiro
Pontifícia Universidade Católica do Rio de Janeiro

Ao investigar a família, confrontamo-nos permanentemente com as diversas faces da transmissão psíquica geracional. Do ponto de vista psíquico, a família tem como desafio central a promoção da individuação de seus membros. A realização de tarefa tão nobre implica agenciar o pertencimento do sujeito à cadeia geracional. A família que nutre psiquicamente o sujeito desde o seu nascimento e até antes de sua gestação, preparando um lugar simbólico para recebê-lo, desejando-o, é a mesma que tem como missão, lançá-lo ao mundo para germinar sua história, seu legado.

Os estudos sobre transmissão psíquica geracional apontam a radicalidade do papel da herança psíquica e sua importância na promoção dos processos de subjetivação. Kaës (1993) tem um papel decisivo no desenvolvimento desse campo de estudos. Retomando a origem da noção de transmissão no texto freudiano, o autor

---

[1] Trabalho desenvolvido com apoio do CNPq e da FAPERJ, e com a colaboração dos bolsistas de Iniciação Científica Aline Ferrer de Almeida (CNPq), Bianca Andrade Bruno (PIBIC), Cíntia Kirchmeyer (FAPERJ), Isabela H. Cavalcanti Dwyer (CNPq), Marcio William R. de Assis (CNPq/PIBIC), Mariana Reis Barcellos (FAPERJ), Vanessa Augusta de Souza (CNPq/PIBIC) e da bolsista de Apoio Técnico Rebeca Nonato Machado (CNPq).

discrimina, meticulosamente, as diferentes nuances e desdobramentos desse conceito e abre caminhos para a investigação, no campo da transmissão psíquica familiar. Ele ressalta a centralidade da intersubjetividade e do espaço-tempo geracional. No trabalho de subjetivação, o sujeito necessita do confronto com o outro que transmite. Em trabalhos anteriores (Magalhães e Féres-Carneiro, 2004, 2005), destacamos o papel da família como intermediária no processo de transmissão, realçando as possibilidades de transformação inerentes ao ato de transmitir. Alguns autores enfatizam os aspectos traumáticos da transmissão e os sintomáticos gerados nesse processo. Benghozi (2000) distingue dois modos de transmissão psíquica: a transmissão intergeracional e a transgeracional. O primeiro modo diz respeito à transmissão do material metabolizado psiquicamente e o segundo refere-se à transmissão do indizível, do impensável e do inconfessável. Na clínica, defrontamo-nos, freqüentemente, com a transmissão manifestada no sofrimento dos sujeitos aprisionados em sua incapacidade de metabolizar seus legados. Nossa tarefa, como terapeutas, é reconstituir o percurso simbólico da transmissão e favorecer a elaboração da herança. E é na possibilidade de transformação, que investimos recursos terapêuticos, trabalhando para alterar o curso repetitivo do sintoma.

Investigações no campo de família têm-nos fornecido importantes subsídios para compreender a transmissão. No intuito de discutir e ilustrar as peculiaridades desse processo, apresentamos, neste trabalho, um estudo de caso. O material discursivo analisado faz parte dos dados coletados num projeto de pesquisa mais amplo, desenvolvido por Féres-Carneiro, Magalhães e Ziviani, que se encontra em fase de conclusão.

A pesquisa de campo

O objetivo central da pesquisa, que originou o material discursivo analisado nesse estudo de caso, é estudar as relações existentes entre a conjugalidade dos pais, tal como vivenciada e percebida pelos filhos, e as concepções, motivações e expectativas que estes - jovens adultos solteiros das camadas média e média alta urbanas - possuem em relação ao laço conjugal. Buscamos investigar o lugar que a conjugalidade ocupa no projeto de vida de jovens adultos solteiros, focalizando a percepção dos filhos sobre a conjugalidade dos pais.

Tal investigação surgiu a partir de questões clínicas relativas à conjugalidade, presentes tanto na demanda de psicoterapia individual, como na de psicoterapia de casal e família. No contexto da sociedade contemporânea, revela-se uma multiplicidade de arranjos conjugais, com um número cada vez maior de separações e recasamentos. O laço amoroso apresenta-se cada vez mais instável, com curta durabilidade e repleto de incertezas sobre seus possíveis desdobramentos. A sociedade contemporânea dá origem ao amor líquido (Bauman, 2004), denotando a fragilidade do laço amoroso, assim como dos laços humanos de modo geral. Na sociedade do instantâneo, do *light* e do descartável, as relações amorosas oferecem cada vez menos refúgio emocional, gerando certo desamparo afetivo.

Por outro lado, a família continua a exercer uma função socioafetiva, representando, ainda, um refúgio contra o desamparo da propalada modernidade líquida. De um lado, deparamo-nos com a fluidez e com a descontinuidade do laço conjugal; de outro, com a dificuldade de os filhos adultos solteiros romperem a condição de dependência afetivo-emocional e financeira de suas famílias de origem, inaugurando uma nova e necessária condição como filhos adultos autônomos. Encontramos um número cada vez maior de famílias com filhos, com idades em torno de 30 anos, morando na casa dos pais e com poucas expectativas em relação à possibilidade de casarem-se e/ou formarem suas próprias famílias (Henriques, Jablonski & Féres-Carneiro, 2004).

A partir desse quadro, buscamos investigar o lugar da conjugalidade no projeto de vida de jovens adultos solteiros.

Visando alcançar os objetivos propostos, desenvolvemos a pesquisa em duas etapas, utilizando uma metodologia quanti-qualitativa. Na primeira etapa, desenvolvemos e aplicamos uma ficha de avaliação biográfica (*FAB*) e um questionário (*QCP*) em 278 jovens universitários, dos quais 246 satisfizeram as condições estipuladas para a constituição da amostra, visando investigar a percepção dos filhos sobre a conjugalidade dos pais. O desenvolvimento e os resultados parciais dessa etapa quantitativa da pesquisa são apresentados no capítulo .....(deste livro), intitulado *Questionário sobre a conjugalidade dos pais como instrumento de avaliação* (Féres-Carneiro, Ziviani & Magalhães).

Na segunda etapa do estudo, foi realizada uma pesquisa qualitativa para avaliar a concepção, as expectativas e os ideais sobre casamento dos jovens adultos, com o objetivo de investigar as possíveis relações existentes entre a percepção dos filhos sobre o casamento de seus pais e aquilo que o laço conjugal representa para eles. Nesta etapa, foi utilizada uma entrevista semi-estruturada, cujo roteiro invisível contemplava vários temas relevantes das dinâmicas conjugal e familiar. As entrevistas foram gravadas e transcritas e o material obtido foi submetido a uma análise de conteúdo, conforme proposto por Bardin (1979).

O delineamento inicial da investigação previa a realização de um *Estudo de Casos Múltiplos* (Stake, 2000), constituindo-se dez grupos, a partir das indicações obtidas, por meio da *FAB*, das diferentes condições conjugais dos pais e, por meio do *QCP,* da conjugalidade dos pais percebida como *muito satisfatória* ou como *muito insatisfatória*. A proposta original era a de tomar, de cada um dos grupos, para realizar a entrevista, dois casos, um homem e uma mulher, localizados nos extremos da avaliação da conjugalidade dos pais. Todavia, isto não possível por duas razões. Inicialmente porque nos extremos das avaliações dos 246 respondentes, nem todas as condições conjugais foram encontradas. Em seguida porque, embora tenha ocorrido grande empenho por parte dos pesquisadores em chamar para a entrevista os sujeitos que tinham se proposto a continuar colaborando e que atendiam a determinados requisitos para balanceamento da amostra com o mesmo número de entrevistados nas dicotomias *masculino/feminino*, percepção da conjugalidade dos pais como *muito satisfatória/ muito insatisfatória*, pais *casados/não casados*, muitos dos sujeitos convocados não compareceram. Assim, o grupo que participou das entrevistas da segunda etapa da pesquisa ficou constituído de 14 sujeitos, sete homens e sete mulheres.

O estudo de caso

Dentre as 14 entrevistas realizadas na segunda etapa da investigação, selecionamos a análise discursiva intra-sujeito de uma jovem de 25 anos, com pais separados. Na primeira etapa da pesquisa, a jovem que receberá o nome de Natália obteve 128 pontos no *Questionário sobre a Conjugalidade dos Pais*. Considerando que, no total de 246 sujeitos (132 homens e 114 mulheres), que compuseram o grupo avaliado, a média geral foi de 225, sendo a média dos homens de 213,88 e a das mulheres de 209, 74, a jovem selecionada para este estudo de caso avaliou a conjugalidade de seus pais como muito insatisfatória. Acrescentamos, ainda, que a média dos filhos de pais separados (37 sujeitos) foi de 186,78.

O questionário de Natália fôra selecionado para a segunda etapa da investigação por preencher os requisitos da metodologia proposta no estudo. Os sujeitos selecionados para serem entrevistados deveriam estar posicionados nos extremos da pontuação da amostra e deveriam ter condições conjugais dos pais diversas (pais casados, pais separados, pais recasados), visando a seleção de casos para a etapa qualitativa da pesquisa.

Escolhemos esse caso para discussão neste trabalho, pela riqueza ilustrativa das falas nele contidas e pelo modo como a história familiar de Natália apresenta-se entranhada em seus projetos de vida, revelando os percursos da transmissão psíquica familiar em suas concepções, expectativas e ideais de conjugalidade, com base nas identificações familiares.

Um pouco da história da vida de Natália

Natália é uma jovem de 25 anos, solteira, estudante universitária, pertencente à camada média urbana da cidade do Rio de Janeiro. Sua família é de origem nordestina. Seus pais se casaram sob intensa pressão familiar, devido a gravidez de sua mãe, aos 19 anos de idade (a gravidez de Natália impôs a união forçada dos pais, deixando-a presa a história transgeracional). O casamento de seus pais foi muito conturbado, repleto de brigas e acontecimentos, como mudanças de cidade e problemas de saúde. Os pais de Natália sofreram um acidente automobilístico, quando ela ainda era criança; sua mãe "quase morreu" e teve que fazer algumas cirurgias restauradoras no pé. O casal teve dois filhos. Quando se separaram, Natália, a filha mais velha, tinha 9 anos de idade. O motivo que levou seus pais a se separarem foi infidelidade conjugal, por parte do pai. Sua mãe abandonou o marido, mudou-se com o filho mais novo para outro estado e deixou Natália com a avó e a tia materna, irmã gêmea da mãe, com quem reside até hoje. Natália teve pouco convívio com seu irmão, que hoje mora em outra cidade do estado do Rio de Janeiro. Durante a adolescência, seu irmão conviveu certo tempo com o pai, no Nordeste. Nessa época, ele teve um filho com uma jovem que permaneceu no Nordeste. Esta criança também mantém pouco contato com a família do pai.

Desde o início de sua vida, Natália morou com outros familiares, em vários estados do Brasil. Ela foi acolhida por tios casados e conviveu com suas famílias, devido a diversas cirurgias realizadas por sua mãe. A vida de Natália foi entremeada por muitas separações e descontinuidades que marcaram sua história familiar. O percurso de elaboração dessas perdas manifesta-se nos modos de vinculação familiar e no lugar que a conjugalidade ocupa no projeto de vida de Natália.

A jovem relata ter presenciado muitas brigas dos pais e as "traições" do pai, tendo sido levada, muitas vezes, pelas mãos da mãe a confrontar-se com as amantes dele. Após a separação conjugal, o pai nunca a procurou, tendo tido contato somente com seu irmão. A mãe, um ano após a separação, voltou para a cidade do Rio de Janeiro. Contudo, a filha continuou sendo criada pela tia materna. Atualmente, sua mãe mora com um namorado. Natália relata que sua mãe tem 48 anos de idade e aparência muito jovem. Segundo Natália, a mãe é "infantil" e sempre namora homens muito mais jovens, da faixa etária da filha. Ela considera que sua mãe, de fato, fôra sua tia, a irmã gêmea da mãe.

A entrevista de Natália foi intensa e seu relato bastante pormenorizado, revelando elementos significativos de sua história familiar, de suas identificações familiares e, sobretudo, de seu modo de vinculação com os pais. Num dado momento da entrevista, a jovem enfatizou a importância de ter a oportunidade de contar e de retomar sua história.

"Foi até bom você ter me chamado aqui pra falar sobre isso, pois eu nunca tinha parado para pensar".

A jovem faz uma alusão ao trabalho de apropriação de sua história, trabalho que envolve recordar e elaborar. Essa fala evidencia o valor do material discursivo originado na entrevista semi-estruturada. E, embora esse material não tenha sido produzido no contexto da clínica, a escuta do pesquisador com embasamento no enfoque clínico, enriquece, sobremodo, a compreensão dos dados. Ao falar para um ouvinte especialista, o pesquisador, o sujeito entrevistado enseja uma ressignificação de seu percurso subjetivo. Nessa situação específica, no contexto de nossa investigação de campo, o entrevistado é levado a se confrontar com o significante conjugalidade no percurso da cadeia de transmissão geracional.

Ao longo da entrevista de Natália, vários temas relativos à conjugalidade foram abordados e, para o objetivo do presente estudo, destacamos as seguintes categorias de análise: *o lugar da conjugalidade no projeto de vida, concepções, expectativas e ideais de conjugalidade, relações amorosas, identificação e diferenciação na família e influência da percepção da conjugalidade dos pais.* Neste estudo de caso, realçamos o modo como esses temas foram engendrados no percurso subjetivo de Natália, sem perder de vista os elementos que são comuns ao grupo de entrevistados como um todo.

O lugar da conjugalidade no projeto de vida

No projeto de vida de Natália, o trabalho é destacado, a vida profissional é priorizada. A priorização da vida profissional evidenciou-se nos projetos de vida da maioria dos jovens entrevistados, tanto homens quanto mulheres. A minoria incluiu espontaneamente o casamento em seus planos (três homens e três mulheres). Somente dois homens entrevistados falaram sobre o plano de ter filhos, sendo que o plano surge secundariamente e vinculado ao casamento. Nas mulheres, em segundo lugar, surge o desejo de ser mãe, nem sempre vinculado ao casamento. A maioria das mulheres entrevistadas (seis dentre sete) incluíram filhos em seus projetos de vida, sendo que quatro delas não se imaginavam casadas. É importante acrescentar que a maioria das jovens entrevistadas avaliara a conjugalidade dos pais como muito insatisfatória (seis mulheres). O discurso da jovem Natália ilustra um elemento presente nas falas de outras jovens entrevistadas: a desvinculação entre ter filhos, constituir uma família, e casar-se.

> *"Pretendo trabalhar na minha área, estou estudando para isso...Não me imagino casada, mas tenho vontade de ser mãe. Então é isso, me imagino com filho, mas não casada daqui a dez anos".*

A prevalência do plano de ter filhos no discurso das mulheres entrevistadas vem confirmar resultados de pesquisas anteriores que afirmam que, apesar da tendência a se apagar, pouco a pouco, nas sociedades ocidentais, a linha que separa os campos da maternidade e da paternidade, permanece mais forte nas mulheres, o desejo de ter filhos (Héritier, F. 1996 & Féres-Carneiro, 1999). Quanto ao projeto de serem mães solteiras, Szapiro e Féres-Carneiro (2002), ao discutirem a questão da "produção independente", ressaltam que esta escolha representa para a mulher, uma saída diante da imposição colocada pelo desejo de tornar-se mãe, desejo esse recalcado por meio do discurso sobre a independência e a realização profissional.

No caso de Natália, o lugar da conjugalidade evidencia-se em sua fala sobre seus planos para o futuro, por meio de uma negativa. Ela deseja ser mãe, mas não se imagina casada. A jovem manifesta uma ruptura com as convenções sociais que tendem a vincular maternidade à conjugalidade. Por outro lado, manifesta sua ambivalência em relação ao casamento, ao negá-lo. A negativa pressupõe uma afirmativa recalcada. Freud (1925) postula que a negativa é um modo de dizer algo que o sujeito preferiria recalcar. Na negativa, a função intelectual e o processo afetivo encontram-se dissociados. Nossa hipótese é que, ao expulsar a idéia de conjugalidade, Natália tenta se livrar dos afetos desagradáveis que estão associados aos modelos de conjugalidade introjetados. Podemos, ainda, interpretar a recusa da conjugalidade como uma expressão do aprisionamento a cadeia geracional, a um conteúdo transgeracional. A pressão familiar sofrida por seus pais para casarem-se, devido à gravidez, foi transmitida transgeracionalmente e manifestada na rejeição ao casamento expressa no discurso da filha Natália.

Concepções, expectativas e ideais de conjugalidade

Natália considera que o casamento é uma "troca de interesses", tem curta duração, e que seu único aspecto positivo, "quando dá certo", é fornecer uma estrutura familiar, uma base para ter filhos. Mas, sua vivência familiar e sua observação sobre as experiências dos amigos conduzem à concepção de casamento, como algo baseado em interesses materiais, em sonhos de *glamour* e em conveniências.

> *"Tem vários casos na minha família de casamentos que não deram certo. Então, assim, o tempo todo eu tô vendo isso. Que os casais não duram muito tempo. Amigos meus se casaram e depois de um ano se separaram. Amigos meus que casam sem gostar. Aí tem o lance da troca, mas é a troca material que eu acho que conta muito, às vezes... Sabe, eu já vi coisa assim. Cerimônias maravilhosas, que depois de um tempo... Caramba, aquele casal querendo se matar ou, sabe, querendo... matar o outro. Então, é isso, esse glamour, essa coisa toda, eu acredito que pode durar um certo tempo".*

A concepção de conjugalidade de Natália, por um lado, fundamenta-se em suas vivências familiares e, em grande parte, reflete uma tendência contemporânea apontada, dentre outros autores, por Giddens (1992) - a ênfase no amor confluente e no relacionamento puro como base das relações conjugais. Uma das características do laço conjugal contemporâneo é a vinculação dos parceiros apenas à própria relação, que se mantém, enquanto for vantajosa para ambos. No amor confluente há uma ênfase igualitária no dar e receber afeto. No amor romântico, a alma gêmea, amor idealizado, o parceiro especial e único é valorizado, ao invés de priorizar-se o "relacionamento especial". O amor confluente é um amor ativo, que vai de encontro às categorias "para sempre" e "único" do amor romântico. Sendo assim, a separação é considerada um possível desdobramento do casamento.

Por outro lado, o discurso da jovem Natália também denota uma intensa idealização da conjugalidade. Por vezes, ela se refere ao desejo de ter um casamento de contos de fadas e de poder acreditar na felicidade duradoura. Mas, receia decepcionar-se.

> "Eu fico pensando: Será que vale a pena? Será que vale a pena todo aquele glamour em volta de um casamento, que teu sonho é entrar na igreja? Claro. Eu até tenho sonho de entrar na igreja de véu e grinalda. Mas, é um sonho que pensando em tudo que pode acontecer, não sei se eu teria, entendeu, coragem... A felicidade me assusta às vezes, sabe?! Tipo, puxa, se eu me entregar totalmente e se amanhã não amanhecer do jeito que está hoje?... Eu queria ter uma família perfeita, sabe. Mas esse lance de você não acreditar... Para algo dar certo você tem que acreditar".

O modo como Natália introjetou suas vivências familiares relativas ao casamento levaram-na a desenvolver uma profunda ambivalência em relação ao laço amoroso. O lugar da conjugalidade foi constituído com base na introjeção de um modelo de relação no qual prevalecia o desrespeito entre os parceiros; este é um elemento da transmissão familiar. Ao falar do desrespeito de seu pai à sua mãe, a menina se funde com a mulher e a filha com sua mãe. A deslealdade presente na conjugalidade dos pais atravessa as gerações, marcando o lugar do laço amoroso no psiquismo da filha. O vínculo amoroso passa a ser percebido como um lugar inseguro, um lugar de desamparo.

> "Um homem que foi casado com uma mulher e teve filhos, acho que o mínimo que ele tem que ter é respeito. Eu acho que meu pai não teve respeito com a minha mãe, nem (pausa)... Principalmente com a minha mãe, e comigo, e com meu irmão. Com a gente. Então, pode até ser esse o reflexo disso tudo, de eu não acreditar em homem. Eu sempre falo com a minha mãe, que eu nunca vou admitir que homem nenhum faça comigo o que ele fez com ela".

A jovem desenvolveu um sentimento de baixa auto-estima e de insegurança emocional. A possibilidade de confiar no parceiro está diretamente relacionada ao sentimento de auto-estima desenvolvido nos primeiros anos de vida. De acordo com Freud (1914), a auto-estima depende intimamente da libido narcisista. Sendo assim, toda realização pessoal é um remanescente da onipotência infantil, confirmada pela experiência. Na infância, em grande medida, a experiência de confirmação é reiterada na fala dos pais e de seus substitutos. Natália identifica a falta de investimento afetivo dos pais e de seus substitutos, durante sua infância. A partir da falta de reconhecimento de suas potencialidades e da falta de incentivo ao seu desenvolvimento originou-se o sentimento de incapacidade de acreditar em si e no outro. Natália percebe-se presa num ciclo de empobrecimento do ego e, consequentemente, de diminuição da auto-estima.

"Quando você é pequena, os pais falam: "Não, vai filha, pula ali que você não vai cair, vai!". Eu não tive essa coisa. Eu acho que sempre tive medo de fazer as coisas. Meus tios brigavam comigo, meu tio era muito rígido, às vezes ele me dava umas palmadas. Então, eu tinha aquele medo, sabe. Tipo: Não, não vou poder fazer, senão eu vou apanhar dele. Senão, se eu fizer, ele não vai me perdoar por isso... Então, esse lance da minha insegurança, de eu não acreditar um pouco em mim... que eu possa estar conquistando alguém, possa estar conquistando um homem, porque aquele cara gosta de mim de verdade... Acho que isso vem um pouquinho lá da minha infância, sabe?!"

Relações amorosas

Natália, ao falar de seus relacionamentos afetivos, expressa insegurança e dificuldade em aprofundar os vínculos. A entrevistada conta que teve um único namoro longo – dois anos de duração –

e que, nos últimos tempos, evita compromissos afetivos. Durante esse namoro, aproximadamente após um ano de relacionamento, relata ter mudado radicalmente sua percepção acerca de seu parceiro, apontando para uma descontinuidade no vínculo. Houve uma quebra de uma imagem idealizada do parceiro, uma desilusão. Eiguer (1984) ressalta que a ultrapassagem do momento inicial de idealização do parceiro, do momento de apaixonamento, do reconhecimento de suas falhas e imperfeições, implica na capacidade de aceitar a castração, de lidar com a incompletude no vínculo amoroso. Tal passagem é necessária para a evolução do vínculo amoroso e pressupõe o reconhecimento da alteridade.

> *"Eu já tive vontade de me casar com um namorado. Fui apaixonada e a gente ficou dois anos.... Ele era o homem da minha vida. Só que, depois de um ano, tudo que eu achava que era perfeito e maravilhoso passou a não ser mais".*

A ambivalência relativa às relações amorosas, presente no discurso da entrevistada, expressa um compromisso entre seu desejo de ser amada, por um lado, e o sentimento de desamparo e rejeição, por outro. Ela carrega a rejeição desde o ventre de sua mãe (que teve que se casar por causa da sua gravidez), repetindo movimentos de aceitação e de recusa em suas aproximações amorosas, desejando aqueles que a rejeitam e recusando aqueles que a desejam. Foge e reencontra seu destino, marcado pelo desejo dos pais, reatualizando-o nos seus encontros amorosos. Natália "foge" e reencontra a sua realidade psíquica transmitida geracionalmente, numa tentativa aflitiva de metabolização, cheia de sofrimento.

> *"Às vezes, eu acho que eu nasci para ser solteira ... Minhas amigas dizem que quando o cara quer algo comigo, eu corro. Eu acho que é uma forma de eu fugir da realidade. Eu não acredito que ele possa gostar de mim. Eu acho que o amor traz muita dor".*

Identificação e diferenciação na família

O mecanismo de identificação, revelado por meio de uma variedade de modos e possibilidades identificatórias, constitui a base do processo de transmissão psíquica. A comunicação de conteúdos inconscientes familiares ocorre por meio das identificações familiares, a partir das relações mais significativas da vida do sujeito. Natália, tendo sido cuidada e criada por diferentes parentes, e tendo sido acolhida em diferentes lares, introjetou e sintetizou os diferentes modos de pertencimento familiar, produzindo um modo singular de construção das noções de família e de conjugalidade. Meyer (1983) conceitua familidade como uma parte do psiquismo constantemente ativada pela experiência da interação familiar. Sua função básica é organizar e manejar as experiências reais da interação familiar e, ao mesmo tempo, constitui um aspecto fundamental da identidade do sujeito. A familidade diz respeito à natureza intrínseca do sujeito enquanto membro de uma família.

Freud, em Totem e Tabu (1912/13), enunciara os modos mais primitivos de transmissão psíquica, diferenciando a transmissão por identificação aos modelos parentais de uma transmissão mais ampla, de traços das gerações antepassadas. A sugestão e o desamparo são elementos fundamentais para o estabelecimento da transmissão psíquica. O bebê, em sua condição de dependência emocional e de desamparo, apresenta-se permeável à absorção de conteúdos da transmissão familiar. Esses conteúdos são constitutivos e, portanto, necessários.

Segundo Kaës (1997) a família apresenta um duplo eixo estruturante. No eixo horizontal, oferece suporte por meio das identificações mútuas com seus familiares. No vertical, inscreve o sujeito na cadeia de filiação e das afiliações, no eixo geracional. Essa dupla vinculação abre o veio da transmissão e mobiliza o trabalho de subjetivação que se faz na intersubjetividade.

As vivências familiares de Natália formaram um legado retalhado, fragmentado, de modelos de familidade e de conjugalidade. Em sua trajetória, a experiência de ter vivido em diferentes núcleos familiares - as casas dos tios - constituiu uma base instável para a construção de modelos de relação. Ela vivenciou algumas relações na posição de "espectadora", o que dificultou a apropriação das experiências familiares e a integração no seu psiquismo.

> *"Quando eu ainda tinha um pouquinho da presença de pai e mãe, que foi muito pouco, que eu lembro, tinha aquela coisa de eu ir para a escola, meu pai me levava, minha mãe ia me buscar e... E depois disso, que eu fui morar, que eu comecei a morar em casa de tios e tias, foi completamente diferente, porque eu era espectadora. Eu tava ali e assistia a família, né. O que acontecia na família. Porque... eu estava ali, mas eu não era da família. O meu tio e a minha tia tinham os filhos, então era um tratamento diferente que eles davam pra mim. Por mais que: Ah, você é da família, é como você fosse filha. Mas, não é a mesma coisa, entendeu?! Até porque eu já entendia, já sabia o que estava acontecendo. Não tinha nem como eu me entregar a meu tio ou minha tia como se fossem meu pai e a minha mãe".*

A instabilidade dos laços familiares e a descontinuidade das experiências de Natália forneceram modelos frágeis de identificação familiar, modelos de difícil acesso e apropriação. O sentimento de entrega e de confiança, presentes no modelo de dependência infantil, são o solo do processo de identificação familiar. Ferenczi (1909, 1912) ressalta que a posição de submissão da criança ao adulto conduz à sugestionabilidade. A partir do desamparo e da sugestionabilidade, abre-se o caminho para a identificação e, consequentemente, para a transmissão psíquica. A fala de Natália aponta um ressentimento por não ter tido a experiência de entrega e confiança necessárias à construção de um sentimento de pertencer a família e à possibilidade de introjetar os modelos de familidade e de conjugalidade de modo ativo. O sentimento de espectadora remete à função de absorção passiva dos conteúdos transmitidos. O investimento afetivo que vincula o sujeito e suas vivências familiares é força propulsora dos processos de subjetivação.

Dentre as relações familiares mais significativas de Natália, destaca-se a sua relação com sua tia materna, irmã gêmea de sua mãe. Na nossa hipótese, essa tia é um duplo de sua mãe, uma versão aparentemente oposta, espelhada. Ela representou a possibilidade de identificação com o negativo da mãe. Natália morou a maior parte da vida com essa tia e tomou-a como modelo importante de identificação. Nesta base, encontram-se elementos que reforçam a recusa à conjugalidade.

"Minha tia é como se fosse minha mãe. Com a minha tia tenho mais essa coisa...de tudo, de cumplicidade, de sentir falta. Minha tia quando viaja, eu fico mal. Então, minha mãe eu não sinto tanta falta... A minha tia é solteirona, ela nunca teve filho, é (pausa). *Nunca se casou. Teve um noivado que durou sete anos, mas não se casou. Eu falo: Tia vou ser igualzinha à senhora, igualzinho. Todo mundo fala que o nosso corpo é igual, tudo. E a personalidade vai ser igual também".*

Natália revela, em seu discurso, o quanto se percebe afetivamente vinculada à tia e o quanto incorporou alguns de seus atributos físicos e psicológicos. Ressalta-se que, nesse contexto familiar, a mãe confiou à sua irmã a missão de cuidar da filha e se desincumbiu dessa tarefa, passando a conduzir sua vida a partir de uma posição simétrica à de sua filha, rompendo a complementaridade e transgredindo a ordem geracional. A mãe, segundo Natália, é "infantil" e namora homens da mesma faixa etária da filha. Ao transgredir a ordem geracional, a mãe altera sua posição como objeto de identificação. A tia assume um importante papel para a manutenção da função objetalizante (Green, 1993), oferecendo-se para estabelecer o confronto intersubjetivo com a sobrinha-filha. Como afirma Kaës (1993), a família é o espaço originário da intersubjetividade. Os elementos desse espaço estão em relação de diferença e complementaridade.

Constatamos, nesse caso, que a conjugalidade recalcada, manifestada por meio da negativa, é a conjugalidade dos pais reatualizada nas vivências posteriores com os outros familiares. Natália preferia não se imaginar casada, de acordo com o modelo de conjugalidade introjetado. De modo semelhante, a relação entre Natália e sua mãe levou-a a construir um ideal de maternidade, que se opõe abertamente às suas vivências.

"A imaturidade não deixou. Não deixou ele e minha mãe desempenharem o papel deles. Então (pausa)... Eu acho que eu vou ser uma ótima mãe. Eu acho que mãe tem que esquecer assim de tudo. Cara, quando você é mãe, você esquece de você e pensa no seu filho. Eu acho que a minha mãe nunca esqueceu dela, sabe. Ela sempre colocou as festas, as brigas... Ela sempre na frente de tudo. Eu acho que tem que abrir mão de algumas coisas pra pensar no seu filho".

As condições de diferenciação entre os sujeitos, nesse contexto familiar, dificultaram a construção de um lugar para a maternidade e para a conjugalidade. O investimento narcísico dos pais em Natália foi insuficiente. Consequentemente, não se ofereceram como objeto de investimento, nem como pais, nem como casal. E, assim, Natália parece ter ficado aprisionada numa teia identificatória, que não favoreceu uma metabolização dos modelos familiares introjetados.

Influência da percepção da conjugalidade dos pais

No que diz respeito à influência da percepção da conjugalidade dos pais nos projetos de vida dos filhos, a maioria dos jovens entrevistados, na pesquisa, afirmou que os pais são um modelo a não ser seguido. Mesmo nos casos em que a conjugalidade dos pais foi percebida como muito satisfatória (três homens e uma mulher), dois homens não incluíram o casamento espontaneamente nos seus projetos de vida e consideraram que o casamento dos pais era sufocante ou que fariam muitas coisas de modo diferente do que vivenciaram.

Podemos considerar que, no caso da recusa do modelo dos pais, a herança conjugal é tão aprisionadora que eles desejam fazer o oposto desses. E, quando não têm uma percepção clara da influência da conjugalidade dos pais, ou têm ressentimentos relativos a essa percepção, sequer conseguem incluir a idéia de conjugalidade nos seus projetos de vida. Foi o que ressaltou Natália.

"Eu sou o tipo da pessoa que procuro não me envolver quando eu acho que não vai dar certo. Eu costumo achar que não vai dar certo. Eu fujo muito de relacionamento. Eu acho que o amor traz muita dor. Então, eu prefiro não me apaixonar. Eu sempre falo com a minha mãe, que eu nunca vou admitir que homem nenhum faça comigo o que ele (pai) fez com ela".

A literatura enfatiza que a ordem genealógica fornece elementos para a construção das identidades e o reconhecimento do sujeito como semelhante aos demais do seu grupo familiar. O sentimento de pertencimento ao grupo familiar favorece a identificação e a diferenciação (Gaulejac, 1999 & Carreteiro, 2001). No caso de jovens como Natália que reagiu de forma defensiva em relação à história familiar, evitar os relacionamentos amorosos é um modo de proteção contra a possibilidade de repetição de padrões familiares. Compreendemos que o percurso de elaboração de suas marcas identitárias não viabilizou a necessária diferenciação da herança dos pais e, consequentemente, a possibilidade de construção de um projeto de conjugalidade autônomo.

Alguns autores ressaltam que a separação conjugal pode, muitas vezes, promover mais saúde emocional na família do que a manutenção do casamento quando esse é fonte de muitos conflitos não resolvidos e é pouco gratificante para os cônjuges (Costa, Féres-Carneiro & Penso,1992).

No caso de Natália, a separação conjugal dos pais foi percebida pela filha como um não enfrentamento dos conflitos conjugais e uma fuga, por parte desses. A separação não representou, nesse caso, o resultado de um processo de elaboração da dissolução da conjugalidade. Desse modo, o lugar da conjugalidade adquiriu a marca da impossibilidade. Amor e sofrimento estão indissoluvelmente ligados, no entendimento de Natália.

> *"Minha mãe nunca teve essa garra de: Ah não! Tô me separando. Vou embora mesmo! Tanto que a minha mãe foi embora escondida do meu pai, ela não teve , sabe, aquela coragem de falar: "Olha, eu quero me separar de você, vou embora com meus filhos". Não, ela foi embora escondida dele. Então, não sei. Acho que pode ser isso, eu não acreditar em relacionamento. Eu acho que nem... Eu não acredito em homem. E quanto mais eu me decepciono, menos eu acredito".*

Considerações finais

A partir desse estudo de caso, ilustramos e discutimos a postulação, segundo a qual o lugar que o casamento dos pais ocupa nos projetos de vida de seus filhos, parece estar relacionado com o modo como os jovens se apropriaram de sua herança familiar e com o discernimento sobre os aspectos da conjugalidade dos pais que os influenciam. É necessário elaborar uma diferenciação entre a herança familiar e as transformações passíveis de serem operadas pelos filhos. Em trabalho anterior (Magalhães e Féres-Carneiro, 2004), ressaltamos que o desvelamento dos elos da cadeia geracional e das posições ocupadas pelos familiares uns em relação aos outros, posições essas cambiáveis e múltiplas, permite ao sujeito não somente a apropriação de seu lugar na transmissão, mas também a relativização de sua missão.

A relativização da missão implica na restituição do seu valor simbólico, seu valor de compromisso com o grupo familiar e com a humanidade. Existe um lugar, no psiquismo, para a organização da conjugalidade, e esse é constituído, em grande medida, pelas imagens e fantasias relativas às articulações do romance familiar engendradas pelo sujeito. A partir da análise do modo como se dá, no percurso subjetivo, a organização do lugar da conjugalidade, podemos melhor compreender o lugar do casamento nos projetos dos jovens.

É importante contextualizar o lugar do casamento no projeto de vida dos jovens, sem perder de vista a dimensão da herança, na constituição da subjetividade contemporânea. Em nossa investigação mais ampla, procuramos compreender como os jovens entrevistados, integrantes de constelações familiares tão plurais, elaboram suas percepções sobre a conjugalidade dos pais, suas possíveis alternativas e modelos de identificação. Constatamos que a possibilidade de estruturar um lugar para a conjugalidade no psiquismo depende, sobretudo, de condições de diferenciação promovidas na família, independente da situação conjugal dos pais e dos níveis de satisfação conjugal percebida pelos filhos. O caso discutido nesse trabalho buscou elucidar alguns dos mecanismos implicados nesse processo.

REFERÊNCIAS BIBLIOGRÁFICAS

Bardin, L. (1979). *Análise de conteúdo*. Lisboa, Martins Fontes.
Bauman, Z. (2004). *O amor líquido*. Rio de Janeiro, Jorge Zahar.
Benghozi, P. (2000) Traumatismos precoces da criança e transmissão genealógica em situação de crises e catástrofes humanitárias. Desmalhar e remalhar continentes genealógicos familiares e comunitários. In: Correa, O.B.R. (Org.). *Os avatares da transmissão psíquica geracional*. São Paulo, Escuta.
Carreteiro, T.C. (2001). Vinculações entre romance familiar e trajetória social. In: Féres-Carneiro, T. (Org.). *Casamento e família: do social à clínica*. Rio de Janeiro, NAU.
Costa, L.; Féres-carneiro, T. & Penso, M.A. (1992). Reorganizações familiares: as possibilidades de saúde a partir da separação conjugal. *Psicologia: Teoria e Pesquisa*, 8, (1), 495-503.
Eiguer, A. (1984). *Um divã para a família*. Porto Alegre, Artes Médicas, 1989.
Ferenczi, S. (1909). Transferência e introjeção. In: *Obras completas*. São Paulo, Martins Fontes, 1992.
Ferenczi, S. (1912). O conceito de introjeção. In: *Obras completas*. São Paulo, Martins Fontes, 1992.
Féres-carneiro, T. (1999). Conjugalidade: um estudo sobre as diferentes dimensões da relação amorosa heterossexual e homossexual. In: Féres-Carneiro, T. (Org.). *Casal e família: entre a tradição e a transformação*. Rio de Janeiro, NAU, 96-117.
Féres-carneiro, T. (2003). Construção e dissolução do laço conjugal na terapia de casal. In: Féres-Carneiro, T. (Org.). *Família e*

casal: arranjos e demandas contemporâneas. Rio de Janeiro, EDPUC-Rio/ Loyolla, 67-80.

Féres-carneiro, T. (2004). Separação: o doloroso processo de dissolução da conjugalidade. *Estudos de Psicologia*. Natal, 8, (3), 367-374.

Féres-Carneiro, T. ; Magalhães, A.S. & Ziviani, C. Conyugalidad de los padres y projectos vitales de los hijos frente al matrimonio. *Revista Cultura y Education- Família y Parej*,18, (1), 95-108.

Freud, S. (1912/13). Totem e tabu. In: *E.S.B.* Rio de Janeiro, Imago, 1974, v. XIII.

Freud, S. (1914). Sobre o narcisismo: uma introdução. In: *E.S.B.* Rio de Janeiro, Imago, 1974, v. XIV.

Freud, S. (1925). A negativa. In: *E.S.B.* Rio de Janeiro: Imago, 1974, v. XIX.

Gaulejac, V. (1999). *L'Histoire en héritage*. Paris, Desclée de Brouwer.

Green, A. (1993). *El trabajo de lo negativo*. Buenos Aires, Amorrortu.

Giddens, A. (1992). *A transformação da intimidade: sexualidade, amor e erotismo nas sociedades modernas*. São Paulo, UNESP, 1993.

Henriques, C.R.; Jablonski, J. & Féres-carneiro, T. (2004). A geração canguru: algumas questões sobre o prolongamento da convivência familiar. *Psico*, 35, (2), 195-205.

Héritier, F. (1996). *Masculin/féminin, la pensée de la différence*. Paris, Odile Jacob.

Kaës, R. (1993). *Transmission de la vie psychique entre générations*. Paris, Dunod.

Kaës, R. (1997). Dispositivos psicoanalíticos y emergencias de lo geracional. In: *Lo geracional*. Buenos Aires, Amorrortu.

Magalhães, A.S. & Féres-carneiro,T. (2004). Transmissão psíquica geracional na contemporaneidade. *Psicologia em Revista*, 16, 24-36.

Meyer, L. (1983). *Familia: dinâmica e terapia*. São Paulo, Brasiliense.

Szapiro, A.M. & Féres-carneiro, T. (2002). Construções do feminino pós anos sessenta: o caso da maternidade como produção independente. *Psicologia: Reflexão e Crítica*, 15, (1), 179-188.

Stake, R.E. (2000). Case Studies. In: Denzin, N.K. & Lincoln, Y.S. (eds.) *Handbook of qualitative research*. Thousand Oaks, Sage Publications.

Sobre os Autores

Adriana Wagner.
Doutora em Psicologia pela Universidade Autônoma de Madrid. Professora Adjunta da Faculdade de Psicologia e do Programa de Pós-Graduação em Psicologia da PUC-RS. Bolsista de Produtividade do CNPq. Coordenadora do Grupo de Pesquisa "Dinâmica das Relações Familiares" e Psicoterapeuta de Família.
wagner@pucrs.br

Andrea Seixas Magalhães.
Doutora em Psicologia Clínica pela PUC-Rio. Bolsista CAPES/PRODOC no Projeto de Consolidação da Linha de Pesquisa "Família e Casal: Estudos Psicossociais e Psicoterapia" do Departamento de Psicologia da PUC-Rio. Coordenadora do Curso de Formação em Psicoterapia de Casal e de Família da SPAG-E.RIO e Psicoterapeuta de Casal e de Família.
andreasm@psi.puc-rio.br

Bernardo Jablonski.
Doutor em Psicologia Social pelo Instituto de Estudos e Pesquisas Psicossociais do Centro de Pós-Graduação e Pesquisa da Fundação Getúlio Vargas. Professor Assistente do Departamento de Psicologia da PUC-Rio. Bolsista de Produtividade do CNPq. Consultor e Roteirista da TV Globo.
bjablonski@uol.com.br

Cílio Ziviani.
Doutor em Psicologia Social pela *Columbia University*. Professor Visitante do Departamento de Psicologia da PUC-Rio, Professor Titular Aposentado da Universidade Federal do Rio de Janeiro, Pesquisador do Grupo de Pesquisa "Casal e Família: Estudos Psicossociais e Psicoterapia" do CNPq.
psi.puc-rio.br

Cristina Maria de Souza Brito Dias.
Doutora em Psicologia pela Universidade de Brasília. Professora Aposentada da UFPB, Professora da graduação e do mestrado em Psicologia Clínica da Universidade Católica de Pernambuco. Membro do grupo de pesquisa "Família e Interação Social" da referida universidade.
cristina_britodias@yahoo.com.br

Gláucia Diniz.
Doutora em Psicologia pela *United States International University*. Professora Adjunta e Orientadora da Pós-Graduação em Psicologia da Universidade de Brasília. Coordenadora, em parceria com Vera Coelho, do Projeto de Pesquisa e Assistência em Saúde Mental a Mulheres no Climatério e Psicoterapeuta de Família e Casal.

Ileno Izídio da Costa.
Doutor em Psicologia Clínica e MA em Filosofia e Ética da Saúde Mental (Warwick, Inglaterra). Professor Adjunto do Instituto de Psicologia da Universidade de Brasília. Coordenador da Clínica Escola do Instituto de Psicologia, Secretário da Associação Brasileira para o Avanço Conjunto da Filosofia, Psicopatologia e Psicoterapia (Abrafipp) e Coordenador do Grupo de Intervenção Precoce nas Psicoses da UnB.
ileno@unb.br.

Isabel Cristina Gomes.
Livre-Docente em Psicologia Clínica pela USP, Professora Associada e Orientadora do Programa de Pós-Graduação em Psicologia Clínica do IPUSP. Coordenadora do Laboratório Casal e Família: Clínica e Estudos Psicossociais do IPUSP e Psicoterapeuta de casal e família, na abordagem psicanalítica
isagomes@ajato.com.br

Jacqueline de Oliveira Moreira.
Doutora em Psicologia Clínica pela PUC-SP. Professora Adjunto III do Departamento de Psicologia da PUC-Minas (graduação e pós-graduação) e Psicóloga.
jackdrawin@yahoo.com.br

José Newton Garcia de Araújo.
Doutor em Psicologia pela Universidade de Paris VII. Professor Adjunto III do Departamento de Psicologia da PUC-Minas (graduação e pós-graduação) e Psicólogo.
jinga@uol.com.br

Lídia Levy.
Doutora em Psicologia Clínica pela PUC-Rio. Professora Assistente e Coordenadora do Curso de Graduação do Departamento de Psicologia da PUC-Rio, Psicóloga Voluntária na Primeira Vara da Infância e da Juventude do Rio de Janeiro, Psicanalista, Coordenadora do Núcleo de Família e Casal da SPCRJ. Membro da SPID.
llevy@rdc.puc-rio.br

Maria Consuêlo Passos.
Psicóloga, Psicanalista. Doutora em Psicologia Social pela PUC-SP. Coordenadora do Programa de Psicologia da Universidade São Marcos, Pesquisadora de Família.
mcpassos@uol.com.br

Maria do Carmo C. de Almeida Prado.
Doutora em Psicologia Clínica pela PUC-Rio. Psicóloga do Instituto de Psicologia da UERJ, Coordenadora dos setores de Terapia de Família e de Psicodiagnóstico da Unidade Docente Assistencial de Psiquiatria do Hospital Universitário Pedro Ernesto. Psicanalista, Membro associado da Associação Psicanalítica-Rio3 e da International Psychoanalytical Association.
cintradealmeidaprado@ yahoo.com.br

Maria Lúcia Rocha-Coutinho.
Doutora em Psicologia Clínica pela PUC-Rio. Bolsista de Produtividade em Pesquisa do CNPq. Professora Associada do Programa de Pós-Graduação em Psicossociologia de Comunidades e Ecologia Social (EICOS) do Instituto de Psicologia da UFRJ.
mlrochac@imagelink.com.br

Maria Irene Ferreira Lima Neta.
Concluinte do curso de formação em psicologia pela Universidade Católica de Pernambuco. Bolsista PIBIC/CNPq, sob orientação da professora Cristina Maria de Souza Brito Dias, no projeto intitulado "A adoção na perspectiva da família extensa".
nenoca100@uol.com.br

Nataly Netchaeva Mariz.
Psicóloga, ex-aluna do Curso de Especialização em Psicologia Clínico-Institucional – modalidade Residência/Instituto de Psicologia/UERJ/Hospital Universitário Pedro Ernesto.

Paulo Roberto Ceccarelli.
Psicólogo; psicanalista. Doutor em Psicopatologia Fundamental e Psicanálise pela Universidade de Paris VII. Membro da Associação Universitária de Pesquisa em Psicopatologia Fundamental; Sócio do Círculo Psicanalítico de Minas Gerais; Membro da "Société de Psychanalyse Freudienne", Paris, França; Professor Adjunto III no

Departamento de Psicologia da PUC-Minas (graduação e pós-graduação); Conselheiro Efetivo do X Plenário do Conselho Regional de Psicologia da Quarta Região (CRP/O4).
pr@ceccarelli.psc.br Homepage: www.ceccarelli.psc.br

Roberta C. Romagnoli.
Psicóloga, Mestre em Psicologia Social pela UFMG, Doutora em Psicologia Clínica pela PUC-SP. Professor Adjunto III do Departamento de Psicologia da PUC-Minas/Unidade Betim.
robertaroma@uaivip.com.br

Teresa Cristina Carreteiro.
Doutora em Psicologia pela Universidade de Paris VII e Pós-Doutorado em Sociologia Clínica pela Universidade de Paris VII. Professora Titular do Programa de Pós-Graduação em Psicologia da UFF, Membro do *Laboratoire de Changement Social* da Universidade de Paris VII, Bolsista de Produtividade em Pesquisa do CNPq. Psicanalista e membro do EBEP (Espaço Brasileiro de Estudos Psicanalíticos), Rio de Janeiro.
tecar2@uol.com.br

Terezinha Féres-Carneiro.
Doutora em Psicologia Clínica pela PUC-SP e Pós-Doutorado em Psicoterapia de Família e Casal pela Universidade de Paris V. Professora Titular do Departamento de Psicologia da PUC-Rio, Coordenadora do Curso de Especialização em Terapia de Família e Casal da PUC-Rio, Bolsista de Produtividade em Pesquisa do CNPq. Psicoterapeuta de Família e Casal.

Vera Coelho.
Doutora em Psicologia pela *Case Western Reserve University*. Professora Adjunta e Orientadora do Programa de Pós-Graduação em Psicologia da Universidade de Brasília. Coordenadora, em parceria com Gláucia Diniz, do Projeto de Pesquisa e Assistência em Saúde Mental a Mulheres no Climatério.